郑州大学厚山人文社科文库
ZHENGZHOU UNIVERSITY HOUSHAN
HUMANITIES&SOCIAL SCIENCES LIBRARY

国家社科基金项目（12BFX134）结项成果

后危机时代跨国银行风险防范法制改革研究

郭德香 ◎ 著

法律出版社
LAW PRESS·CHINA
北京

图书在版编目(CIP)数据

后危机时代跨国银行风险防范法制改革研究 / 郭德香著. -- 北京 : 法律出版社, 2022
(郑州大学厚山人文社科文库)
ISBN 978 - 7 - 5197 - 6627 - 6

Ⅰ. ①后… Ⅱ. ①郭… Ⅲ. ①跨国银行—风险管理—银行法—研究—中国 Ⅳ. ①D922.281.4

中国版本图书馆 CIP 数据核字(2022)第 058796 号

后危机时代跨国银行风险防范法制改革研究
HOU WEIJI SHIDAI KUAGUO YINHANG FENGXIAN FANGFAN FAZHI GAIGE YANJIU

郭德香 著

责任编辑 王 珊
装帧设计 贾丹丹

出版发行 法律出版社
编辑统筹 学术·对外出版分社
责任校对 王 丰 李景美
责任印制 陶 松
经 销 新华书店

开本 710 毫米×1000 毫米 1/16
印张 16.25 **字数** 241 千
版本 2022 年 8 月第 1 版
印次 2022 年 8 月第 1 次印刷
印刷 北京建宏印刷有限公司

地址:北京市丰台区莲花池西里 7 号(100073)
网址:www.lawpress.com.cn
投稿邮箱:info@lawpress.com.cn
举报盗版邮箱:jbwq@lawpress.com.cn

销售电话:010 - 83938349
客服电话:010 - 83938350
咨询电话:010 - 63939796

书号:ISBN 978 - 7 - 5197 - 6627 - 6
定价:69.00 元

凡购买本社图书,如有印装错误,我社负责退换。电话:010 - 83938349

总　序

哲学社会科学是人们认识世界、改造世界的重要工具，是推动历史发展和社会进步的重要力量。习近平总书记在哲学社会科学工作座谈会上深刻指出："一个没有发达的自然科学的国家不可能走在世界前列，一个没有繁荣的哲学社会科学的国家也不可能走在世界前列。"郑州大学哲学社会科学研究工作面临重大机遇。

一是构建中国特色哲学社会科学的机遇。历史表明，社会大变革的时代，一定是哲学社会科学大发展的时代。党的十八大以来，以习近平同志为核心的党中央高度重视哲学社会科学。习近平总书记在全国哲学社会科学工作座谈会上的重要讲话为推动哲学社会科学研究工作提供了根本遵循。《关于加快构建中国特色哲学社会科学的意见》为繁荣哲学社会科学研究工作指明了方向。进入新时代，我国将加快向创新型国家前列迈进的步伐。站在新的历史起点上，更好进行具有许多新的历史特点的伟大斗争、推进中国特色社会主义伟大事业，需要充分发挥哲学社会科学的作用，需要哲学社会科学工作者立时代潮头、发思想先声，积极为党和人民述学立论、建言献策。

二是新时代推进中原更加出彩的机遇。推进中原更加出彩，需要围绕深入实施粮食生产核心区、中原经济区、郑州航空港经济综合实验区、郑洛新国家自主创新示范区、中国（河南）自贸区、中国（郑州）跨境电子商务综合试验区、黄河流域生态保护和高质量发展等重大国家战略，为加快中原城市群建设、高水平推进郑州国家中心城市建设出谋划策，为融入“一带一路”国际合作和推进乡村振兴、推动河南实现改革开放、创新发展，提供智力支持，需要注重成果转化和智库建设，使智库真正成为党委、政府工作的“思想库”和“智囊团”。因此，站在中原现实发展的土壤之上，我校哲学社会科学研究必须立足河南实际、面向全国、放眼世界，弘扬中原文化的优秀传统，建设具有中原特色的学科体系、学术体系，构建具有中原特色的话语体系，为经济社会发展提供理论支撑。

三是加快世界一流大学建设的机遇。学校完成了综合性大学布局，确立了综合性研究型世界一流大学的办学定位，明确了建设一流大学的发展目标，世界一流大学建设取得阶段性、标志性成效，正处于转型发展的关键时期。建设研究型大学，哲学社会科学研究承担着重要使命，发挥着关键作用。为此，需要进一步提升哲学社会科学研究解决国家和区域重大战略需求、科学前沿问题的能力；需要进一步提升哲学社会科学原创性、标志性成果的产出水平；需要进一步提升社会服务能力，在创新驱动发展中提高哲学社会科学研究的介入度和贡献率。

把握新机遇，必须提高学校的哲学社会科学研究水平，树立正确的政治方向、价值取向和学术导向，坚定不移实施以育人育才为中心的哲学社会科学研究发展战略，为形成具有中国特色、中国风格、中国气派的哲学社会科学学科体系、学术体系、话语体系做出贡献。

过去五年，郑州大学科研项目数量和经费总量稳步增长，走在全国高校前列。高水平研究成果数量持续攀升，多部作品入选《国家哲学社会科学成果文库》。社会科学研究成果奖不断取得突破，获得教育部第八届高等学校科学研究优秀成果奖（人文社会科学类）一等奖 1 项，二等奖 2 项，三等奖 1 项。科研机构和智库建设不断加强，布局建设 14 个部委级科研基地。科研管理制度体系逐步形成，科研管理的制度化、规范化、科学化进一步加强。哲学社会科学团队建设不断加强，涌现了一批优秀的哲学社会科学创新群体。

从时间和空间上看，哲学社会科学面临的形势更加复杂严峻。我国已经进入中国特色社会主义新时代，开始迈向全面建设社会主义现代化国家新征程，逐步跨入高质量发展新阶段；技术变革上，信息化进入新一轮革命期，云计算、大数据、移动通信、物联网、人工智能日新月异。放眼国际，世界进入到全球治理的大变革时期,面临百年未有之大变局。

从哲学社会科学研究本身看,重视程度、发展速度等面临的任务依然十分艰巨。改革开放40多年来,我国已经积累了丰厚的创新基础,在许多领域实现了从“追赶者”向“同行者”“领跑者”的转变。然而,我国哲学社会科学创新能力不足的问题并没有从根本上改变,为世界和人类贡献的哲学社会科学理论、思想还很有限,制度性话语权还很有限,中国声音的传播力、影响力还很有限。国家和区域重大发展战略和经济社会发展对哲学社会科学研究提出了更加迫切的需求,人民对美好生活的向往寄予哲学社会科学研究以更高期待。

从高水平基金项目立项、高级别成果奖励、国家级研究机构建设上看,各个学校都高度重视,立项、获奖单位更加分散,机构评估要求更高,竞争越来越激烈。在这样的背景下如何深化我校哲学社会科学研究体制机制改革,培育发展新活力;如何汇聚众智众力,扩大社科研究资源供给,提高社科成果质量;如何推进社科研究开放和合作,打造成为全国高校的创新高地,是我们面临的重大课题。

为深入贯彻习近平新时代中国特色社会主义思想和习近平总书记关于哲学社会科学工作重要论述以及《中共中央关于加快构建中国特色哲学社会科学的意见》等文件精神,充分发挥哲学社会科学工作者“思想库”“智囊团”作用,更好地服务国家和地方经济社会发展,推动学校哲学社会科学研究的繁荣与发展,郑州大学于2020年度首次设立人文社会科学标志性学术著作出版资助专项资金,资助出版一批高水平学术著作,即“厚山文库”系列图书。

厚山是郑州大学著名的文化地标,秉承“笃信仁厚、慎思勤勉”校风,取“厚德载物”“厚积薄发”之意。“郑州大学厚山人文社科文库”旨在打造郑州大学学术品牌,集中资助国家社科基金项目、教育部人文社会科学研究项目等高层次项目以专著形式结项的优秀成果,充分发挥哲学社会科学优秀成果的示范引领作用,推进学科体系、学术体系、话语体系创新,鼓励学校广大哲学社会科学专家学者以优良学风打造更多精品力作,增强竞争力和影响力,促进学校哲学社会科学高质量发展,为国家和河南经济社会发展贡献郑州大学的智慧和力量,助推学校一流大学建设。

2020年,郑州大学正式启动“厚山文库”出版资助计划,经学院推荐、社会科学处初审、专家评审等环节,对最终入选的高水平研究成果进行资助出版。

郑州大学党委书记宋争辉教授,河南省政协副主席、郑州大学校长刘炯天院士,郑州大学副校长屈凌波教授等对“厚山文库”建设十分关心,进行了具体指导。学科与重点建设处、高层次人才工作办公室、研究生院、发展规划处、学术委员会办公室、人事处、财务处等单位给予了大力支持。国内多家知名出版机构提出了许多建设性的意见和建议。在这里一并表示衷心感谢。

我校哲学社会科学研究工作处于一流建设的机遇期、制度转型的突破期、追求卓越的攻坚期和风险挑战的凸显期。面向未来,形势逼人,使命催人,需要我们把握科研规律,逆势而上,固根本、扬优势、补短板、强弱项,努力开创学校哲学社会科学研究新局面。

周 倩

2021 年 5 月 17 日

目录
CONTENTS

导　　论

一、研究背景

2008年由美国次贷危机引发的金融风暴席卷了以跨国银行为代表的全球金融业。此次经济危机对全球金融业造成的猛烈冲击和巨大影响近乎空前，曾作为推动全球经济增长的重要贡献者的金融业不复当年之勇，全球金融业陷入内外交困的境地。2009年上半年，全球经济逐步度过金融危机的恐慌而进入“后危机时代”。如今，距离2008年金融危机已过去十余年，经过十余年的复苏，各国经济形势逐渐回暖，国家的经济实现了正增长。然而，导致经济危机爆发的根源尚未完全消除。当今世界各国不仅重视传统型经济风险的防范与化解，面对不断滋生的新型风险，更是时刻保持敏锐的洞察力和持续的关注。

相比较于金融危机爆发前盲目利益驱动式的全球经济生态环境，世界各国的风险防范意识大大增强，针对传统经济风险的防范手段和防范措施也更加成熟。首先，本研究正是在全球经济不断趋于稳定、全球化意识逐渐高涨的时代背景下进行的。其次，从经济全球化角度分析，跨国银行业是带动全球经济一体化发展的关键环节，是带动全球经济快速发展的发动机，是世界资本融通的核心力量。跨国银行业的风险影响着各国经济自身以及全球经济合作的走向，甚至影响着全球政治的稳定。后危机时代跨国银行风险防范法制改革相关问题的研究，正是在经济全球化思想意识不断增强与现实形势不断向好的背景下展开的。最后,判断一个国家的成熟度、先进度、文明度,政治、经济的发展程度仅仅是表面考量因素。从根本上讲,一个国家的法制发展水平,才是判断一个国家成熟与否、先进与否以及文明与否的根本性因素。

自 2008 年国际金融危机爆发以来,跨国银行风险防范一直是个热点问题,经济学、社会学、政治学等领域的专家学者都对此展开了深入、系统的思考和研究,但从法律角度对其开展分析的实践尚有所缺乏,加之各国法制的发展本身存在差异性,对此问题的研究亦呈现出异彩纷呈、百花齐放的局面。此外,在金融一体化发展背景下,对于各国针对跨国银行风险防范所采取的法制措施和手段尚需进行比较性研究。

综上,后危机时代跨国银行风险防范法制改革问题的研究是在学术理论研究尚未成熟、各国研究存有较大差异的背景下展开的。

二、研究目的和意义

2008 年国际金融危机爆发以后,跨国银行的风险防范及法制改革问题成为国际组织和各国政府高度、密切关注并着力解决的重点问题。随着经济全球化、金融一体化的进程推进,改革现有的国际金融组织和金融制度、建立全球统一化的金融风险防范机制,以有效防范跨国银行风险,成为世界各国工作的重中之重。例如,《新巴塞尔协议》的产生、G20 金融峰会力图在促进国际金融稳定问题上推进全球合作等,都是明显的国际合作之举。跨国银行风险防范法制问题的研究可促进我国乃至全球跨国银行风险防范制度的完善。从国内角度讲,本书也可为中资银行“走出去”实现全球资金融通、防范全球金融风险、维护我国的根本经济利益提供法制改革建议。

跨国银行风险防范问题不仅仅是一个经济学问题,更是一个法学问题。在学术界,目前从经济学角度针对跨国银行风险防范问题的研究成果颇多,且各国的研究颇为深入,但对其相关法制问题进行研究的成果却为数不多。本书运用法学和经济学相结合的跨学科分析研究方法,分析跨国银行风险防范中存在的各种问题及其原因,从法律角度探讨跨国银行风险防范的有效措施,探讨法制在防范跨国银行风险问题上的作用,以便为后危机时代有效防范跨国银行风险找寻到理想的法制改革之道。

三、国内外有关后危机时代跨国银行风险防范的研究成果综述

对于后危机时代跨国银行的风险防范，经济学界和法学界都对其进行了一定程度的探讨，产生了一批丰硕的成果。本书采用学科交叉的研究方法，对后危机时代跨国银行风险防范的研究成果，以法学研究成果为基础，同时借鉴经济学的研究成果，从国内和国外两个角度进行了综述。

（一）国内有关后危机时代跨国银行风险防范的研究成果

目前，我国学界对后危机时代跨国银行风险防范的研究主要是从后危机时代跨国银行风险的新表现、发达国家银行监管危机对跨国银行风险防范的启示、后危机时代跨国银行风险防范法制改革、对跨国银行各类具体风险的防控以及“一带一路”倡议下我国跨国银行风险防范的创新等几个角度进行的。[①]

1. 从跨国银行风险的新表现角度对后危机时代跨国银行风险防范进行探讨

跨国银行作为金融业的一种表现形式，受到金融业发展的密切影响。[②]后危机时代是互联网迅速发展的时代，互联网的无纸化对金融行业产生了较大影响。[③] 互联网在改变金融发展业态的同时，可能会促使金融业风险出现新的类型。[④] 对基于互联网自身的特点所产生的金融风险，如资金流动风险、网络安全风险、信用评估风险、市场监管风险等需要给予足够的重视，有关金融主管部门和跨国银行本身，应该对症下药，对此类新型风险进行重点防控。[⑤]

---

① 参见原晓惠：《主要跨国大型银行在亚太地区发展分析及建议》，载《清华金融评论》2021 年第 3 期，第 72 页。

② 参见敖希颖：《金融机构强制性自救的中国价值及法律因应》，载《现代法学》2020 年第 4 期，第 127 ~ 139 页。

③ 参见王俊琪：《共享经济视角下互联网金融的创新》，载《全国商情》2016 年第 21 期，第 87 ~ 88 页。

④ 参见何德旭、史晓琳：《互联网时代的金融风险及其防范措施研究》，载《中国社会科学院研究生院学报》2018 年第 2 期，第 39 ~ 45 页。

⑤ 参见孔晶晶：《互联网时代金融风险防控策略的分析与研究》，载《现代经济信息》2018 年第 14 期，第 318 页。

2. 从发达国家银行监管危机方面对后危机时代跨国银行风险防范进行探讨

美国次贷危机产生于个人住房信贷链条监管出现的漏洞,[①]因此,深刻、全面总结美国的经验教训,对我国银行业信贷业务及信用评估制度完善具有重要意义。[②] 2007 年的次贷危机反映出美国金融监管存在困局,监管失效。我国的金融监管应如何避免次贷危机的雷区、使监管措施行之有效是一个重要问题。[③] 法国兴业银行交易员违规交易案暴露出了银行的违法风险、声誉风险和内控机制存在的问题,对我国跨国银行监管有所启示,应当充分吸取该教训,完善我国的监管法制。[④]

3. 从跨国银行风险防范法制改革角度对后危机时代跨国银行风险防范进行探讨

后危机时代国际金融监管法律制度存在许多问题,但对于一些焦点问题,如国际监管规则和标准、国际监管责任划分等,需要进行深入探讨。[⑤] 美国次贷危机所暴露出来的问题是,银行的监管权配置及对银行的监管存在问题,需要对银行的监管权配置及银行的监管进行重新思考和建构。[⑥] 银行的监管体制也存在问题,需要进行改革。[⑦] 此外,对次贷危机产生的诱因——金融创新产品的监管问题也是重中之重,需要及时吸取教训,对金融创新产品的监管制度进行重构。[⑧] 后危机时代对跨国银行监管存在"大而不能倒"的问

---

① 参见崔健、孙碧涵:《次贷危机后美国投资银行业务调整研究》,载《当代经济研究》2019 年第 6 期,第 105 ~ 111 页。

② 参见王亦平:《美国"次债"危机对完善我国信贷资产证券化制度的启示》,载《法学论坛》2008 年第 3 期,第 140 ~ 144 页。

③ 参见罗培新:《美国金融监管的法律与政策困局之反思——兼及对我国金融监管之启示》,载《中国法学》2009 年第 3 期,第 91 ~ 105 页。

④ 参见罗国强:《跨国银行风险监管中的法律问题——评"法国兴业银行交易员违规交易案"》,载《法学》2008 年第 3 期,第 68 ~ 74 页。

⑤ 参见韩龙:《当下国际金融监管法律制度改革的焦点与问题》,载《法学家》2010 年第 5 期,第 114 ~ 179 页。

⑥ 参见杨松、魏晓东:《次贷危机后对银行监管权配置的法律思考》,载《法学》2010 年第 5 期,第 36 ~ 46 页。

⑦ 参见王亚菊:《后危机时代跨国银行风险防范法制改革研究》,载《法制与社会》2016 年第 24 期,第 81 ~ 82 页。

⑧ 参见岳彩申、张晓东:《金融创新产品法律责任制度的完善——后金融危机时代的反思》,载《法学论坛》2010 年第 5 期,第 57 ~ 63 页。

题,容易引起系统性金融风险的发生,因此需要准确评估并配备相适应的监管规则。[①] 金融全球化背景下,我国对跨国银行监管的体系需要从监管形式、监管法律以及加强银行业的自律管理等几个方面进行完善。[②] 我国在跨国银行的监管制度方面存在不足,需要进一步完善监管制度,加大监管力度,不断提高监管的能力和水平。[③]

4. 从对跨国银行各类具体风险的防控角度对后危机时代跨国银行风险防范进行探讨

跨国银行风险种类多样,其中每一个具体风险都有可能对东道国经济乃至全球经济产生冲击。流动性风险作为跨国银行主要风险之一,次贷危机的爆发反映出其存在的问题,亟待对其加强监管。[④] 跨国银行并购面临的环境比一般银行的并购环境更为复杂,因此面临很多风险,对此,我国亦需要引起重视。[⑤]

5. 从我国"一带一路"倡议角度出发对后危机时代跨国银行风险防范进行探讨

我国于2013年提出的"一带一路"倡议适应区域经济发展的新形势,得到了越来越多国家的认同和积极参与。"一带一路"倡议作为国家之间经济交流的纽带,与跨国银行的经营有着密切联系,在此倡议下,对我国商业银行"走出去"及沿线国家银行"走进来"都要高度重视。[⑥] 首先,我国商业银行到沿线国家开展银行业务,其区位选择对银行所面临的风险有一定影响。[⑦] 其次,"一带一路"建设对我国商业银行的发展提出了新要求,我国商业银行要

---

① 参见黎四奇:《后危机时代"太大而不能倒"金融机构监管法律问题研究》,载《中国法学》2012年第5期,第87~102页。

② 参见钱飞:《试论我国跨国银行监管体制的完善》,载《商情(教育经济研究)》2008年第1期,第147页。

③ 参见洪武林:《我国对跨国银行监管的实践及问题思考》,载《西南民族大学学报(人文社会科学版)》2012年第5期,第114~116页。

④ 参见李仁真、宿营:《次贷危机背景下国际银行流动性风险监管制度的变革》,载《武大国际法评论》2010年第1期,第175~193页。

⑤ 参见李勋来、杜杰:《银行跨国并购风险及其影响因素研究综述》,载《生产力研究》2010年第1期,第251~253页。

⑥ 参见漆彤:《"一带一路"国际经贸法律问题研究》,高等教育出版社2018年版,第54页。

⑦ 参见严佳佳、张婷:《"一带一路"倡议下商业银行国际化区位选择研究》,载《西南金融》2018年第5期,第54~58页。

借助“一带一路”倡议所带来的契机，实现向国际化转型，但同时要对其中存在的风险进行提前防范。[①]

（二）国外有关后危机时代跨国银行风险防范的研究综述

国外对后危机时代跨国银行风险防范的研究主要集中在跨国银行母国对跨国银行的监管责任、对2008年金融危机的思考、从国际合作的视角看次贷危机和金融监管、从次贷危机的教训中对金融市场进行保护，以及国际金融危机对国际政治经济的机遇等几个方面进行。

如果一个跨国银行想要进入另外一个国家，那么，它就必须保证其母国对它的监管已经达到了国际标准，跨国银行母国对跨国银行的监管责任是至关重要的。[②]

美国次贷危机引发的2008年国际金融危机的教训是很明显的，竞争不是监管的替代品，当相关市场的竞争异常激烈时，监管也将更加严厉。[③] 美国产生的金融危机传播性极广，影响到了其他国家。美国次贷危机表明，国际合作是各国为避免金融危机所必须承担的义务。[④] 从次贷危机的发生中吸取深刻教训，寻求对金融市场的保护是很有必要的。[⑤] 国际金融危机对国际政治经济整体上而言是一种教训，同时也是一种机遇，经济监管必定要加大审查力度。[⑥]

四、研究思路和方法

自20世纪60年代以来，金融全球化迅速发展，势头强劲，这极大地改变

---

① 参见胡浩：《“一带一路”建设与大型商业银行战略转型》，载《金融论坛》2015年第10期，第10～16页。

② See Alain Hirsch, *Supervising Multinational Banking Organizations: Responsibilities of the Home Country*, Journal of Comparative Corporate Law and Securities Regulation 238(2014).

③ See John C. Coffee J. R., *The Retreat from Systemic Risk Regulation: What Explains it? (and Why it was Predictable)*, Annales des Mines-Réalités industrielles 80(2018).

④ See Kenneth W. Dam, *The Subprime Crisis and Financial Regulation: International and Comparative Perspectives*, 10 Chicago Journal of International Law 1(2010).

⑤ See Steven L. Schwarcz, *Central Clearing of Financial Contracts: Theory and Regulatory Implications*, 167 University of Pennsylvania Law Review 1327(2019).

⑥ See Layna Mosley & David Andrew Singer, *The Global Financial Crisis: Lessons and Opportunities for International Political Economy*, 35 International Interactions 420(2009).

了各国银行业的经营环境和运作模式。在金融服务全球化和自由化的推动下,各国银行业创新、改革并购与整合的步伐进一步加快,跨国银行的全球化和自由化成为国际银行发展的新趋势。跨国银行是金融全球化的中坚力量,是银行国际化的重要载体,并与经贸往来和市场交易息息相关。不论是资本的全球流动,还是金融服务业的创新,都与跨国银行的促进作用密不可分。金融全球化和银行国际化适应了跨国公司和国际贸易的发展,顺应了生产和资本国际化的内在要求,不仅促进了国际贸易和世界经济的发展,而且促进了资源的优化配置,提高了各国的综合经济效益。当然,跨国银行业的发展在给世界经济带来积极影响的同时,也带来许多消极影响,20 世纪末亚洲金融危机和 21 世纪初美国次贷危机引发的全球性金融危机就是很好的例证。2008 年,由美国次贷危机引发的金融风暴席卷了以跨国银行为代表的全球金融业,此次经济危机对全球金融业造成的猛烈冲击和巨大影响无疑是空前的,曾作为推动全球经济增长的重要贡献者的金融业不复当年之勇,并陷入内外交困的境地。2009 年上半年,全球经济逐步度过金融危机的恐慌而进入"后危机时代"。如今,距离 2008 年国际金融危机已过去十余年,跨国银行的风险防范问题成为国际组织和各国政府高度关注和着力解决的重点问题。随着经济全球化、金融一体化进程的推进,如何改革现有的国际金融组织和金融制度,建立全球统一化的金融风险防范机制,以有效防范跨国银行风险,成为世界各国工作的重中之重。

后危机时代,尤其是在金融全球化和银行国际化的背景下,国际政治、经济形势复杂多变,人类正经历着百年未有之大变局,跨国银行面临着更为复杂的风险,对其监管难度大大增加,因此,必须进行跨国银行风险防范法制的改革。本书围绕后危机时代跨国银行风险防范法制改革问题进行了全方位的、系统的、深入细致的研究分析,研究思路如下:

(一)总体结构

本书除导论和结语外,共分为六章,分别为跨国银行及其风险的基本问题、跨国银行风险防范的基础理论、跨国银行风险防范的法制及其评价、跨国银行发展中两对矛盾关系造成的困惑及其法律解决对策、后危机时代跨国银行风险防范法制的改革路径、后危机时代我国关于跨国银行风险防范法制的改革思考。

（二）具体内容

本书六章内容所探讨的问题基本涵盖了跨国银行风险防范所涉及的经济问题与法律问题、国内法和国际法问题。具体而言，各章主要内容如下：

第一章首先对后危机时代跨国银行及其风险产生的时代背景、历史发展进行了追溯和分析，对2008年国际金融危机同跨国银行及其风险防范之间的联系进行了探讨，对跨国银行及其风险的内涵、特点、产生的原因、表现形式等基本理论进行了系统研究，为其后课题的进一步研究奠定了理论基础。

第二章深入分析研究跨国银行风险防范的内涵、特点、意义及后危机时代跨国银行风险的新型态势，然后从经济学和法学理论角度，进一步分析了跨国银行风险产生的经济学和法学原理。

第三章在前两章理论研究的基础上，通过横向比较研究的方法，在国际法层面，以欧盟、巴塞尔委员会、乌拉圭回合等国际组织和会议所制定的相关法律文件为例，在国内法层面，以美国、英国、加拿大等国的国内相关立法内容为例，对跨国银行风险防范的国际立法和国内立法状况进行了梳理和比较研究分析，并对其存在的不足进行了评价。

第四章主要分析探讨在后危机时代背景下，跨国银行在其发展过程中遇到的两个存在剧烈冲突却又难以消除的基本矛盾，即金融创新与金融风险法律防范之间的矛盾、金融全球化与跨国银行金融风险法律防范国别本土化之间的矛盾。在对这两对矛盾进行分析之后，对如何有效解决这两大基本矛盾，本书从法制对策方面进行了创新性思考，提出了创新性观点。

第五章从后危机时代跨国银行风险防范法制改革的必要性、迫切性、改革的价值和基本原则入手，对跨国银行风险防范的改革建议及具体对策提出了具有创新意义的观点。

第六章聚焦我国自身情况，根据我国现存的具体问题并结合前述章节所分析的内容，从国际、国内两大角度为我国积极、有效地防范跨国银行风险提出了有针对性的对策。笔者认为，在享受金融创新和金融全球化为经济发展带来便利的同时，我国金融监管部门应加强对银行业风险的事先防范和事后治理，促进我国跨国银行业的健康平稳发展，以有效防范因跨国银行各分支机构之间的关联性所引发的连锁风险。

（三）主要观点

在基础理论部分，本书重点对后危机时代跨国银行风险问题的由来进行了深入分析和研究。首先，从经济学角度分析了美国次贷危机爆发的主要原因，认为房市泡沫下次级抵押贷款市场的膨胀及金融衍生产品的随意滋生是此次危机爆发的根本原因；其次，从法学角度开展了研究，认为跨国银行母国、东道国及跨国银行自身对跨国银行的监管缺乏有效的协调与合作、各国金融监管当局及国际金融组织疏于对风险的严格监管。在前述分析的基础上，本书提出了具有创新意义的观点，即提出了跨国银行新型的监管模式，认为"三位一体"的融合式监管已成为跨国银行监管的国际化发展趋势。本书的一大亮点是将经济学问题与法学问题相结合，从经济学角度剖析其中的法制问题，实现了多种思维方式下的问题分析与解决路径之探索。

在实际操作层面，针对后危机时代跨国银行风险防范法制改革具体制度的设计与安排，本书主要涉及国际法与国内法两个层面：在国际法层面，首先对世界上几个典型国家及国际组织在跨国银行风险防范相关法制方面进行比较研究，深度探讨其法制改革的现状以及特点。其次对近年来国际经济形势展开分析，从国际金融新秩序时代特点、银行业国际化发展形势以及原有监管体系在危机中显露出的不足，探讨了跨国银行风险防范法制改革的紧迫性，提出了应有的改革方向。本书认为，一套机制的改革必须立足于其存在的价值与目标，在此基础上才能确定实施原则，进一步去研究、制定和实施各环节的具体措施。因此，在研究具体改革措施之前，本书在第五章第二节分析了跨国银行风险防范法制改革的目标与原则。跨国银行涉及的利益方众多，仅靠单方力量难以实现风险防控，必须做到内部与外部相结合，国家与国家相合作，调配各方力量一致进行。这就要求跨国银行风险防范法制改革尽可能涉及多个方面，实现由内到外、由国家到全球的协同防范。在国内法层面，本书重点对后危机时代我国跨国银行风险防范法制现状进行了全面梳理，对后危机时代我国关于跨国银行风险防范存在的问题进行了深刻剖析。在国内法制完善方面，本书比较研究了主要代表国家及国际经济组织关于跨国银行风险防范的相关法制措施，同时结合经济学研究的主流观点，对跨国银行的准入、监管以及相应的国际交流合作机制等问题提出了独特的思考意见及具有高度系统性和科学性的政策制定及立法建议,具有创新价值。本书认为,虽然跨国银行风险的存在是由跨国银行本身的业务性质所决定的,与银行交易相伴相生,但并不意味我们就能放任自流;相反,必须采取相应措施积极防范和应对,处理好跨国银行活动中的各种风险,维护国内乃至全球金融秩序的稳定。

(四)提出的对策建议

在对后危机时代跨国银行风险防范法制理论和实践可行性分析基础上,本书为后危机时代跨国银行风险防范法制改革提出了原则性的改革方案和可操作实施的具体建议。

为了确保后危机时代跨国银行风险防范法制改革的有效进行,本书认为,各国及国际组织对跨国银行的监管应遵循下列原则:一是有效监管原则,该原则要求,对跨国银行的有效监管应该包含宏观审慎监管、高效监管和协作监管三方面;二是谨慎适度原则,该原则要求在跨国银行风险防范的框架内,有关国家和地区当局应当提供适当的激励措施,促进金融机构更审慎、更合理地进行风险投资,并处理好公私部门之间的关系及金融稳定与金融竞争的关系;三是全球合作原则,加强国际监管合作,一方面可以保证跨国银行的安全稳定运行和市场所在地国家经济的宏观稳定,另一方面可以增进母国监管当局与东道国监管当局之间的沟通和了解,为跨国银行的发展提供稳定、公平、透明的法律和政策保障。

关于后危机时代跨国银行风险防范法制改革的具体措施,本书认为,对于跨国银行的监管,应实行以宏观审慎监管为主,微观审慎监管为辅的监管思路。在操作中采取“三位一体”的法制改革模式,即围绕跨国银行内部制度设计、国别监管的完善及国际监管合作等分步改进并交融配合,构建出一套合理有效的跨国银行风险法制防范体系。具体改革建议如下:

第一,明确跨国银行内部风险防范改革措施。跨国银行的内部监管是防范银行风险的“第一道防线”。内部监管机制的失效或缺失将直接导致风险监测的失控和危机的蔓延,因此,跨国银行风险防范法律制度改革的关键是从危机源头入手,即完善跨国银行内部监管制度。巴塞尔《内部控制框架》借鉴了国际上许多知名银行、非银行金融机构内部监管实践的经验，以及一些监管部门的探索性立法成果，这对银行内部监管制度的法制改革大有裨益。故本书在分析《内部控制框架》的基础上，主要围绕管理层监督和控制文化、风险识别和评估、业务控制和防火墙、信息交流机制、内控监督和纠正措施五项要素进行具体的制度设计与分析。

第二，完善东道国和母国的国别监管。东道国和母国的国别监管一直在跨国银行监管体系中发挥着基础性作用，在后危机时代亦是如此。因此，在进行跨国银行风险防范法制改革时，对该部分内容进行深入研究也十分必要。首先，要想有效实现对跨国银行的风险防范，就必须认识到东道国与母国监管合作的重要性。母国并表监管与东道国监管实际上是跨国银行监管体系中不可或缺的两种模式，二者相互联系、相互依存、互为条件、互为补充，对任何一个跨国银行而言，只有既存在有效的母国并表监管，也具有充分的东道国监管，才能实现真正意义上的审慎监管。其次，完善监管在具体措施上包含：(1)母国与东道国自身监管水平的提升，主要包括推动机构型监管向功能型监管的转变，加强对“系统重要性金融机构”的微观监管，扩大监管范围，加强对影子银行、金融衍生品的监管，维护金融消费者和投资者的合法权益。(2)加强东道国监管与母国监管的协调与合作，包括增进东道国与母国的相互信任，东道国适当让渡经济主权(此处的让渡是指在国家相互之间尊重主权的前提下的共同发展，从整体上衡量利益得失。同时，东道国主动让渡经济主权，本身也是行使主权的表现)，加强东道国与母国之间的信息沟通，确立统一的标准，以及妥善解决母国并表监管和东道国银行保密法之间的冲突等。

第三，促进跨国银行风险防范的国际合作机制形成。国际监管与合作不仅能够推动跨国银行业的稳健运行，有利于促成双方利益共同体的建设，同时也能增强东道国方与母国监管方之间的互信与交流，继而为跨国银行提供更透明、合理、平等的政策与机制保障。只有加强各国对跨国银行监管的标准、方法和手段的国际监督与合作，才能明确跨国银行监管的权利和责任，消除管辖权冲突，堵塞监管漏洞，实现真正的有效监管。因此，在后危机时代跨国银行风险防范法制的改革中，必须强调国际合作的重要性。具体而言，就是要在全球范围内形成合理有效的下述机制：(1)跨国银行风险评估机制。

对此需完善脆弱性评估分析工具,建立最优模型和区间,尽快发现和反映风险信号。(2)跨国银行监管合作机制。对此主要需解决金融国际标准与准则的协调、国际监管合作法律权威的树立、国际金融监管机构的建立等问题。(3)跨国银行危机处置合作机制。其关键在于明确母国和东道国对跨国银行风险防范的权力与责任分配,规划母国和东道国对跨国银行风险防范的成本与损失分担。

(五)成果的学术价值、应用价值以及社会影响

在后危机时代,人类正经历着百年未有之大变局,国际金融形势风云骤变,跨国银行正处于风暴中心,美国次贷危机正是伴随着一系列的银行危机拉开了序幕,由此也可影响和带动国际社会对银行业风险防范的进一步反思与探索。后危机时代跨国银行风险防范问题也因此备受经济学界、社会学界、政治学界、法学界等领域的高度关注,本书同时结合经济学与法学理论对相关具体问题进行了基础理论分析,在借鉴基础理论的前提下,对传统理论问题进行创新,提出了独特的理论思考,同时结合最新国际金融实践及创新形式,又提出了若干创新型理论观点,这有助于丰富学术界关于后危机时代跨国银行风险防范法制改革的理论研究内容,为之提供新的研究观点和研究视角,对进一步加强跨国银行风险防范等问题的学术研究具有重要的理论意义和学术价值。

本书在理论研究的基础上,对后危机时代跨国银行的监管模式及其改革提出了具体的建议性措施,对相关国际金融组织的改革和建设提出了具体建议,同时立足于我国实践,为中资银行"走出去"和外资银行"引进来"提出了多项法制改革与完善建议;从准入法制改革入手,对一般经营风险防范法制改革、国家风险防范法制补充以及加强国际风险防范交流合作的具体路径、建立国内信息公开机制等问题都提出了具体改革建议。这些建议,对于后危机时代我国及国际社会有效防范跨国银行风险具有较强的指导作用和应用价值,对于我国银行监管部门和国际监管组织制定跨国银行风险防范政策及制度,具有重要的参考作用和显著的应用价值。

通过对跨国银行及其风险防范的有关问题开展积极研究,产生了不少创新性成果。上述成果丰富了我国和国际组织关于跨国银行风险防范法制改

革问题研究的学术积累，产生了较好的学术和社会影响，研究意义显著。

（六）研究方法

本书综合运用了历史分析、跨学科研究、比较研究、理论分析、法学和经济学分析等研究方法。

第一，跨学科研究的方法。跨国银行风险及其防范问题具有浓厚的经济学色彩，而法制是国家发展的根本性保障，所以，本书运用了经济学与法学交叉的跨学科分析研究方法。同时，跨国银行问题本身也是国际经济法的重要问题，但任何法律最终都会立足于国内法，所以，本书兼采了国际法同国内法相结合的研究方式，这种研究方法不仅顺应了全球一体化发展的趋势，而且打破了学科间的隔离状态，可以综合运用和发挥各学科的优势资源。

第二，比较研究的方法。在跨国银行风险防范问题上，美国、英国、加拿大、欧盟、巴塞尔委员会等几个典型国家、地区或国际组织的法制进程较为先进，通过对比分析，力求得出对国际社会和我国跨国银行风险防范问题的新思考。

第三，理论分析的方法。理论分析法是法学课题研究的重要方法。跨国银行风险防范的基础理论，如经济管制论、金融抑制论、“双手并用”理论、属地管辖权原则、属人管辖权原则以及全球合作原则等重要理论对此项具有实践价值的课题十分重要。

第四，经济学的数据分析方法。跨国银行风险多种多样，衡量每种风险的因素也具有多样性，往往离不开数据的分析，例如，对跨国银行资本充足率的认定是衡量影响跨国银行经营稳定度的重要依据，而资本充足率是一个银行的资本总额对其风险加权资产的比率。再如，根据花旗银行的经济和金融模型，美国经济进入衰退的可能性从10%上升到20%。数据分析可直观了解问题的现实状况，对于说明相关问题是一种比较有效的研究方法。

第一章　跨国银行及其风险问题研究

第一节　后危机时代跨国银行产生风险的时代背景——美国次贷危机的爆发及其影响

美国作为金融市场发达、金融监管体制完善、金融业务创新活跃的国家，长期以来一直是发展中国家学习的对象，尤其在世界银行、国际货币基金组织等富有影响力的国际经济组织以及美国本土社会精英的大力影响下，美国先进的金融制度曾是发展中国家建设本国金融市场、构建本国金融监管体制的典范。但备受推崇的光环下也笼罩着阴霾，21 世纪，全球最大的一场金融危机发端于美国，一时间，其背后的深层原因成为全世界人民关注的重点，更成为国际金融风险监管领域尤其是跨国银行风险防范领域的重点问题。

一、美国次贷危机爆发的背景

(一)房市泡沫下次级抵押贷款市场的膨胀

美国经济开始出现衰退迹象是自网络股泡沫破灭和“9·11”事件之后。出于刺激总需求和避免大规模经济衰退的考虑，从 2001 年开始，美国联邦储备委员会(以下简称美联储)大幅度下调利率，逐渐将联邦基金利率从 6.5% 降至 1%，以强制性手段、方式迫使市场流动性提高，以使得经济复苏。相比房地产行业，美国当时的制造业和服务业流动性本身比较充裕，但亦存在投资机会严重不足的问题。在吸引了大量流动性资金进入以后,美国房地产市场在2001年至2005年期间极度繁荣,当时的房价曾一度出现不可控制的局面。

抵押贷款成为美国房地产市场高速运转的推动器。美国的住房抵押贷款有三大类型:优质贷款、ALT贷款和次级抵押贷款。其中,与其他两种类型相比,次级抵押贷款(以下简称次级贷款)是一种高风险、高收益的贷款方式,其主要针对经济紧张、收入较低且信用记录相对较差,甚至已负债累累的人群。为满足此类贷款人的需要,房地产金融机构发行了各种抵押贷款。2006年时,大约九成以上的新次级抵押贷款属于可调整利率贷款。而"2+28"混合利率产品占据可调整利率贷款的六成左右。这类产品的偿还期通常被分成两个时间段,采取不同的计息方式,总时间为30年。最开始两年,其利率固定且显著低于市场利率,借款者的还款压力较小;然而从第三年开始,因为改为采用Labor基准利率加一定风险溢价的浮动利率计息,还款压力很有可能超出借款者的还款能力。面对各种方式的贷款诱惑,房价一天天攀升,人们纷纷跻身于房地产市场,试图从中获利。

(二)金融衍生产品的创新

金融衍生产品是以次贷为基础的创新产物,丰富多样的金融衍生产品迅速成为信用风险传递和扩散的媒介,所以,也被称为美国次贷危机产生的"助推器"和"扩散器"。以下是导致2007年美国次贷危机发生的三种重要的金融衍生产品:

1. 住房抵押贷款支持证券

住房抵押贷款支持证券是住房抵押贷款机构出于其独立的特殊目的,作为发起人发行的一种金融衍生产品。贷款存在的风险是发起人所特别关注的。发起人采用了一种特殊方式为不同风险资产之间建立隔离网,即将购买的抵押贷款作为资产池的构成部分,而作为还款来源的投资者的利息和本金是资产池的未来现金流。发起人发行抵押贷款支持证券时,根据次贷的期限、现金流和风险收益等特点打包分级,组成具有不同风险等级的资产池,这会导致原本信用较低的贷款可以获得较高的信用等级,最终使得违约风险转移给购买住房抵押支持贷款证券的投资者。由于进行了真实贷款,住房抵押贷款金融机构将大量按揭贷款转出资产负债表,同时迅速获取现金流,也不用继续作为贷款违约风险的承担者。然而，这存在十分严重的弊端，将会大大加重道德风险的滋生和大量次贷的发放。

2. 担保债务凭证

担保债务凭证或担保债务证券是与住房抵押贷款支持证券较为相近的一款金融衍生产品。担保债务证券与住房抵押贷款支持证券之间的主要区别在于抵押贷款支持证券的资产池通常是同质的，而有担保债务证券的组合则非常分散，它是一个分散的、高风险固定收益投资的组合，包括资产支持证券（ABS）、抵押贷款支持证券、垃圾债券、新兴市场债券、银行贷款和其他证券化产品。两者之间的相似之处在于住房抵押贷款支持证券和担保债务凭证都被划分成优先级、中间级和股权级三个不同的等级，这与偿付顺序息息相关。持有优先级担保债务凭证的投资者处于第一顺位，现金收入流首先用于偿付此类投资者；在有富余的情况下，再偿付持有中间级担保债务凭证的投资者；最后才会对持有股权级担保债务凭证的投资者进行偿付。然而，损失承担的顺序与偿付顺序恰恰相反，这是证券化常用的一种内部信用增级的设计方式。担保债务凭证具有资产池分散化的特点，同时利用破产隔离、信用增强等手段，提高了产品的信用评级，尤其是高级担保债务凭证取得了最高评级 AAA，这相当于美国国债。由于面临着全球流动性过剩的问题，许多大型国际商业银行、养老基金、保险公司和其他金融机构纷纷寻求高级担保债券，因为它们能保持低违约记录和相对高的长期固定收益率。在实践中，中间级担保债务凭证和股权级担保债务凭证的主要持有者是投资银行和对冲基金。

3. 信用违约互换

信用违约互换是一种只能通过场外交易市场进行交易、用于交易风险资产中信用风险的信用衍生品，它对次贷危机的发生也有着不容忽视的作用。具体而言，信用违约互换的买方定期向卖方支付保费，如果合同中规定的第三方参考实体（通常是特定债券、贷款等）在合同有效期内违约，买方将从卖方处获得赔偿。它类似于卖方向买方提供信用保险，而其中第三方参照实体的同意的重要程度较低，并非买方和卖方签订信用违约互换合同时需要考虑的因素。鉴于信用违约互换具有场外交易的性质，它存在交易信息透明度低、监管薄弱、缺乏统一的清算中心、流动性不足等问题。除此之外，它还存在巨大的交易对手风险,如果交易对手违约或倒闭,可能导致衍生产品价值大幅下降,甚至降低为零,造成严重的利益损害。信用违约互换的发售有利于克服担保债务凭证等证券化产品较高的信用风险,因为这将在保险公司和对冲基金等金融机构与担保债务凭证、住房抵押支持贷款证券的持有者之间形成违约担保关系。这使得信用违约互换的买方在担保债务凭证违约后无须过分担心,因为其通过支付较少的保费便能获得全额赔偿。它一方面可以降低证券化产品持有者的金融风险,另一方面也可将保险公司等其他金融机构卷入风险漩涡之中,成功将市场风险进一步扩散。

二、美国次贷危机爆发的原因

不同学者对美国次贷危机的成因持有不同看法。有学者认为次贷危机是由金融创新引起的,有学者认为是美国金融监管不力造成的,更多的观点认为,美国次贷危机可归因于美国金融创新工具的快速发展,尤其是次级抵押贷款相关衍生工具的过度打包,从而产生了大量的金融泡沫。在美国采取放松管制的政策影响下,通货膨胀出现崩溃。本书认为,美国金融法律体系和政策存在的主要缺陷及其背后的秩序失衡是致使美国次贷危机爆发的直接原因。一个国家的金融体系应主要由贸易法、金融市场主体交易法和金融政策与监管法组成。金融市场主体交易法体现的是一种横向规制,是基于金融市场平等主体之间的契约来规制交易行为的法律规范的总称;金融政策与监管法体现的是一种纵向管制,是金融调控主体及监管主体基于国家经济稳定的需要,规制金融交易行为的法律规范的总称。

美国次贷危机的爆发是其经济发展过程中多重矛盾激化的表现。经过长时间的听证讨论,美国金融危机调查委员会(FCIC)形成了相对客观的调查报告。根据 FCIC 的调查报告,人们对风险的无动于衷和错误判断是引发这场本可以避免的国际金融危机的重要原因;金融监管的大范围失败导致不稳定的美国金融市场越发动荡;许多具有系统重要性的金融机构在公司治理和风险管理方面存在严重缺陷,这是造成危机的主要原因;缺乏过度借贷、高风险投资和市场参与者的市场透明度,使金融体系陷入不可逆转的危机之境;政府危机预案的缺失和危机政策的矛盾,使金融市场的不确定性以及恐慌情绪的蔓延愈演愈烈;问责机制与道德缺位问题严重。此外,美国复杂金融体系中的一些传导机制是危机形成和恶化的重要症结所在;低抵押贷款标准和证券化渠道催生并蔓延了金融危机;场外衍生品在金融稳定、信用评级机构的失败是导致这场金融灾难的关键。

三、美国次贷危机造成的影响

(一)对全球金融领域的影响

2007 年美国次贷危机爆发以后,世界金融市场剧烈震荡,陷入了严重的信用危机。首先,众多金融机构损失惨重,面临困境甚至被迫申请破产保护。其中,首当其冲的是大量的次级抵押贷款机构,还包括与美国次贷市场相关的投资银行、对冲基金及私人股权基金。根据日本综合研究所所作的估计,全球金融机构和投资者因次贷危机所遭受的损失高达 4636 亿美元。其次,国际金融市场的各个领域都出现了剧烈动荡,股票市场、债券市场、外汇市场、商品市场全都未能幸免,而西方信贷市场也出现了比较大的萎缩。美国银行(Bank of America)2008 年 2 月 14 日发布的一份报告显示,自 2007 年 10 月以来,美国次贷危机严重打击了全球股市,已造成 7.7 万亿美元的损失。最后,投资者对国际金融市场的信心严重受损,态度低迷,需要重新审视资本市场的估值,而且国际金融市场的未来形势不容乐观,其不确定性大大增强。此外,美联储和欧洲央行、日本央行等为了抵御次贷危机,纷纷采取大规模注资金融市场和放松货币政策。这是否会带来新一轮的全球流动性过剩压力,值得关注。

(二)对世界经济的影响

次贷危机使美国房地产市场严重恶化,经济复苏推迟。与此同时,它也影响着投资、消费、就业等领域,加速了美国经济的衰退,这无疑将对世界经济产生重大负面影响。世界上许多国际机构认为,美国经济增长从 2007 年的 2.9% 下降到 2008 年的 1.9% 左右。根据花旗银行的经济和金融模型测算,美国经济陷入衰退的比例从 10% 上升到 20%。国际货币基金组织(IMF)认为全球经济增长预期由原来的 5.2% 调低至 4.8%。①

---

① 参见廖凤华:《美国次贷危机的影响和几点启示》,载《西南金融》2008 年第 9 期,第 48 页。

（三）对我国产生的影响

2007年由美国次贷危机引发的国际金融危机对我国也造成了巨大影响。第一，国内金融机构的部分海外金融业务遭受一定程度的损失，包括中国投资有限公司和合格境内机构投资者（QDII）潜在亏损、各大上市银行等次级投资的损失。第二，对中国金融市场具有负向传导效应。以沪深股市为例，其与全球股市的联动效应明显，由于受到美国次贷危机引起全球股市暴跌的影响，在当年一月下旬便出现了大幅下挫。第三，中国外部经济环境受到更多不确定性和不利因素的影响。例如，美国和世界经济的下行风险、贸易保护主义抬头、人民币升值压力不断增加，中国经济增长的持续稳定性被破坏，面临着巨大挑战。根据相关数据的预测，如果美国经济放缓1%，中国经济增速将放缓1.3%。第四，中国宏观调控在新形势下遭遇更大障碍。中国当时正在进行新一轮的加息，倘若美国等发达国家的中央银行采取降息行动，大量套利套汇资金必然再度涌入中国，导致流动性过剩，房地产等资产价格泡沫的形势将更为严峻，这将使我国宏观调控的难度加大。从本质上讲，跨国银行是一家从事高水平国际银行业务和其他特殊业务的跨国公司。跨国银行的出现使资金供需双方均成为受益者，不仅为资金需求方提供了一个更庞大的资金池，增大了可获取的信贷量，而且扩大了资金提供方可选择的国家（地区）范围，可以保证资金流向最佳投资机会，提高收益率。跨国银行的发展大力推动了世界金融、经济的发展，能够为之提供更多的金融支持。

四、国际金融危机对跨国银行风险防范的新启示

总体来看，2007年的美国次贷危机是由次级抵押贷款机构破产、银行强制关闭投资基金和股市剧烈波动造成的，它导致世界主要金融市场的流动性不足，导致次级贷款公司遍布整个金融部门，进一步波及全球实体经济，最终演变成了国际金融危机。国际金融危机的爆发使得世界各国深刻认识到系统性风险防范的重要性、迫切性以及加强全球金融风险防范、全球性跨国银行监管合作的必要性。当下，美国打着所谓“贸易公平”的幌子挑起的经贸摩擦，无论是对我国的经济及金融稳定发展，还是对世界经济、金融的稳定性都

带来了消极影响，无疑增加了全球金融的不稳定因素。因此，纵观美国次贷危机引发的全球性金融危机，再结合当下全球经济、金融的发展态势，对跨国银行风险防范可以得到以下几方面启示：

1. 各国要增强风险管理和防范意识。此次由美国次贷危机引发的国际金融危机所带来的教训之一就是商业银行应该积极倡导并增强风险管理和防范意识，应当充分认识风险具有普遍性，银行不可能回避风险，但可以通过风险管理技术和机制对风险加以控制。强调风险管理和防范是一种心态，观念要同行为形成有机结合。跨国银行应注重将风险管理原理和防范意识深入移植到员工的思想中，渗入到员工的行为中。各国应加强对跨国银行全面进行风险管理和防范的观念，此处的“全面”是指覆盖所有部门、企业和产品，同时要将风险管理的理念渗透于事前、事中、事后的管理行为中去，引导和推进风险管理业务的发展。在注重盈利性的同时，跨国银行应始终不忘风险管理和防范，不能因为市场前景良好而对风险管理有所放松。跨国银行应当加强风险管理文化建设，这不仅是健全跨国银行风险预警机制的关键，更是提升跨国银行综合管理水平的重要措施。

2. 加强数据信息化建设。世界各国的跨国银行都普遍认识到，应尽快开发和完善数据信息处理系统，收集、整理分散在各部门、各机构的历史数据，实现业务物理和逻辑的同步集中。具体而言，就是搜集、分析并整理跨国银行总部及其各类分支机构的数据和管理信息，通过创建数据库，为跨国银行各种风险的预警、化解提供相对完备的数据信息支持。上升至国际社会层面，各国都应加快数据中心的建立与发展，提高国际社会整体的风险管理与化解能力。一些风险测度模型有着较高的数据依赖度，尤其对历史数据，如内部评级法中对银行估计违约率时所需要的历史数据规定为超过五年，而高级法中估计违约率时所需要的历史数据规定为超过七年。就我国数据信息系统发展水平而言，中资银行对待历史数据的记录相对不够完善，阻碍了使用最先进的模型来度量风险。因此，开发和完善数据信息系统迫在眉睫。

3. 引进先进的风险管理方法。金融业不发达国家应积极借鉴国际银行业发达国家的先进管理经验，在定性分析的基础上，着重定量分析，通过大量运用数理统计模型来识别、衡量和监测风险，逐步由简单的技术管理过渡到复杂的统计分析管理，使风险管理更具科学性。选用信用度量、KMV 模型、信用风险附加模型和信用组合观点模型中的一种还是多种，可以根据跨国银行的实际情况进行选择。同时，可以建立信用风险分析矩阵、自动评级和监控系统以及其他自己开发的数学模型。然而，市场风险的度量方法有很多种，不仅不同类型的市场风险度量方法不同，而且同一种市场风险度量方法也不同。因此，在选择、使用市场风险度量方法时，跨国银行需充分了解不同方法的优点、局限性和假设前提，正确理解和使用测量结果，并利用压力测试等其他分析工具，补充使用的测量方法。同时，为了检验、提高测量方法或模型的准确性和可靠性，银行应定期进行事后检查，并根据测试结果调整和改进测量方法或模型。

4. 建立风险预警预控机制。科学、准确的早期预警是有效防范银行危机的前提，西方发达国家普遍建立了跨国银行的风险预警系统，这非常值得跨国银行尚处于起步、发展阶段的国家学习借鉴。跨国银行风险预警机制可以提高监管效率，降低监管成本。首先，应制定科学的信用评级方法。其次，应建立科学的银行风险预警指标体系，这是银行风险预警系统的核心内容。该指标体系的选取应遵循一些基本原则：所有指标都应能从某一方面或角度反映风险程度的大小；定量分析与定性分析相结合，以定量分析为主，定性指标结果也必须量化；数据来源监管对象报送的报表和现场检查要相辅相成，并且应尽可能地与国际惯例相一致，尽可能多地采用国际公认的银行风险度量方法，如资本充足率等。

总之，由美国次贷危机引发的国际金融危机表明，金融监管应随市场的发展而不断调整和优化。监管体制必须从过去的体制性监管向职能性监管转变，统一监管各类金融机构的同类业务，减少监管盲点，提高监管效率和监管的灵活性。同时，传统金融子市场之间的边界已经淡化，参与创新产品的金融机构的数量在逐渐增多，因此，跨部门监管协调和监管合作变得越来越重要。

第二节 跨国银行的历史发展及其内涵

一、跨国银行的历史发展

追溯历史,跨国银行早在自由资本主义时期就已存在,但现代意义上的跨国银行直到20世纪中后期才迅速发展起来。20世纪60年代以来,得益于国际贸易与国际资本流动的大规模增长及跨国公司迅速的全球扩张,金融国际化得到空前发展。跨国银行是银行国际化的重要载体,银行的国际化突出表现在银行机构的国际化、银行业务的国际化和银行市场的国际化。

13世纪,商人银行组织逐渐开始开展货币兑换、资金清算、进出口贸易融资、外币贷款等国际业务。14世纪晚期,创建于意大利中部佛罗伦萨的梅迪西银行(Medici Bank)①在意大利、英国、法国、瑞士、比利时等地设立分支机构,被认为是第一家跨国银行。当时,跨国银行的存款主要来自教会和王公贵族,主要面向教会、王室成员、贵族和信誉较好的商人或生产者开展进出口融资、贵重金属交易、短期抵押贷款等。15世纪晚期,由于战争、政局不稳、银行坏账增加、经济形势动荡等原因,货币金融中心逐渐向欧洲北部迁移,德国南部城市奥格斯堡和纽伦堡逐渐在金融领域发挥更大作用,主要经营者为德国富格尔(Fugger)和韦尔泽(Wellers)家族。随后,法国的里昂和比利时的安特卫普得益于葡萄牙开辟的欧洲至印度的航线而成为新的金融中心。此间,这些银行主要经营票据、商品交易、外汇兑换、给银行或政府提供短期贷款业务。17世纪,荷兰由于海运贸易蓬勃发展而成为新兴的国际贸易和金融中心。然而,由于战争和政局动荡,跨国银行的业务有所萎缩。随着第一次工业革命的发生,资本主义和殖民扩张迅速发展,欧洲经济中心逐渐由意大利北部和地中海地区向英、法两国转移,并逐步取代荷兰的经济中心地位,巴黎和伦敦逐步成为占统治地位的国际金融中心。随后,法国大革命和拿破仑战争促使英国伦敦成为世界首要金融中心。可见,跨国银行的经营范围在19

① 梅迪西银行由梅迪西家族于1397年创建。

世纪以前主要集中在欧洲。此后,随着殖民主义的扩张,宗主国的银行相继在殖民地国家建立分支机构,当代著名的跨国银行大多是在此期间发展起来的。20 世纪初,殖民地时期的银行国际化发展达到高峰,跨国银行初具规模,该阶段的银行国际化带有强烈的殖民主义色彩,英国、法国、德国基本控制了跨国银行的国际交易市场。第一次世界大战改变了国际金融格局,美国在工业和金融领域快速崛起,欧洲的金融中心地位和贸易体制快速瓦解,德国的海外金融机构大量被兼并或没收,美国纽约逐步替代英国伦敦成为新的世界金融中心。此后,美国银行国际化加速发展,在国外开办的银行分支机构的数量由 1913 年的 6 家增长到 1920 年的 100 家。① 20 世纪 30 年代,跨国银行在美国纽约发行国际金融债券的规模远远超越伦敦,美元承兑的信贷占据了较大比重。然而,紧接着的经济危机、金融危机和第二次世界大战使得跨国银行债券和贷款成为了不良资产,跨国银行的海外金融机构逐步萎缩,国际金融秩序被完全破坏,到 20 世纪 50 年代,跨国银行的发展进入历史低谷。

1950 年,英国对外资以及银行国际业务的非对称管理导致了欧洲美元市场的诞生,吸引了以美国银行为主的大量外资银行的进入,因此,推动了第二次世界大战后银行国际化的快速发展。大部分发达国家先后在 1960 年 ~ 1980 年开放了本国的银行业市场,促使跨国银行进入全面发展时期。在此期间,美国的跨国金融活动独占鳌头,美国在海外设立的分行的数量由 1960 年的 124 家增至 1970 年的 536 家,到 1980 年增至 789 家;在海外经营的跨国银行数量由 1960 年 8 家增至 1970 年的 53 家,到 1980 年增至 139 家。② 1970 年后,新兴工业国家日本、德国、加拿大和老牌殖民主义国家英国、法国的跨国银行也进入了快速发展阶段,一些新兴市场国家也逐步加入跨国银行行列。日本银行海外分行从 1950 年的 5 家增长到 1980 年的 465 家。③ 德国银行的海外机构从 1960 年的 15 家增加到 1980 年的 75 家,增长了 4 倍。20 世纪 70 年代末,不同国家的跨国银行在英国、法国和加拿大这些国家所设立的海外分行、附属银行和联属银行的数量分别达到 1101 家、391 家和 295 家。根据 1980 年

① 参见庄乾志:《银行发展:市场化与国际化》,北京大学出版社 2001 年版,第 252 页。
② 参见刘逖:《中国银行业:外资的冲击》,上海远东出版社 2000 年版,第 61 页。
③ 参见庄乾志:《银行发展:市场化与国际化》,北京大学出版社 2001 年版,第 286 页。

联合国跨国公司中心的调查数据,1975 年和 1978 年有 84 家跨国银行在拥有多数股权的五个以上(含五个)国家设有分支机构和子公司。这些银行在国外共有分支行等附属机构 4333 个,其中发达国家占 46%,发展中国家和地区占 53%。美国的美洲银行公司、城市银行公司和大通曼哈顿银行公司拥有的分支行和附属机构最多,数量都超过 200 家。[①] 20 世纪末,随着亚洲金融危机、欧洲一体化进程加快以及美国经济持续高速增长等因素影响,日本银行的国际竞争力明显下滑,美国和欧洲的银行发展加速。

我国银行的国际化始于 1978 年我国确定实行改革开放政策时期,虽然起步较晚,但发展态势迅猛,特别是近年来,我国的经济形势持续保持向好发展,经济规模位列全球第二,市场潜力巨大。此外,近年来我国综合国力日益增强,全球话语权逐年增加,"一带一路"倡议的提出深得人心,人民币国际化稳步推进,亚投行平稳投入运行。在这些积极因素的助推下,我国银行业的发展显著加速,不断开设海外金融机构,跨国银行数量明显增加。截至 2016 年,中资银行在境外设立 200 余家分支机构,拥有 1300 多家网点,覆盖五大洲的 64 个国家和地区,基本涵盖了世界上较具影响力的国家和地区。[②]

当前,国际政治、经济形势跌宕起伏,经济全球化和一体化进程加快,对外贸易规模空前发展,跨境电子商务、贸易结算模式趋向多样化,美元的中心地位逐渐削弱,金融、经济格局呈现多极化发展,金融中心星罗棋布,跨国银行发展整体趋于稳定,但受各国经济形势变化的影响稍有起伏波动,各金融中心的势力此消彼长。

二、跨国银行的内涵界定

一般认为,如果一家银行在另一国设有子公司或分支机构,则该银行可纳入跨国银行的范畴。但从国际银行的实践出发,一家银行能否被称为跨国银行,不仅取决于其跨国经营的运作模式,还取决于其所设立的分支机构数量。联合国跨国公司中心对跨国银行设立子公司或分支机构的所在国家(地

---

① 360 百科网,https://baike.so.com/doc/5420489-5658662.html,2018 年 6 月 30 日最后访问。

② 参见谢杰斌:《中资银行国际化发展的全景多维分析及管控模式思考》,载《中国银行业》2018 年第 1 期,第 78~81 页。

区)数量有明确要求,其将跨国银行界定为:必须在五个或五个以上的国家或地区设立分行或附属机构。① 值得一提的是,英国《银行家》杂志对跨国银行的定义更为严格,其所界定的跨国银行必须符合以下两大标准:一是资本实力。跨国银行的一级资本(或实缴普通股本)与未公开的储备两部分之和,必须超过十亿美元。二是境外业务情况。跨国银行的境外业务需在其全部业务中占据较大比重,而且必须在主要国际金融中心如伦敦、东京、纽约等设有分支机构,开展国际融资业务,并派驻一定比例的工作人员。近年来,《银行家》杂志在公布全球50家大型跨国银行时,用于衡量跨国银行的标准越发严格,除了海外代表处、分行和附属银行机构的数量之外,还纳入新的考核指标,如海外资产占总资产的比重、海外员工的比例、在主要国际金融中心的资产分布等。

综合来看,跨国银行是指具有全球经营战略目标和统一集中管理模式、并拥有广泛的国外分行或附属机构、在不同国家和地区从事跨国金融业务的国际金融实体。跨国银行通过在其他国家设立分支机构进行跨国经营,从事与货币和信贷有关的业务。在很大程度上,跨国银行的概念可与国际银行的概念通用,此况可在相关的国际文件中看到。但许多学者坚持认为,两者之间存在着天壤之别。跨国银行本质上是一家从事高水平国际银行业务和其他特殊业务的跨国公司。跨国银行的出现使资金供需双方均成为受益者,不仅为资金需求方提供了一个更庞大的资金池,增大了可获取的信贷量,而且扩大了资金提供方可选择的国家(地区)范围,可以保证资金流向最佳投资机会,提高收益率。因此,跨国银行的发展为世界经济、金融搭建了一个更为广阔的舞台。

第三节　跨国银行的风险

一、跨国银行风险的内涵

首先,我们必须理解"风险"一词在界定跨国银行风险中的意义。风险是

---

① 《跨国银行》,载百度百科,https://baike.baidu.com/item/跨国银行/10329620?fr=aladdin,2018年7月1日最后访问。

生产目的与劳动成果之间的不确定性。银行交易的原理是以现在价值和未来价值的交换为突出特点,而未来价值的不确定性便是银行交易的风险所在。此外,银行作为贷款人,与借款人之间的信息不对称问题严重,银行无法准确、完整地掌握借款人的业务和财务信息,从而使银行时常遭遇风险。换言之,银行自身的业务性质决定了银行风险的存在,因而该风险是难以绝对避免的。更多不确定因素也因跨国银行的跨国性而产生,由此滋生更多、更复杂的风险。

跨国银行正在遭遇或即将面临的风险的不确定性,主要表现为以下几个方面:第一,跨国银行本身具有的跨国属性是其风险产生的最直接因素,也是它所具备不确定性的直接来源。第二,跨国银行的经营业务范围广、内容复杂,各个经营环节的要求高,是导致其不确定性的重要因素。第三,跨国银行从"走出去"到在东道国顺利运营,每个环节都涉及母国同东道国两个政府之间的信息传递,也涉及多个国内外银行之间、国内外监管机构之间以及银行内部之间的信息传递与交流。信息传递不顺畅、不充分、不真实等,均是跨国银行面临的不确定性风险。第四,银行本身属于高风险领域,信用是其顺利运作的源泉和保证。信用是指人、单位、商品之间相互信任的交易所形成的一种生产关系和社会关系。《牛津法律词典》对其的解释是:"信用是指在将来付款的承诺,而不是在收到或提供货物或服务之后立即付款的一种做法"。可见,信用的实现存在一个"时间差",这一"时间差"的存在往往是导致信用无法实现的重要客观因素。人们通常讲,时间可以改变一切,即在一定时间内,任何情况都可能存在,这是跨国银行经营不确定性的客观因素。从伦理道德的角度看,信用主要是指当事人在社会经济活动中建立的在诚实信用基础上的契约实践。从法律角度看,我国《民法典》总则编规定:民事主体从事民事活动,应当遵循诚信原则,秉持诚实,恪守承诺。我国《民法典》合同编也要求,当事人应当遵循诚信原则,在合同的内容、意义及适用等方面产生纠纷时要依据诚实信用原则来解释合同。从经济学角度看,信用是指授信人在充分相信受信人会在双方交易或是其他经济活动中践行诺言的条件下,通过契约关系向受信人放贷,并根据契约可以保证自己的本金能够回流并增值的价值运动。可见,跨国银行经营贷款业务以其事先审视并充分信任贷款人的资信为前提条件。但是,相对于国内银行经营的国内业务而言,第一,跨国银行审查国外贷款人的信用水平的难度增加不少;第二,不同国家对信用风险的评估手段和标准不同,需要有具备不同知识和技能的人才;第三,防范贷款人信用造假事宜也是跨国银行不可避免的不确定因素。综上分析,跨国银行风险是跨国银行在从事跨国经营业务过程中所遭遇或即将面临的、可能会致使其遭受经济损失或诱发更严重金融危机的各种不确定性因素。

二、后危机时代跨国银行风险的新特点

如今,世界金融发展进入后危机时代,在金融自由化发展趋势下,跨国银行业的发展迎来了新的局面。在此背景下,跨国银行风险也产生了新的特点,以下是从跨国银行风险产生、过程以及引发的结果角度剖析后危机时代跨国银行风险呈现出的新特点:

1. 跨国银行风险多因金融不断创新而产生。同传统跨国银行风险的产生方式不同,在金融高度自由化发展的今天,跨国银行的风险主要来自金融的不断创新和各种金融衍生品的不断涌现。第一,金融行业本身具有瞬息万变的特点,需要进行不断的金融创新来适应整个行业的发展。第二,金融业高端且专业,再加上互联网信息技术的发展,金融创新不断,无形中给金融监管造成了巨大压力,最终致使金融监管跟不上金融创新的步伐,加之监管水平有限,从而出现了大量监管的"真空地带",引发了更多的金融风险。第三,金融衍生品作为一种风险管理手段,是把金融风险聚集于衍生品市场,通过新的方式对其重新组合并加以分解、降解和规避来运作的,以达到避险、保值和投资盈利的目的。但是,金融衍生产品只是从微观上降低了风险。在宏观上,金融衍生品将风险从风险规避者转向风险中立或风险偏好者,并以新的方式重新组合,并不降低金融体系的总体风险。所以,在后危机时代,跨国银行风险产生的方式与传统方式有巨大差别。

2. 跨国银行风险的传导性大大增强。2008 年美国次贷危机爆发后形成了在全球大范围的蔓延趋势,各国国内经济均因此遭受了严重损失。在此背景下,各国普遍认识到金融体系的联动性和金融风险极强的传染性。跨国银行是国际金融领域的核心与关键枢纽,由一家跨国银行引发出的金融风险,很快会在业内迅速联动,大大小小的银行或多或少都会受到影响。在后危机时代背景下,跨国银行风险具有联动性的根源在于全球经济一体化的时代因

素。因此,各国银行监管部门及各有关金融风险防范部署人员要密切关注各种经济动态,积极参与到国际金融安全治理的行动中去。

3. 跨国银行风险引发全球对银行监管模式的新思考与新调整。跨国银行风险的传染性、联动性、不确定性以及极具专业性等新特点,引发了国际、国内对传统跨国银行监管模式是否适用于防范与解决金融风险的思考。现行跨国银行监管模式更为复杂,兼具国别监管即东道国监管与母国监管、国际监管及内部监管的多层监管的局面,不再是传统的单一、隔离式的监管模式。各国深刻认识到跨国银行风险的传导性、全球经济发展的密切联系性后得出共识,认为必须三大监管模式齐下,才可以全面、持续地监控跨国银行的业务活动,有效防范跨国银行的风险。

三、跨国银行风险产生的原因

导致跨国银行风险产生的原因有多种,但主要有以下几个方面:

1. 跨国性是风险产生的直接因素。由于跨国公司的分支机构分处于不同国家或地区,因此,跨国银行的管理难度较大。银行从事跨国业务所可能遭遇的风险要远远大于其从事国内业务所可能遭遇的风险,因为银行要面对不同的政治环境、法律环境、人文环境、货币政策、金融制度、社会制度等,对外国客户了解的深度远不如国内客户。因此,在其经营过程中,难免会有发生风险损失的可能性。

2. 跨国银行业务复杂多样。跨国银行开展的金融业务,涉及国际信贷、投资、信托、保险、外汇、各种金融衍生产品等,这无疑使得原本已是高风险的银行业在进行跨国经营后,风险进一步加大,风险发生的频率、影响程度明显增加。

3. 跨国银行业务具有的时代性特征是其风险产生的特殊原因。跨国银行的所有权、区位和内部化优势使其拥有得天独厚的扩张潜力和规避监管能力。另外,跨国银行是普通商业银行的特殊形式,其业务随着时代的发展变化不断更新换代。而金融业自身的不断创新也给金融市场带来新型风险。因此,跨国银行除需面对普通商业银行的风险以及传统型风险因素外,还需面对及克服特殊的风险挑战,如新型操作风险、国别风险、互联网风险、道德风险等。

4. 经济全球化背景下全球形成“风险链”。除了美国、日本等发达国家的跨国银行业不断进行国际渗入式发展外，大多数发展中国家的国际金融业也大有发展，这就使得世界各国的跨国银行业交往增多，各国银行间的资产负债关系也越来越密切。经济全球化把全球金融更加紧密地连接在了一起，使得金融风险具有更大的传染性。因此，世界各国之间形成了一个风险链接网，一旦跨国银行在本国或任意一国的分支机构发生风险，该风险极大可能会扩散并蔓延到其他国家，这种由“多米诺骨牌”效应引发的风险甚至会引发全球性金融危机。假如一家跨国银行发生金融危机，该危机所造成的影响不仅会波及跨国银行履行其商业责任的能力，同时也会给与危机银行存在业务关系的相关机构或个人带来消极影响。显然，跨国银行特殊的经营背景和独特的业务特征使得跨国银行的活动不可避免地具有国内银行所没有的或更为复杂的风险。

以美国引起的2008年国际金融危机为例，美国作为该场危机的起源国，由于跨国银行各机构之间的紧密连接关系影响，其所产生的风险在跨国银行的传导作用下迅速在世界各国传播开来，最终导致了世界范围内金融危机的发生。因此，跨国银行风险防范不仅是一国的国内问题，更是世界金融领域的共同问题，是需要世界各国共同努力的重大现实问题。

四、跨国银行风险的表现形式

金融全球化和银行国际化适应跨国公司和国际贸易的发展，顺应了生产和资本国际化的内在要求。银行国际化不仅促进了国际贸易和世界经济的发展，而且促进了资源的优化配置，提高了各国的综合经济效益。金融业的国际化一方面推动了世界经济的发展，另一方面也带来了一些负面影响。由于跨国银行的国际化经营，跨国银行总行与其分支机构之间的资金调拨、日常业务的密切往来打破了金融市场风险跨国界传播的障碍，使得金融体系的风险更易于从一国金融市场传导到国际金融市场，从而增加了整个世界金融体系的不稳定性。究其风险类型，主要有九类，我们需要深入剖析并正确认识各类风险形式及其造成的影响。

（一）国别风险

20世纪90年代，国别风险使日本跨国公司受到了重创，损失惨重。近年来,由于中东战火连绵、欧洲难民危机、次贷危机、欧债危机、个别国家政局不稳、政权更迭及较大自然灾害等因素影响,跨国银行面临的国别风险更是进一步加剧。美国则不断违反国际贸易规则,对世界多国发动贸易战,导致国际金融市场受其影响持续震荡。土耳其爆发的里拉危机致使汇率大跌,债务偿还能力大幅下降。这些都严重影响了跨国银行业的稳定发展态势。

国别风险可以从债务风险和投资风险两个角度界定。从债务风险角度看,巴塞尔银行监管委员会 1982 年将国别风险定义为:由于一般性贷款风险之外的原因引发并且会导致某个特定国家的主权借款者或其他借款者没有能力或没有意愿偿还境外债务而违约的可能性(概率)。1984 年,学者纳吉(Nagy,P.)认为,国别风险是由某个特定国家发生某种程度上不可控制的事件(非私人企业或个人所能控制)所引起的跨国贷款的损失风险;①1986 年,学者蒙特(Mondt,K.)和德蓬坦(Despontin,M.)认为,国别风险包括国家不能或不愿意偿还债务的可能性外,与政治风险相近;②1992 年,学者考塞特(Cosset,J. C.)认为,国别风险是由于某国因无法获得足够外汇偿还他国债务而面临可能违约的风险;③2008 年,学者伊兰佐(Iranzo,S.)认为,国别风险是某个国家因宏观经济、政治、社会环境或自然灾害等原因而违约的可能性,属于对国外债务[包括各种债务工具、贷款或债券以及或有负债(担保、背书等),但不包括股权投资]的信用风险。④ 从投资风险角度分析,国别风险主要集中于影响一国投资收益的宏观和微观风险,包括社会风险和政治风险,具体而言,有战争、宗教冲突、革命、价格控制、税收变动等,这些都会影响跨国投资者的投资决定。

国别风险可分为主权风险和非主权风险。主权风险是指一国政府或政

---

① See Nagy, P. , *Quantifying Country Risk: A System Developed by Economists at the Bank of Montreal*, Columbia Journal of World Business, Vol. 13, p. 135 – 147 (1978).

② See Mondt, K. & Despontin, M. *Evaluation of Country Risk Using Multicriteria Analysis: Technical Report*, Vrije Universities Brussels, September(1986).

③ See Cosset, J. C. , Siskos, Y. & Zopounidis. C: *Evaluating Country Risk: A Decision Support Approach*, Global Finance Journal, 3(1), p. 79 – 95(1992).

④ See Iranzo, S. , *Delving into Country Risk*(2008), https://www.bde.es/f/webbde/SES/Secciones/Publicaciones/PublicacionesSeriadas/DocumentosOcasionales/08/Fic/do0802e.pdf, Last visited 2018 – 8 – 12.

府担保的机构因其公共收入减少、债务增加、外汇储备缺乏,或各种政治原因致使其偿债意愿降低并可能对其债务违约的风险。公元前 4 世纪,古希腊城邦之间相互借贷违约,14 世纪至 16 世纪,英格兰、法国、西班牙和葡萄牙外部债务违约,①1998 年俄罗斯主权债务违约及 2002 年阿根廷债务违约等,都是由主权风险引起的。② 非主权风险则可分为转移风险、宏观经济风险和传染风险。其中,第一,转移风险是指一国因收支赤字、承担巨额外债且外汇储备不足、采取外汇管制等原因使私人部门不能拥有足够外汇而诱发的债务偿还违约风险,如 1997 年亚洲金融危机期间,马来西亚政府实施严格的外汇管制措施,使得跨国银行的巨额贷款得不到偿还。第二,宏观经济风险是指外国投资者因输入国的宏观经济或政治环境发生重大变化从而致使其经济遭受损失的风险。宏观经济风险包括外汇风险和本币风险。转移风险则只涉及外汇风险,如 2008 年希腊和冰岛因财政赤字引发的债务危机。第三,传染风险是指某国因其自身原因造成违约可能性上升从而引发的与该国有密切经济联系的第三国的经济波动增加、信用状况下降的风险。当前,世界各国经济联系紧密,经济一体化深度发展,各国经济互补性加强,经济风险的"多米诺骨牌效应"加剧,国别风险的转嫁风险严重,2008 年因希腊债务危机引发的欧洲债务危机就属于典型的传染风险。

关于后危机时代对跨国银行国别风险的防范,本书认为,跨国银行管理层应加大对国别风险的研究,加强对涉外分支机构工作人员进行国别风险识别、审查培训和专题业务指导;借助敞口的计量和国别风险评级机构信用评级,对国别风险进行定量评估;利用大数据、信息技术及先进算法,同时借助计算机、互联网,构建可视化动态数据采集、整理分析、模型计算和风险预警平台;根据国别风险评估和预警分析结果,设定动态国别风险限额,制定明确的客户准入标准。

(二)市场风险

市场风险是指未来市场价格(包括利率、汇率等)由于其不确定性而对企

---

① See Solberg R. L. ,1992. *Country Risk Analysis*:*A Handbook*. London:Rout ledge.

② 参见郭婷婷、尚金峰:《中国商业银行国别风险与管理研究金融论坛》,载《金融学》2011 年第 8 期,第 12 ~ 18 页。

业或其他机构实现其既定目标造成不利影响的风险,是一种金融市场波动性风险,其大小是跨国银行能否实现风险与收益动态平衡的关键。当前,受政治、经济和各国宏观经济政策形势影响,市场风险波动较大,利率、汇率和资产价格起伏跌宕,直接影响跨国银行的外汇投资理财、交易业务及衍生业务收益。[①] 2018 年 4 月以来,在中美贸易争端中,人民币对美元汇率由 2018 年 3 月 31 日的 6.2726 涨至 2018 年 8 月 22 日的 6.8435,[②]人民币贬值 9.1%。假如中资银行在美国有 1000 万美元到期贷款,折算成人民币将损失 570.9 万元。再如,土耳其与美国关系恶化时,里拉对美元持续下跌,2018 年 8 月一个月内累计跌幅达 22%。[③] 2018 年 1 月 1 日里拉兑美元汇率是 3.78,2018 年 8 月 22 日最高汇率为 6.1180,[④]跌幅 39%。假如土耳其国家银行有 1000 万美元境外债务,原来需要 3780 万里拉兑换,汇率下跌后则需要 6118 万里拉,损失高达 2338 万里拉。2018 年,土耳其里拉危机在持续发酵,严重冲击着土耳其的经济和政治安全,同时也在严重影响着欧洲的金融安全。同时,巴西雷亚尔兑美元也在短短几个月内下跌近 24%。可见,汇率波动引发的市场风险不容小觑,它不仅对一国的对外经济活动有重大影响,甚至可能影响国家和地区稳定。

在市场风险防范方面,跨国银行应针对不同类型的市场风险,制定详细的、有针对性的风险管理程序,运用蒙特卡洛、历史模拟、协方差等分析方法对市场风险进行有效识别、计量、监测和控制,构建有效的内部控制和外部监管机制,利用大数据分析指导资产配置,[⑤]综合减少市场风险的负面影响。

(三)资本流动性风险

跨国银行业的发展使得资本能够进行全球化配置,在一定程度上资本账

---

① 参见唐建伟:《新时代银行国际化风险》,载《中国金融》2018 年第 5 期,第 23 ~25 页。

② 参见《美元对人民币汇率走势图》,载中国纸金网,http://www.zhijinwang.com/huilv/?from=USD&to=CNY&num=100,2018 年 8 月 22 日最后访问。

③ 参见《月内暴跌 22%! 近期土耳其里拉汇率波动解读》,载搜狐财经网,http://business.sohu.com/20180822/n547121460.shtml。

④ 参见《美元土耳其里拉》(USDTRY),载新浪财经网,https://finance.sina.com.cn/money/forex/hq/USDTRY.shtml,2018 年 8 月 22 日最后访问。

⑤ 参见张艺:《金融机构如何规避市场风险》,载《现代经济(现代物业下半月刊)》2009 年第 9 期,第 43 ~44 页。

户管制放松,结果造成资本流动性风险加剧。以中资银行为例,随着中资企业“走出去”及“一带一路”倡议的深度推进,中资银行旗下的各类信贷服务不断提升,带动了离岸金融市场人民币贷款业务的发展,资本流动性风险也同时出现。资本流动性风险包含融资流动性风险和市场流动性风险两大类。融资流动性风险是指跨国银行无法及时、有效地获得海外资金需求的风险;市场流动性风险是指跨国银行由于市场面不足、市场动荡或资本账户管制而无法以适当的市场价格出售资产,以致无法获得资金的风险。近年来,随着跨国银行在新兴市场国家的扩张以及参与海外金融活动影响力的扩大,跨国银行的跨国经营活动逐步向“一带一路”国家深度转移。中资银行提供了我国参与“一带一路”沿线国家基础设施建设项目的配套融资服务,加大了资本的跨境流动。同时,我国与他国货币互换规模也逐步扩大,这都引起了银行资金的跨境流动,降低了存贷比,增加了资本流动性风险。此外,跨国银行海外资本流动风险很容易进入国内金融体系,外资银行金融机构进入本国债券市场以及本国银行金融机构进入离岸金融市场的机会都进一步加大。

关于对资本流动性风险的防范,本书认为,跨国银行首先应基于大数据、云计算构建资本高效配置决策系统,充分考虑影响因素,通过定量计算提供决策依据,通过动态调节修正决策计算系统,完善算法,补充样本数据,进而使跨国银行资本在全球科学配置;其次要控制风险点,通过设置预警极限,降低资本流动性风险。

(四)信用风险

信用风险又称交易对方风险或履约风险,指交易对方不履行到期债务的风险。由于结算方式的不同,场内衍生交易和场外衍生交易各自所涉的信用风险也有所不同。[①] 信用风险是影响跨国银行稳定性以及客户来源的一个重要因素,它主要来自对贷款客户的信用评级。如果银行的风险评价工作未能做到准确精细,客户因自身能力未能及时对银行偿付贷款,最终将使银行遭受损失。目前,就我国来讲,我国的金融监管机构严格了银行体系中针对有关借款人的不良信息披露制度,包括将借款人超过 90 天仍未偿还的贷款计

① 参见李仁真主编:《国际金融法》,武汉大学出版社 2011 年版,第 68 页。

入不良贷款,同时对不良贷款的处罚力度也不断加强,由此可见防范信用风险的重要意义。根据《中国金融稳定报告 2018》,就我国国内商业银行面对的风险压力来讲,信用风险是主要风险来源。在金融危机的重度冲击下,20家参试银行的整体资本充足率降幅中,超过 80% 来自信用风险损失的影响,其中关键因素是压力情景下贷款质量恶化,不良贷款率上升。① 在“一带一路”倡议推进下,我国“走出去”的中资银行服务于更多具有国际性、复杂性、多样性等特殊性质的顾客,一定程度上导致与洗钱相关的犯罪比例上升,这使得中资银行不得不面对更高的洗钱风险,而为客户办理业务并降低银行洗钱风险的第一步工作是进行客户身份识别。从我国目前情况看,“走出去”的中资银行在客户身份识别方面的业务正处于摸索并不断改进阶段,还有待加强与完善。规避信用风险为建立稳定、可持续、风险可控的银行业务体系开启了安全大门。

(五)操作风险

操作风险是指由于人为错误、电脑系统故障等信息系统或内部控制缺陷导致意外损失的风险。除了市场风险和信用风险外,操作风险已成为跨国银行面临的第三大风险。1995 年,英国经营了 233 年的巴林银行倒闭,同年,日本大和银行因内部欺诈遭受了 11 亿美元的巨额经济损失。2002 年 2 月,联合爱尔兰银行美国 All First 分行因虚假交易遭受了约 7.5 亿美元直接经济损失,股价狂跌 23%,瞬间损失了 28 亿欧元。② 有关研究表明,总分行之间联系疏远是导致跨国银行操作风险的重要原因之一,总行与海外分行、海外分行与员工之间的行为目标的差异,会产生系统失误和欺诈行为,影响跨国银行的安全运营。因此,为了降低操作风险发生的概率,减少跨国银行因此受到的损失,协调好上述三个利益主体之间的关系非常必要。员工素质和人员组合的风险可以通过利益协调的方式降低,同样,在跨国银行的内部程序中,设置自动报警系统可以减轻由于时间延迟造成的损失,而对于已经产生的操作风险损失,可通过保险和业务外包等方式来减轻。

---

① 参见杨燕青主编:《中国金融风险与稳定报告 2018》,中国金融出版社 2018 年版,第 70 页。

② 参见《联合爱尔兰银行集团巨额诈骗案始末及影响》,载中国网,http://www.china.com.cn/chinese/2002/Feb/107627.htm。

（六）系统性风险

系统性风险是指在一系列制度和市场体系中，某一事件导致一系列连续损失的可能性，包括政策风险、利率风险、购买力风险、汇率风险、周期性经济波动风险等。政策性风险是系统性风险的重要组成部分，之前美国特朗普政府曾一意孤行，意图将中美之间的贸易争端扩大为全球贸易争端，影响范围甚广，这对跨国银行的发展极其不利。金融是服务实体经济的命脉，银行业的利润主要来自实体经济，贸易冲突将对跨国银行体系的稳定造成冲击，全球范围内的跨国银行也可能因政策性风险受到严重影响。例如，巴西、阿根廷、土耳其等一些新兴市场国家的跨国银行的发展已受到影响并初现危机迹象，其发展环境已趋于恶化。跨国银行在各国从事经营活动时，受到当地经济、文化、风俗习惯的影响，其面临的风险也可能随之提高。国别风险爆发时，原本运营状况良好的企业，可能受此因素影响进入经营困难状态。

（七）法律与合规风险

法律与合规要求是跨国银行从事经营活动时绝对不可逾越的红线，因为此类风险所带来的损失不可估量。近年来，国际反洗钱监管力度逐渐加大，反洗钱合规方面的要求不断提高和细化，受罚的跨国银行等金融机构（含全球知名银行）越来越多，所罚金额和范围越来越大。2013 年至 2016 年期间，花旗银行、渣打银行、瑞士信贷集团、法国巴黎银行、三菱东京联合银行等著名国际金融机构以及中国银行米兰分行和纽约分行、中国工商银行马德里分行、中国农业银行纽约分行先后受到国际反洗钱监管机构的审查或处罚。[①] 调查发现，跨国银行在法律和合规风险方面主要存在以下几方面问题：(1)未按照反洗钱的规定对客户开展尽职调查，未充分调查客户的业务性质、交易动机和资金来源等；(2)未对客户中的公众政治人物开展加强型尽职调查，未充分了解客户的身份、个人信誉、个人资金合法性以及与境外交易对象受益关系等情况；(3)未能提供贸易融资产品与军工产业无关的有效证明。[②] 关于

---

① 参见赖远明、李叶乔、王彦彬：《近年来美欧国家主要反洗钱处罚和调查案例及对我国的启示》，载《区域金融研究》2017 年第 1 期，第 60～62 页。

② 参见唐建伟：《新时代银行国际化风险》，载《中国金融》2018 年第 5 期，第 23～25 页。

对法律和合规风险的防范，本书认为，跨国银行应充分了解东道国的法律法规和国际反洗钱监管要求，加强银行内部审查，构建合规风险防范管理机制，加大国际反洗钱信息情报收集分析，制定反洗钱制裁审查应急处置方案，加强合规公众宣传和人员培训，提高工作人员的合规意识。

（八）网络安全性风险

世界上著名的跨国银行，如大通银行、德意志银行等著名跨国银行纷纷开拓了其网上银行业务，花旗银行更是充分利用了网上银行的交叉销售优势提供广泛的金融服务，包括商业银行、经纪业、保险业和投资银行业务等。网上银行业务将成为跨国银行未来重点发展的领域，但这也预示着跨国银行将面临新型风险。

首先，银行会承担更大的信用风险。金融的网络化发展为全球各地的客户提供了访问特定银行的机会，且无需同工作人员进行面对面会谈，因此，客户开设账户的动机和用意（善意或恶意）很难衡量，银行对客户提供的抵押品及签订的担保协议的内容的核实和履行难度加大。又如，利率风险最初是指市场利率变动的不确定性给商业银行造成损失的风险，但由于网络银行的客户可以来源于任何一个国家和地区，且都追求全球范围内的最优惠的利率，因此，网络银行将面对世界各国经常变化的利率与汇率，其面临的利率风险的内涵就同传统银行的利率风险产生了差异。

其次，区别于跨国银行传统的交易方式，网上银行业务的开展增加了跨国银行所面临的风险种类。潜在的安全风险是网络银行面临的最为明显的新型风险，网络银行业务的开展依赖于网络软硬件所提供的支撑，而客户可以从多种渠道获得这些软硬件，尤其是黑客的存在使网上银行的网络系统甚至银行的整个计算机系统都有可能遭受攻击。可靠性风险则是另一种网上银行所面对的新型风险，鉴于网络改变了银行与客户关系的性质，银行与客户之间身份的相互识别以及确认交易行为的“密钥密码”是确保网上银行交易可靠性的关键。

最后，技术风险也是网络银行必须高度重视的新型风险。网上银行交易系统依赖于包括安全、运营、监控在内的不同领域和层次的技术，由于该系统的复杂性，并非每家跨国银行都有足够资金和时间对自己的在线银行系统进行开发和研究。因此,大部分的跨国银行采用“外包”和战略联盟形式,或者直接从市场上采购相关技术与设备,只有极少数的全球顶尖级跨国银行会对一些必要的、特殊的软硬件自行开发和研究。而网络技术的发展日新月异,银行管理者作出的决策一旦有误,如对技术发展方向的估计错误或者在多种技术选择中出现差错,将有可能遭受重大损失。

金融机构每年因网络攻击所遭受的损失平均可能达到几千亿美元。网络攻击最危险的情况有以下几类:针对资金转账和自动取款机操作实施的攻击、在银行系统中植入恶意的软件、销毁机密的文档和硬件或者内部运作的勒索性事件。网络风险所造成的年均潜在损失很大,接近银行全球净收入的9%,大约为1000亿美元。因为网络攻击的高频率和蔓延性,在严重情况下,损失可能达到之前的2.5倍到3.5倍,大约能达到2700亿美元至3500亿美元。所以,网络风险已经成为金融体系所面对的重大威胁。此种风险将会使跨国银行遭受影响,利润减少,对金融稳定构成潜在威胁。例如,Coincheck加密货币交易所遭到网络攻击,5亿美元被盗;艾奎法克斯公司被入侵导致孟加拉国银行被盗走8100万美元。这些威胁都是潜在和真实的。[①] 除此之外,网络攻击可能会导致银行的数据外泄,客户和机密信息被盗。通常银行等其他金融机构对于网络风险更为担忧,因为网络攻击不仅会在当时给银行造成经济利益损失的巨大冲击,而且可能间接地导致后期银行的信誉度下降,业务受到影响。

网上银行及相关业务经过一段时间的发展,因其本身的便捷性被人们所普遍选择使用。跨国银行面对网络风险时,应当从内外两个层面入手应对。从内部层面来讲,应注重银行使用的软件以及防火墙的专业性、安全码版本的升级、数据的安全保护等;从外在层面来讲,应重视如何防范外部的网络攻击者对银行的数据、信息和系统造成的破坏,避免银行系统瘫痪,影响业务的正常办理。

(九)金融创新引发新的风险要素

金融创新品种从信用衍生产品、私募股权基金到对冲基金几乎无所不

---

① See IMF Blog: https://blogs.imf.org/2017/10/26/cyber-defense-must-be-global/, Last visited 2018-8-11.

包,这种资产本身具有分散和转移银行资产负债表风险的功能。然而,这种功能也带来了新的风险因素:第一,使银行放松信贷标准和风险控制,造成基本资本质量下降。第二,这些资产负债表外资产的风险因其十分微小而令人难以发觉。第三,银行资产与基础资产的分离,使得交易者更难去了解产品的具体信息和基础资产的具体情况,基础资产一旦出现问题,交易者很有可能拒绝所有相同的产品,由此便会使得市场的流动性减弱,进而影响整个金融环境。第四,这些资产只是将银行资产负债表风险转移到其他领域,它虽然降低了银行的资产负债表风险,但并未降低金融市场的整体风险,最终仍增加了跨国银行的系统性风险。第五,银行通过资产证券化转移资产负债表风险,然后在结构性产品中承担新的风险。尤其是那些投资和业务量大的银行,风险上升的情况更为严重。

第二章　跨国银行风险防范的基础理论

对跨国银行风险进行有效防范离不开坚实的学理基础，特别是经济学、法学原理的支撑。2008 年的国际金融危机将国际社会对跨国银行风险防范问题的关注再次提升至一个新的高度。无论是发达国家还是发展中国家，对跨国银行风险的防范都是其需要重点解决的问题，各国实务界、理论界人士都积极参与其中，对跨国银行风险防范问题展开了不同角度、异彩纷呈、深入的研究和探讨。本章主要对跨国银行风险防范的基本问题进行思考，从分析、界定跨国银行风险防范的内涵入手，对其涉及的经济学、法学原理以及基本原则问题进行研读，最后从法制角度对世界上几个典型代表国家在跨国银行风险防范问题上的做法进行深入研析和比较研究。本书认为，对相关基本问题及其所涉及的理论进行梳理和深度研读，有助于推进对一系列具体风险防范问题的深入研究。

第一节　跨国银行风险防范的内涵、特点

一、跨国银行风险防范的内涵界定

在对跨国银行风险进行防范时，银行并不会被动地接受客观存在的风险，而是积极发挥自己的主观能动性阻止或控制它们。同时，各国金融监管当局也试图单独或联合发挥其

监管职能以控制银行活动中出现的不同风险，谋求国内乃至全球金融秩序的稳定。针对2008年国际金融危机而言，尽管此次危机给世界经济带来了重大冲击，世界主要经济实体出现了不同程度的衰退，但不可否认的是，确实存在一部分跨国银行依靠自己先进的现代银行理念、技术，完善的风险防范管理机制和成熟的危机管理体系，成功地从这场金融海啸中脱身。《汉语词典》将“预防”一词解释为事先对紧急情况保持警惕和准备。跨国银行风险防范是指跨国银行为防止或避免跨国银行在进行跨境业务经营过程中遭遇各种不确定性因素从而导致金融危机发生所采取的必要的预防与化解手段、方法和措施。

二、跨国银行风险防范的特点

几经发展，在全球经济一体化的助推下，跨国银行风险及风险防范都产生了新的时代特征，与传统跨国银行防范的理念、措施有很大不同。本书分别从跨国银行风险产生的角度、动态发展角度以及跨国银行风险防范对全球金融领域产生影响的角度分析总结了后危机时代跨国银行风险防范的三个新特点：

（一）风险防范与金融创新持续角力

因创新不断，新的金融衍生产品在缓解金融风险的过程中又增加了新的风险，致使跨国银行风险防范同新型风险处于持续角力状态。其最终结果无非有两种：第一种是跨国银行风险防范滞后于新型风险，由此造成金融风险的产生；第二种是成功防范新型风险，抑制了金融危机的发生。传统金融风险始终存在，新型风险层出不穷，增加了防范难度。面对此种复杂态势，跨国银行风险防范需跟紧步伐。一方面，跨国银行业本身属于高风险行业，需要借助外力对风险的产生进行预判、压制、化解，这些都需要不断创新的金融工具，这也是新的金融衍生产品不断被推出的客观原因。另一方面，金融不断创新无形中又带来新一轮的金融风险。二者持续抗衡，就需要我们反思跨国银行风险防范机制如何能够应对持续的金融创新与各种各样的金融衍生产品所带来的风险。反过来，金融创新的过程中，也需要考虑如何避免产生新的金融风险，推出金融衍生产品时要将抑制金融风险的产生作为关键考虑因素,不能为了追求高收益而不计后果。

(二)风险防范动态优化趋势

跨国银行监管应当随着日益复杂的国际金融环境而不断进化。从横向角度分析,纵观国际社会,各国在跨国银行风险防范问题上,理念、制度、措施都处于不断更新中。在风险防范动态优化问题上,各国越来越注重运用政策导向、微调的方式,以综合把握风险防范的节奏和力度,增加自身对风险的预期。就我国而言,2018 年以来,面对经济、金融领域的新情况、新变化,特别是中美贸易摩擦等不确定性因素的增加,利用政策微调手段实施动态优化成为保持我国经济、金融稳定、防范金融风险的重要手段。随着国内金融环境日新月异,发展中国家越来越主动学习发达国家先进的法律制度与防范措施,特别是对《巴塞尔协议》的深入研讨与因地制宜地运用。从纵向角度分析,社会处于不断变化发展当中,国际金融环境也处于不断发展之中,跨国银行面对的风险挑战也被不断克服。但是,随着互联网信息技术的发展,电子银行等新兴跨国银行业务不断出现,各国只有不断优化抵御风险的技术,不断提高风险防范的水平,才能跟上国际金融业的发展步伐。

(三)风险防范掀起全球金融合作热潮

跨国银行风险防范是国际金融发展的关键环节,由于跨国银行风险具有联动性,跨国银行风险不仅关乎母国与东道国的经济利益,也会对其他国家产生或多或少的影响。跨国银行风险防范作为推动力,将各国团结在一起,掀起全球金融合作热潮。这种合作热潮的动因在于两点:第一,南北差异逐渐缩小。这种差异性主要体现在发达国家同发展中国家在金融业发展程度与发展水平上的差异。一直以来,二者之间无法形成一个很好的合作局面。随着经济全球化、金融自由化的发展,这种所谓的“南北差异”在逐渐缩小,发展中国家的国际金融业得到快速发展,发达国家先进的治理经验得到越来越多发展中国家的认可,双方在跨国银行风险防范问题上的共识度也越来越高,由此带来的便利也得到了双方的认可。第二,发达国家在跨国银行甚至整个金融领域的发展已经达到饱和状态,因此,发达国家将寻求将其发展扩大到发展中国家。这种做法一方面使发达国家开辟了新的发展空间,另一方面却分散了发达国家的金融风险。如此,对发展中国家来讲,也产生了“双刃剑”式的影响。利益与风险在发达国家与发展中国家之间回转,此种现状无形中将发达国家与发展中国家连接起来,使它们共同应对全球金融风险,在金融领域的合作得到加强。

第二节　跨国银行风险防范的意义

一、跨国银行风险对东道国的影响

(一)消极影响

跨国银行风险对东道国带来了比较严重的消极影响:第一,可能会影响东道国相关货币政策的实施。跨国银行的资金来源具有其特殊性,为了追求利润最大化,其往往会突破法律规定带来的障碍。从该角度看,这将不可避免地阻碍东道国货币政策的实施,给东道国带来市场风险或系统性风险。第二,可能会影响东道国银行业的稳定性与有序性。通常,外资银行进入东道国时往往具有较强的经济实力及先进的技术和经验,会与东道国本地银行形成实力相对悬殊的竞争局面,易打破东道国国内金融市场的常态,由此引发一系列不确定风险。第三,跨国银行内部操作不当或决策失误等,可能会使东道国遭遇金融风险。第四,金融业自身创新不断,可能会给金融市场带来新型风险。

(二)积极影响

任何事物都存在两面性,跨国银行风险也不例外。人们通常认为跨国银行风险本身只会产生负面效应,而对其产生的激励作用较少进行总结。本书认为,跨国银行风险除了会使东道国经济受到较大范围的冲击之外,还会产生以下正面效应:

第一,推动东道国积极主动地完善商业银行风险防范机制,降低风险的发生概率。当前,跨国银行的东道国多为发展中国家,其关于银行业风险防范的发展水平往往低于母国,母国已建立了相对完善的风险防范机制,对可能发生的跨国银行风险往往可预先判别并采取预防手段。跨国银行在入驻东道国后,无论是其日常业务运营还是其与东道国政府监管部门、母国监管部门以及跨国银行各部门相互之间的工作往来,都会对东道国针对商业银行风险防范机制的确立、法制建设、技术手段革新及运用等方面的提高与完善,产生广泛而深远的积极影响。

第二,刺激东道国的经济发展。任何一个领域出现新缺口,都需要新型技术填补跟进。一个国家经济的发展也是如此,往往会因市场的催动等外界因素刺激,产生较大变化,学界称之为“市场激励论”。银行业是一国经济发展的核心,外资银行的进驻虽会给东道国正常的金融环境带来冲击,但与此同时,跨国银行母国资金的投入、先进经营理念的影响,从整体上给东道国提供了难得的历史发展机遇,刺激着东道国整个国家经济的发展。

第三,促进东道国与母国发挥合力作用,构筑双边或多边“风险防范网”。跨国银行的跨国经营行为本身就是推动经济全球化、金融国际化的典型之举。中国有句古话:“患难见真情”,即越是在难以克服的困难中,越能体现出合力的重要性。对于跨国银行母国而言,东道国的金融、经济市场给其带来的不确定性风险因素完全不亚于外资银行的入驻给东道国金融市场所带来的冲击。双方国家本着合作共赢的理念,在风险即将来临或遭受风险侵害时,发挥积极、有效防范风险、化解风险的合力作用。所以,跨国银行风险无论是对东道国还是母国,均有利于其在法制构建、政策支持、技术创新、信息共享等风险防范措施领域增强与对方合作的力度,探索更多合作措施,推动双方制定双边或多边金融合作范本,为世界金融业的发展展现“和”的力量。

二、跨国银行风险防范的现状

经过较长时间的实践,跨国银行本身、跨国银行的东道国和母国等国家对跨国银行风险防范已形成了一些原则和做法,主要表现如下:

第一,东道国对跨国银行的市场准入监管。市场准入管制(Market Access Management),是指东道国对外国银行进入本国市场所实施的控制和管理,它反映了一国对外资银行的基本态度。当今世界各国一般都根据自身的经济金融状况和经济发展的总体战略,决定其对外资银行的基本政策取向。由于各国的社会经济情况不同,金融业发展水平不一,其对外国银行的准入政策以及体现这些政策的立法原则也存在差异。归纳起来,各国关于市场准入的政策原则大体上可分为保护主义原则、对等互惠原则、国民待遇原则、最惠国待遇原则。世界上除少数国家完全禁止外国银行进入本国市场外,绝大多数国家都允许外国银行在本国境内设立一定的营业性机构或非营业性机构并开展经营活动。为了实现引进外资银行的目的,通常最大限度地发挥其积极作用,抑制其消极影响,以促进本国银行业的发展和金融市场的稳定。各东道国大都根据其一般的政策原则,对外国银行的准入形式、许可条件以及审批程序等事项作出明确而具体的规定。这些规定,有的散见于各国银行法的特定章节中,如加拿大《银行法修正案》第 12 章"外国银行子公司"、韩国《普通银行法》第 9 章"外国银行的国内分支机构";有的则集中体现为专门的特别法规,如美国 1978 年《国际银行法》和 1991 年《加强外国银行监管法》等。①

第二,母国对跨国银行的并表监管。并表监管是以整个银行集团为对象,对其所面临的所有风险进行监督的一种监管方法。并表监管作为国际银行监管的一项基本原则,在巴塞尔委员会的不同文件中先后有不同表述,主要包括 1983 年《巴塞尔协议》、1988 年《巴塞尔资本协议》、1992 年《巴塞尔建议》、1996 年《跨国银行业务监管》、2004 年《巴塞尔新资本协议》、2006 年 6 月《有效实施新资本协议》、2006 年 10 月《有效银行监管核心原则》等。依据 1983 年《巴塞尔协议》的定义,并表监管原则意味着"母国监管当局应对其所负责的银行或银行集团,基于其全球业务总体监控其风险状况(包括风险集中和资产质量状况)和资本充足性"。② 此后,并表监管原则被确定在 1992 年《巴塞尔建议》之中,母国的监管责任也被详细地列举出来,母国统一监管下的双重审批原则由此确立。1996 年的《跨国银行业务监管》进一步完善了东道国与母国之间的监管责任划分。2006 年,《有效实施新资本协议》开始实施,明确规定了东道国和母国在跨国银行监管中信息共享的责任。时至 2008 年,跨国银行监管制度的缺陷因国际金融危机的爆发而被揭露出来。2009 年 2 月和 9 月,巴塞尔委员会先后公布了银行监管改革的总体战略和框架性文件。2009 年 12 月,巴塞尔委员会又发布了《增强银行体系稳健性》和《流动性风险计量、标准和监测的国际框架(征求意见稿)》,标志着全球主要

---

① 参见李仁真:《国际金融法》(第 3 版),武汉大学出版社 2017 年版,第 84 页。

② 参见 1983 年《巴塞尔协议》第三部分。

经济体就银行监管制度改革达成了重要共识。①

第三,跨国银行的内部监管。其亦称内部控制,它不是跨国银行业特有的监管模式,而是随着社会经济发展到一定阶段,为了适应加强内部管理、抵御外部风险的需要而产生的企业内部管理模式。1949年,美国注册会计师协会审计程序委员会发表了一份题为《内部控制——一种制度协调要素及其对监管当局的独立审计的重要性》的报告,第一次赋予内部控制较为权威的定义。内部控制包括组织结构的设计和企业内部实施的各种制约及协调的方法和措施,目的在于提高经营效率、充分有效地获得和使用各种资源、保护企业的财产,最终达到企业既定管理目标。事实上,内部控制制度已经超出了与财务或会计职能直接相关的内容范畴。对跨国银行业而言,内部控制是跨国银行为了实现一定的经营目标,维护资金安全,确保会计和其他数据的准确性和可靠性,确保国家法令和单位工作原则的实施,建立的以合法性、效率和效益为基础的自我调整、自我约束和自我完善的内部管理制度。跨国银行内部监管的基本原则主要包括权威性原则、审慎性原则、全面性原则、及时性原则和相对独立性原则。近十年来,由于内部管理不善导致的金融弊案层出不穷,银行治理和内部监管问题引起了跨国银行业的普遍重视和关注。为了保证银行治理和风险内控的效果,跨国银行纷纷引入外部制约机制来加强对银行管理的监督,因此,银行治理和内部监管出现了"外部化"的趋向。

三、跨国银行风险防范的必要性

随着世界经济一体化进程的发展,跨国银行业的发展与一国国民经济各部门的发展联系越来越紧密,对全球金融业的发展发挥着极其重要的作用。所以,全球跨国银行业的生存与兴衰不仅影响东道国与母国国民经济的稳定与发展,也会产生如"多米诺骨牌"效应一般的全球性影响。若局部金融问题转化为金融危机,还可能进一步影响到一国甚至多国政局的稳定。因此,为了避免跨国银行业的潜在风险所可能产生的不良后果,世界各国无不对其进行严格的风险防范。尤其在后危机时代,互联网等电子科技迅猛发展,银行

---

① 参见郭德香:《后危机时代跨国银行监管制度改革之思考》,载《河南省政法管理干部学院学报》2011年第1期。

领域借势不断加大创新,全新信息网络也呈纷繁复杂的密集态势,所有这些都使得跨国银行的风险此起彼伏,新型风险也正不间断地暴露出来。

以2008年国际金融危机为例,它起源于美国的经济危机,但却进而引发了全球性的金融危机。因此,为了维护全球金融和经济的安全稳定,必须对跨国银行风险进行有效防范。对跨国银行风险进行防范的必要性主要体现在以下六个方面:

第一,外部性因素。外部性是指在提供产品或服务时,社会成本、社会福利、私人成本和私人利益之间的偏差,即某些经济实体在生产和消费过程中对其他经济实体的额外影响。这种效应可能是正的,即正外部经济性;也可能是负的,即负外部经济性。人们以各种加强管制的办法来消除外部效应,尤其是消除负的外部效应。对于跨国银行来讲,其负的外部性因素主要是金融风险的联动性,也即传染性。跨国银行是承载世界经济发展的主要动脉因素,而且其最直观地涉及母国与东道国双方各自的利益因素。所以,单个跨国银行一旦遭遇较为严重的金融风险或国别风险如政治风险,则可能会殃及东道国与母国国内经营状况比较良好的银行,引发对后者的挤兑,从而导致大批银行陷入流动性困境和破产,最严重的后果是造成全球性金融危机。在资本市场中,一家跨国银行无法抵御金融风险会引发客户以及东道国政府对跨国银行的信心危机,从而影响跨国银行在东道国国内的顺利运营。为了减少负的外部性,对跨国银行进行强有力的风险防范是十分必要的。

第二,金融具有脆弱性。由于跨国银行面临着流动性风险,加之其资产负债结构的特点,从而具有很高的脆弱性。此外,金融创新不断,因此对其进行实时追踪、加强风险管控成为必然选择。具体来讲,首先,商业银行面临的流动性风险极高,客户会出于对自身利益的考虑,引发挤兑热潮,致使那些经营状况本来比较健康的银行也遭受金融危机。其次,跨国银行属于商业银行,商业银行本身具有高负债经营的特点也使得其具有很高的脆弱性。最后,近些年来,金融衍生产品创新不断,交易规模不断扩大,在国际金融体系中占据着越来越重要的地位。然而,金融衍生品的风险也逐渐显露出来。一方面,跨国银行不断地探索创新各类金融衍生品以迎合跨国银行国际化、多样化的发展趋势,占取更多的市场份额,但新的金融衍生品又在不断地滋生新的金融风险,一定程度上增加了金融市场的不稳定性;另一方面,从合规角度分析，各国对金融衍生品实施更加严格的监管制度，尤其是在法律监管方面制定符合本国金融发展实际的法律约束机制，这样差异化的法律监管规定，一定程度上又会阻碍金融衍生产品的需求化发展。

第三，经济全球化尤其是金融自由化使得跨国银行的金融风险具有极强的传染性。随着经济全球化进程加速，世界经济日益成为一个联系紧密的整体，金融领域的发展亦是如此。随着跨国银行在全球范围内开疆拓土，世界各主要国家之间金融部门的联系日益紧密，各跨国银行之间盘根错节的联系决定了在如今的金融世界，一旦部分跨国银行出现金融风险，其他跨国银行很难幸免，相关风险很容易蔓延到其他国家，最终引发全球性金融危机。而银行交易的原理突出表现为现在价值与将来价值的交换，而将来价值的不确定性便是银行交易的风险所在。可以说，银行自身的业务性质决定了银行风险的存在，因而是难以绝对避免的，这些在一定程度上表明了金融部门的脆弱性。

第四，信息不对称性因素的存在。信息不对称是指一方当事人掌握相关信息，而另一方当事人没有获取相关信息或者获取信息的途径受限，抑或一方当事人获取的信息量少于对方当事人获取的信息量，从而对信息劣势者的决策及利益造成很大影响。信息不对称可能产生道德风险和逆向选择问题。逆向选择是事前的，如潜在的不良贷款来自那些积极寻求贷款的人。如果发生逆向选择，信贷资源将无法有效分配，贷款将被释放，将可能形成不良资产，从而影响到金融体系的稳定。道德风险是在交易后发生的，当借款者从贷款者那里获取贷款以后，可能会去从事一些贷款者所不希望的活动，这些活动往往具有很高的风险，使贷款者难以收回贷款金额。一旦这些活动失败，就会形成银行的坏账，恶化银行的资产质量，影响金融体系的稳定。

第五，跨国银行的不稳定性增强。跨国银行形成的根本动因是规避国家监管，在境外进行高风险、高回报的金融活动。随着跨国银行不断推出新的产品和办理新的业务，银行遭遇诸如流动性风险、违约风险、道德风险等潜在业务风险的可能性加大。随着金融全球化发展，跨国银行呈现出规模越来越大、资本越来越集中、国际化范围越来越广、业务越来越多、网络化程度越来越高的发展趋势和特点。随着金融领域创新活动越来越频繁，金融产品与金融衍生品不断推陈出新，这些灵活多样的金融工具在为跨国银行贡献经济利益的同时，也进一步增加了整个金融领域的不稳定性，更主要的是这些风险随着跨国银行的扩张而不断跨越国界。国际银行体系因商业银行的表内业务和表外业务所产生的风险而面临威胁，全球银行体系的稳健运行也同样遭受冲击。①

第六，跨国银行风险可能诱发系统性风险。对于跨国银行而言，依据不同的分类标准，其面临的风险类型可作不同划分。银行业务的风险，除了因法律的变更或业务操作上的失误所引起的风险之外，一般可分为信用风险和市场风险两大类。② 除了此种分类，跨国银行面临的风险类型还有系统性风险和非系统性风险之分。所谓系统性风险，是指银行的负债超过其资产的市场价值，导致出现包括挤兑在内的资产转换现象，最终使一些银行破产的风险，也称为不可分散风险。③ 在经济全球化时代，跨国银行的存在与发展进一步引发了系统性风险发生的传导机制，这表明有必要加强跨国银行监管领域在国际层面的合作以应对系统性风险。

第三节　跨国银行风险监管的新型态势

在后危机时代，国际社会越来越重视对跨国银行风险进行事先防范，形成了内外联动的全球合作化格局。以跨国银行风险监管为例，目前已形成"三位一体"的跨国银行监管模式，这里的"三位"监管模式分别是国别监管、国际监管和内部监管，其中，国别监管是指东道国监管与母国监管。当前，三种模式之间已经形成相互融合的新型局面。

（一）国别监管

国别监管是指一国对其管辖下的跨国银行进行直接、持续和强有力的监管，这直接反映了一国政府的金融政策，决定国家金融竞争环境的自由度，是监管跨国银行的基础。国别监管是跨国银行监管模式中的基本监管模式，其

---

① 参见朱榄叶主编：《国际经济法学》，北京大学出版社 2005 年版，第 266 页。

② 参见李国安：《跨国银行风险的管理与规制》，载《国际经济法论丛》2002 年第 3 期。

③ 参见汤凌霄：《跨国银行系统性风险监管论》，经济科学出版社 2004 年版，第 2 页。

中，国别监管又可分为东道国监管和母国监管，其监管规则一般都是由一国立法机关或行政机关颁布硬性、强制性规则，并在国家管辖范围内有强制执行的法律效力。在现行的银行监管体制下，国别监管资源和监管力量最为丰富，几乎所有国家监管机构都有独立的资金来源或财政支持，并配备专业的监督人员和设备，以国家强制作为保证。①

1. 东道国监管

东道国出于对本国经济金融利益的考虑，依据属地管辖原则对本国境内的外资银行进行监管。东道国通过对其境内的外资银行进行更直接的监管，能够将大量信息传递给外资银行的母国。东道国主要通过市场准入、业务监管制度和资本充足率监管来管理跨国银行。其中，东道国对跨国银行市场准入的监管是跨国银行监管的主要环节，因为市场准入是跨国银行合法进入东道国市场的前提。市场准入的宽松性或严格性以及市场准入的条件和形式都关系到跨国银行后续经营的成效。业务监管制度是各国监管的重点，外资银行进驻东道国后，会对东道国的金融领域带来或多或少、正面或负面的影响。东道国监管当局对外资银行进行持续性的业务监管十分必要。东道国对外资银行资本充足性的监管也是保障本国金融稳定性的关键因素。以我国为例，《商业银行法》及 2019 年新修订的《外资银行管理条例》第 8 条规定，无论什么级别的业务，外资银行、中外合资银行及其分行的最低注册资本和营运资本，需要符合中资银行和旗下设置的分支机构的要求，分别为 10 亿元和 1 亿元。从这里我们可以看出，现行法律对外资银行注册资本采取的是国民待遇原则。除此之外，要加强对外资银行资本充足率的持续性监管。资本充足率是跨国银行安全运营的关键指标，资本充足性监管在 1988 年的《巴塞尔资本协议》中就已经确立。对资本充足性的监管要求母国同东道国跨国银行监管部门加强合作，加强信息互通，为对方提供真实、可靠的数据信息，实现对资本充足性的准确预判。

2. 母国监管

母国监管是国家监管机构对本国跨国银行在海外的投资和经营根据本

---

① 参见张婧婧：《金融危机下银行业风险的法律防范》，载《中外企业家》2009 年第 22 期，第 203 页。

国法律法规进行监督和管理的行为。母国对跨国银行的监管在国际法上可以找到相应依据,主要包括属人管辖原则及公司法上的股权原则。具体来讲,母国对具有其国籍的跨国银行分公司进行管理的依据是属人管辖原则,母国若欲实现对具有他国国籍的跨国银行子公司进行监管,则属于股权原则,此时,母国的责任就是以其股权为准而行使的有限责任。母国监管在实践中包括以下具体内容:

(1)母国监管的主要内容。跨国银行母国监管的内容有两个方面:第一,设立监管。即当本国跨国银行对外设立分公司时,本国的银行监管机构要对其进行资格审查,审查的主要内容包括是否具有法律规定的最低资本金、是否具备对外开展业务的资质、分支机构内部管理以及对外业务的详细资料、是否存在重复设立海外分支机构情况以及分支机构设立地的监管制度是否完善等。第二,经营监管。跨国银行的经营状况会对母国经济发展产生重要影响,其安全与盈利状况同母国的经济状况息息相关。所以,母国有必要采取多种措施对跨国银行进行动态的业务监管,其主要措施包括:要求母行定期报送国外分支机构的财务及业务报表,并与母国的相关报表一起进行系统分析;对跨国银行资本充足率等进行的审查应当包括其海外分支机构,海外分支机构的业务经营范围应当由母行予以规定和监管。

(2)母国监管的基本方式。并表监管是母国对跨国银行进行持续性监管的主要方式,现已发展为世界范围内普遍公认的跨国银行监管的核心原则。并表监管与单一监管在法律意义上是相对的,并表监管强调对跨国银行的所有业务进行监督和管理,即无论银行在何处注册,它都应该是一种监管形式,把银行和银行集团作为一个整体进行全面考虑。①

(3)母国并表监管的基本特征。母国并表监管具有明显区别于单一监管的独特特征:第一,并表监管主要是一种母国监管。相对于东道国监管的直接性与便利性,母国监管更需要发挥母国的主导性与掌控性。母国是跨国银行的“发源地”,相对于东道国而言,母国更了解跨国银行的体系以及其发展方向、发展状况等信息,更有利于对跨国银行进行全面监管。尽管分支机构的所在国即东道国也会对其进行一定程度的监管,但它只是母国并表监管的

---

① 参见李仁真主编:《国际金融法》,武汉大学出版社2011年版,第89页。

必要补充，母国在监管问题上仍发挥着主导作用。第二，综合监管是一种综合的监管方式。简言之，并表监管的具体含义是先将跨国银行及其在海外的分支机构的账表进行合并，然后再对其进行统一监管，并表对象主要包括跨国银行的母行及其设立在海外的各分支机构等。并表监管的并表范围广泛涉及母行及其国内外分支机构在全球范围内所从事的业务活动。第三，并表监管是一种持续性监管。为确保跨国银行能够在母国的监督管理下平稳运行，母国往往会针对跨国金融行为制订出相应的政策法规，并使用一定的连续监控手段对其日常国际业务进行综合识别、评估与管控。

（二）国际监管

在后危机时代背景下，面对日益纷繁复杂的国际金融环境，仅仅依靠单一的监管模式来应对变幻莫测、各种潜在或者已经暴露的金融风险，已显得力不从心，加之经济全球化与金融自由化浪潮的推进，国际合作式监管成为一种必然的跨国银行监管方式。在此发展过程中，国际社会建立了许多国际或区域组织，并形成了各种国际合作体系。其中，巴塞尔银行监管委员会在跨国银行的国际监管中扮演着极为重要的角色，其于 1975 年发布的《巴塞尔协议》被视为跨国银行的国际监管模式的开端。具体而言，国际监管模式并非由单个国家完成，而是由两个或两个以上国家或国际经济组织制定双边或多边协议，各个成员或非成员参照该协议对跨国银行进行监督管理的一种方式，具体方式大致包括以下几种：双方或多方之间的信息共享、并表监管间的相互配合、跨境域进行现场的监督检查、制定双边甚至多边统一执行标准等。

新型的跨国银行风险具有传导性，使得跨国银行风险防范成为各国的共同事宜。国际监管模式是在各国逐渐确立统一的监管标准，信息多层次、多领域之间相互传递，监管行动协调统一的过程中确立的。

国际监管可有效弥补国别监管以及内部监管的漏洞，减少监管真空，通过加强各国对共同监管职责的认同感以及对《巴塞尔协议》提倡的各种监管原则与准则的采纳，使跨国银行的监管更加便利、和谐且有效。

（三）内部监管

内部监管，又称内部控制，并非跨国银行进行监管所独有的监管模式，而是随着社会经济发展到一定阶段，适应加强内部管理、抵御外部风险的需要而产生的企业内部管理模式。本书第一章提到,1949 年美国注册会计师协会审计程序委员会发表了一份报告,题为《内部控制——一种制度协调要素及其对监管当局和独立审计的重要性》,它将内部控制定义为:内部控制系统是在相关机构的内部组织内建立一种体系,用于联系公司的所有业务经营活动。其目的是维护公司资产,提高会计记录的准精性,增进运营效率,并由此帮助公司业务计划的顺利实现。具体到跨国银行,内部控制是跨国银行外部监管的有效补充,其目标有七项:(1)保护银行资产;(2)严格的审批检查制度;(3)健全的会计制度和企业管理制度;(4)严密的保管保卫制度;(5)有效的内部审计制度;(6)胜任的工作人员;(7)履行私法与公法义务。内部控制能够最大限度地掌握银行的业务经营信息,并能做出更直观、准确的判断,有助于将风险扼杀于"摇篮"之中。

有效地维护银行资金的安全,将准确可靠的信息上报给国家监管部门,是外部监管部门获取有效信息的关键渠道。但是,跨国银行的目标是实现利益最大化,而内部控制系统的建立和管理会使跨国银行投入相当一部分精力与财力用于风险的管控,形式上并未提高银行的收益,所以,当前许多跨国银行的内部控制机制流于形式,并无真正发挥其应有的、实质的控制作用,不利于防范金融风险,需要同外部监管充分地进行合作协调。

(四)"三位一体"相互融合式监管

对跨国银行的国别监管、国际监管和内部监管这三种监管模式相辅相成,共同构成了一个较为完整的监管网络。无论发达国家还是发展中国家在制定监管目标、实施监管手段与方式方面都具有趋同化趋势,各国针对跨国银行监管的立法均以追求国际高标准为目标,《巴塞尔协议》的相关规定越来越成为各国进行跨国银行监管问题立法以及实施监管措施的重要"蓝本"。例如,无论在实践领域还是学术研究领域,许多国家均不再把眼光局限于各国国内,他们在不同程度上都开始重视对国际通行规则的借鉴,国内立法与国际规则呈逐渐结合状态,跨国银行监管的理念与机制也逐渐融合起来。以洗钱犯罪引发的跨国银行风险为例,洗钱犯罪是跨国银行监管的重要领域,当前的洗钱犯罪具有国际性,如若各国银行间信息不畅通,监管方式无法实现对接,最终损失的将不止一家银行。因此,建立双边或多边的专门防范洗钱犯罪的跨国银行监管机制,形成多头监管格局,对打击洗钱犯罪十分重要。

当前,随着越来越多的国际资本逐渐流向我国和我国越来越多的资本不断流向国际,尽管中国仍处于银行业国际化的初期阶段,然而,我国实际上已经接纳了大量的跨国银行的分支机构,而我国也已经有相当一部分本土银行开始开展海外业务。所以,我国在发挥东道国监管这一国别监管方式上已建立了相对成熟的法制。不过,在母国并表监管与国际监管问题上,其发展相对而言还不够成熟。随着我国国际金融地位的日益提升,我国需要顺应国际化的监管发展趋势,树立更为先进的监管理念,采取"三位一体"的监管措施,推动中国跨国银行监管体制的改革和进步。

第四节　跨国银行风险防范的学理基础

跨国银行涉及三方利益,即银行自身利益、东道国与母国的政治、经济等利益和全球经济、金融的整体利益。为此,对跨国银行进行风险防范,其基础理论不仅仅涉及跨国银行这一商业性银行基于其自身需求所体现的经济学等相关理论,同时,也涉及跨国银行母国与东道国基于自身利益所关联的属地主义原则等法学原理。以下将从两个角度研读、探讨跨国银行风险防范的理论基础问题。

一、跨国银行风险防范的经济学原理

(一)商业银行经营的安全性原则

市场经济时代追求效率与安全并重,后危机时代更是如此。金融行业属于高风险行业,在推动国家经济发展方面发挥着主导作用。经历了 2008 年国际金融危机的惨痛教训,国际社会更加重视构建金融安全的稳定性格局,越来越重视对跨国银行进行前瞻性的风险防范。商业银行经营的安全性原则是避免经营风险、确保资金稳定。银行采取负债性发展模式使得负债比率在其资金来源中所占份额很重,大部分份额为吸收其他来源的资金进行信贷投资。资金在运营过程中,风险始终与经营并存。一旦出现了迟钝的资金流动或经营收益水平下降,则很容易导致无法按时还本付息,甚至引发存款人

汇兑风险。安全性原则必须作为跨国银行进行经营活动的基本原则，从而力求避免或减少各种风险可能带来的损害。[①] 为此，作为一种国际性的商业银行，跨国银行需要保持足够的流动性，承受得起重大的风险与损失，并能及时满足客户的各种需求，从而提升客户对银行机构的信任。坚持商业银行经营安全原则是跨国银行风险防范的起点和重要目标。为了实现这一安全性目标，从跨国银行自身的角度分析，需要做到以下几点：第一，跨国银行需要筹措足够的自有资本，提高自有资本在全部负债中的比重，即需要达到法定的资本充足水平。第二，合理安排资产规模和结构，提高资产质量。跨国银行在进行跨境业务经营中，要明晰国际经济环境，尤其是明确东道国的经济、金融形势及前景，严格把控国际信贷业务的大方向，合理布局资产流向，提升国际业务水平，有效防范跨国银行市场、操作等风险挑战。第三，遵纪守法，合法经营。这是遵守商业银行安全性原则的根本保障与立足点。在党的十八届四中全会上，我国提出要全面推进依法治国。跨国银行经营要依法合规，这是实现银行安全运营、规避风险的根本性保障。安全性原则对商业性银行提出的这三项基础性要求，实则是跨国银行进行国际金融风险防范的有力举措。

（二）经济管制论

美国著名经济学家乔治·斯蒂格勒（George J. Stigler）以美国 20 世纪 30～60 年代为研究对象，于 1971 年首次提出了经济管制论。他从经济学的角度分析了规制的产生，着重分析了受益人、受损害方、规制手段和规制效率四个中心问题，形成了两个核心观点，分别是管制内生、市场最优。此外，乔治·斯蒂格勒从经济学方面分析论证了内部监管产生的整个过程，其视管制为促进经济发展的内在核心因素。该理论直接产生了管制经济学，使乔治·斯蒂格勒获得了 1982 年的诺贝尔经济学奖。该学派的主要代表人物还有耶鲁大学的斯蒂芬·布莱尔（Stephen Brayer）、保尔·迈克沃依（Paul Mcavoy）、布鲁金斯学院的罗格·诺尔（Roger Noll）、罗伯特·克兰度（Robert Crandall）

---

① 参见李伟民主编：《金融大辞典》，黑龙江人民出版社 2002 年版，第 11 页。

以及山姆·贝塔兹门(Sam Peltman)等人。① 作为跨国银行风险防范的理论基础,该理论认为,对跨国银行进行风险防范的方式多种多样,其中以政府出台各种经济政策或者法律规制的方法参与防范的方式最为重要。经济规制理论指出,强制权力是国家的独特资源,其主要主张以下管制措施:第一,服务成本费率的厘定(cost of service ratemaking)。例如,直接确定金融业的相关业务处理费率如保险公司的保险费率。第二,价格管制(price regulation)。例如,某些金融产品的价格是直接受限的。第三,基于公共利益标准的收入再分配(allocation under a public interest standard),如提升跨国银行业的营业税率等。第四,制定行业标准(standard setting)。此外,其还提出许多经济控制措施,如货币补贴、许可证、保护性关税和替代产品控制,等等。②

(三)金融抑制论

20世纪70年代,美国经济学家罗纳德·麦金农(Ronald L. Mckinnon)和爱德华·肖(Edwards S. Shaw)首次提出了金融抑制论。在其后的发展中,赫尔曼(Hellman)、斯蒂格利茨(J. Stieglitz)在该理论的基础上对其进行了进一步的发展。③ 金融抑制是政府对经济金融业的整体经营活动过度干预,从而阻碍金融业务的增长和发展。它推迟了经济快速发展的步伐,使得金融的抑制与经济的延迟发展相互产生恶性影响,这些措施包括政府扭曲金融价格的金融政策和工具,如利率和汇率。根据金融抑制理论,金融制度薄弱的国家,其金融市场监管机制处于起步阶段,经济运行过程中又有太多的国家监管,受到约束的金融体系则会妨碍整体经济的发展。总之,金融抑制就是过度的金融监管。金融抑制理论在转型的发展中国家,尤其是金融机制得不到充分发挥的国家体现得最为明显。其政府往往通过人为地控制利率、汇率、准备金比例等强制性干预措施阻碍金融市场的发展,对金融市场实施过度干预。就跨国银行的风险防范来讲,需要把握好"防范度"的问题。在金融自由化高度发展的后危机时代,需要对跨国银行进行适度的风险防范,有效规避金融

---

① See Stephen Breyer, *Regulating Mismatch and Its Cure Regulation and its Reform*, Harvard University Press, 1982, p. 72.

② Stephen Breyer, *Regulating Mismatch and Its Cure Regulation and Its Reform*, Harvard University Press, 1982, p. 72.

③ 参见蔡奕:《跨国银行监管的主要法律问题研究》,厦门大学出版社2001年版,第112页。

风险,促进经济快速增长。例如,依据金融抑制理论,政府过度干预金融发展,一方面,将直接影响跨国银行存款的直接收益,导致跨国银行的实际货币储备较低、资本充足性得不到满足等危害后果。另一方面,政府过度干预金融发展,致使金融滞后进而影响经济发展,最终,它将进入一个金融约束和经济落后的恶性循环之中。

(四)差异性原理

差异性原理,或称差异性原则,该原理旨在说明在现实的经济活动中,各类主体存在各种差异,并由此带来的一系列经济问题。之所以需要对跨国银行面临的各种风险进行有效防范,依据该差异性原理,其根本原因之一,就是跨国银行所涉及的利益主体之间、跨国银行内部层级之间在信息获取、信息传递等方面存在差异性,以及各主体能力偏差、利益失衡、跨国银行法律实体所处空间的特殊性等因素的存在。

在现实生活中,各类主体之间均存有各种各样的差异,例如,市场主体的不协调、经济运行的不稳定、社会的不协调或不和谐等诸多问题。依据差异性原理,跨国银行内部与客户在信息获取方面的差异、跨国银行母国同东道国政府及监管机构在获取信息能力、抵御风险能力的差异等均是跨国银行需要进行风险防范的推动力,是跨国银行风险防范理论进一步完善的基础性理论。

(五)“双手并用”原理

在金融自由化时代,跨国银行可通过金融市场的自我调节灵活地处理经济问题。但与此同时,也需要国家这一辅助力量发挥作用,来保障市场发挥其最大功能。由于市场具有自发性、盲目性、滞后性,当市场机制不能充分发挥作用而导致资源配置缺乏效率或资源配置失效时会出现市场失灵,从而导致金融危机,所以,需要市场这一“无形之手”与国家(或称政府)这一“有形之手”协调并用,充分发挥其合力,为国家经济、金融的发展上“双保险”。跨国银行经营所面临的国际性风险十分复杂,更需要跨国银行本身去适应国际金融市场的大环境,利用有效的内部运行机制防范风险。同时,这也离不开国家(或称政府)对可预知的各种风险通过经济政策、法律规制或者国际合作等形式给予及时、有效的防范与化解。事实上,跨国银行风险防范原理,是以

"双手并用"原理为基础展开的。如果只单用市场这一只手进行防范,跨国银行风险极有可能因为市场失灵诱发更为严重的金融危机,危害国际经济。反过来讲,如果只利用政府干预管制这一只手,则会出现金融抑制的后果,造成经济的恶性循环。强调国家监管部门尤其是银行业监管部门对跨国银行风险进行有效防范与化解是当前我国需要进一步努力的方向。同时,绝不可忽视国际金融市场自身的调节功能,要使跨国银行主动融入其中且可随机应变。

二、跨国银行风险防范的法学原理

跨国银行风险防范问题是国际社会普遍关注的热点问题,尤其自2008年国际金融危机之后,许多国家开展了对此问题的专门性理论研究与实践活动。相比经济学的相关原理,利用法学原理对跨国银行风险防范问题进行理论分析更具有稳定性、逻辑性与深刻性。本部分将从国别、全球化以及跨国银行内部三个角度对跨国银行风险防范的法学原理展开研究。

(一)跨国银行进行国别化风险防范的法学原理

1. 东道国进行风险防范的法学原理

(1)属地管辖原则

属地管辖原则(Territorial Jurisdiction)是国际法中行使国家管辖权最古老、最基本的原则。从东道国角度来看,跨国银行实质上为跨国银行的母国在其国家境内进行的投资,而跨国银行一旦被东道国政府批准,就必须服从东道国的法律和管理,其法理依据是以东道国的领土管辖权为基础。属地管辖权是对其领土内的财产、个人、行为和事件的管辖权,是一项明确载入国际法的基本权利,也是国家主权的重要体现。它不仅强调领土权利,而且强调领土范围,国际法上也有相应条文来规定相关国家的管辖权。例如,1949年联合国大会通过的《国家权利和义务宣言草案》第2条明确规定:"国家有权对本国领土及其领土内的所有人员和物体行使管辖权,但国际法公认的豁免者除外。"依1974年联合国大会通过的《建立国际经济新秩序宣言》和《各国经济权利和义务宪章》明确规定,当跨国公司在相关国家进行商业经营活动时,该国根据其所拥有的完整主权,依照本国的法律法规,对跨国公司设在本国的分支机构进行管理从而保证其不损害本国的发展利益。跨国银行作为跨国公司的一种特殊形式,其进驻东道国以不同的法律实体的表现形式从事国际业务,必须受到东道国对其各种经营风险的管控,这是东道国行使属地管辖权的应有之义。

(2)国民待遇原则

国民待遇原则是世界贸易组织(WTO)的基本法律原则之一,是指一国在民事权利而不是在政治待遇方面,对外国公民和在本国领土内的企业与其本国公民和企业给予平等待遇。根据国民待遇原则,东道国必须在相同条件下以更高的(至少不低于)标准对待外国投资者与其投资。换句话说,跨国银行将受到东道国针对银行各种风险所采取的预防措施的约束。

2. 母国进行风险防范的法学原理

跨国银行存在的形式多种多样,母国对跨国银行进行风险管理和控制可分为三类:第一,母国对跨国银行总行或母行的风险防范管理;第二,母国对跨国银行境外分支机构的风险防范管理;第三,母国对跨国银行子行的风险防范管理。以上三种风险防范基于不同的法律依据。

第一,属人管辖权同属地管辖权竞合。属人管辖权是指国家对具有其本国国籍的人或物均具有管辖的权力。按照管辖对象不同,分为属人管辖和属物管辖。跨国银行总行具有本国的法人资格,与母行遵循同样的法律,并且跨国银行总行与母行的主营业地或主要办事机构也大多设立在其母国境内。根据属人管辖权原则,跨国银行母国政府有权对具有其本国国籍的法人进行管辖,理应承担起跨国银行风险防范的责任。而且,在多数情况下,跨国银行总行或母行的主要营业点或主要办事机构均设立在母国境内,依据属地管辖权原则,母国政府也应该防范和化解其运营所带来的各种风险和挑战。因此,这就导致了属人管辖权与属地管辖权的重叠和竞合。

第二,属地管辖权原则。对跨国银行分支机构来讲,其不具有独立的法人资格,隶属于总行而存在。跨国银行海外分支机构的人、财、物均从属于母行或总行。依此法律上的隶属关系,母国或总行可依属人管辖权原则,对跨国银行的海外分支机构的各种风险进行有效管理与防范。

第三,保护性管辖原则。保护性管辖原则是指国家对危害其国内经济金融秩序安全、危害国家金融环境的行为行使管辖权。就跨国银行而言,其拥有独立的法律人格,不从属于母行而存在。就一般法理而言,母国难以对其实施风险管控。当今,经济全球化与金融自由化高度发展,跨国银行子行与其分支机构在相对灵活的经济环境下,为了实现更大的经济利益,可以通过多种手段来逃脱母行的管控,这无疑加剧了跨国银行风险发生的概率,其结果甚至会给跨国银行母行带来灾难性的打击。所以,国际社会也在不断反思跨国银行母国对其子行的风险管控。就跨境银行监管而言,巴塞尔银行监管委员会在 1992 年的《对国际银行集团及其境外机构的最低监管标准》、1997 年的《有效银行监管的核心原则》等一系列规范性文件中都予以明确规定,即母国在考虑跨境银行安全稳健运行的基础上,有权对跨境银行进行并表监管,这是保护性管辖权在国际金融监管文件中的重要体现,跨国银行母国的并表监管越来越得到国际金融领域的普遍认可,各国在其具体立法中,也都不同程度地对母国的并表监管进行认可。

(二)全球合作原则

随着经济全球化与金融自由化的发展,各国在银行领域的合作与发展越来越密切,传统的金融市场相互渗透加剧,金融依赖关系日益紧密。与此同时,各国之间金融风险相互转移和扩散的趋势也在不断增强。尤其在 2008 年国际金融危机之后,各国也越来越重视在国际金融领域的合作,跨国银行风险防范成为世界各国乃至整个国际金融行业都十分关注的问题。其中,1974 年西方发达国家成立的巴塞尔银行监管委员会首次将跨国银行的国内监管提升为国际监管,1975 年《巴塞尔协议》的颁布,意味着跨国银行国际监管模式的正式诞生。

全球合作原则意味着世界各国应该进行全面合作,以实现全球共同发展。就跨国银行风险防范问题而言,它实质上是发展中国家与发达国家之间、跨国银行东道国与母国之间实现信息共享、协调监管、互通有无,以期实现共同发展。全球合作原则在跨国银行风险防范问题中的体现可从以下两个角度予以理解:第一,从发达国家和发展中国家合作角度看,一方面,就金融行业而言,随着金融服务业的不断发展,发达国家国内金融业持续饱和,银行业竞争日益激烈,国内利润空间越来越小。为寻求突破,发达国家将其利益之掌伸向了发展中国家,在发展中国家设立以子行或分行形式存在的跨国银行。于是,发达国家便成为跨国银行的母国。另一方面,大多数发展中国家金融领域的发展还不够成熟,国际金融业更是多处于起步发展阶段,银行业发展经验与实践方面的不足,使得发展中国家急需引入先进的科技、充足的资金流及一流的管理经验,以提高国内金融业特别是银行业的发展水平。在此背景下,发展中国家成为跨国银行的主要东道国。无论是发达国家还是发展中国家,都从跨国银行的跨境经营中各取所需,形成了合作共赢的局面。第二,从跨国银行母国同东道国之间的利益权衡角度分析,针对跨国银行风险防范问题,母国与东道国无疑都会从自身利益考虑出发,制订防范计划,实施防范措施。以对跨国银行实施监管行为为例,无论是东道国监管还是本国的综合监管,实则都很难单独应对跨国银行的一些违规行为,这样更易引发东道国同母国之间的利益冲突,最终导致无法有效规避跨国银行的各种经营风险。如若母国同东道国都秉持“全球合作”的理念与原则,积极进行跨国银行监管合作,明确各自的监管职责,他们就可以共同消除管辖权冲突,弥补监管漏洞,有效监督和防范跨国银行风险。

(三)跨国银行内部进行风险防范的法学原理

随着金融衍生产品的层出不穷,跨国银行的表外业务可谓是一片生机勃勃,但这无疑对跨国银行风险防范能力提出了更高要求。跨国银行风险防范的职责可划分为外部参与风险防范与内部职责风险防范。金融危机不断伴随着金融创新出现,更加证明了以外力形式参与跨国银行风险防范的不足之处。英国法理学家、新分析实证主义法学创始人哈特(H. L. A. Hart)认为,法律在被人进行理解时,具体可以包括内在观点(internal point of view)与外在观点(external point of view)。内在观点是指主体对相关法律予以发自内心的认可,同时以其指导自己的行为;外在观点具体是指社会主体担心偏离规则,以害怕受到谴责和惩罚的心态被动遵守法律的情况。相比外在观点,内在观点更为合法、自觉、有序。跨国银行自身提高风险防范意识,建立有效的内部风险防范机制,正是对这一法理思想的有力贯彻。

通过外力对跨国银行风险进行有效防范,其优点是其防范措施会更加客观、规范和公正。其弊端是,一方面,外力防范措施往往具有滞后性,政府等监管部门的觉察度往往落后于金融的不断创新。另一方面,跨国银行将面对或已暴露出的各种风险常具有较高的隐秘性、多样化特征，例如，操作风险这一更具跨国银行内部专业性的风险，多由银行内部引发，如果仅依靠外部力量，则无法对其实现全面化防范，会出现防范"缺漏"现象，导致风险防范失败。反之，与外部防范的被动性和消极性相比，跨国银行作为市场竞争的实际参与者，更有可能找出自己的问题，迅速发现问题的症结并解决其初期的危机。可见，内在预防更主动、更积极、更有效，这也反映了从"被动守法"到"积极守法"的转变，反映了社会主体法律意识的变化，是跨国银行风险防范思想的重大改进。但是，实践中，我们不可将这两种风险防范方式进行分离，二者需要有序结合，既需要发挥外部风险防范的基础性作用，又需要加强跨国银行内部对风险的有效防范，这样才能对外部防范措施起有力补充作用，从容应对跨国银行的各种风险挑战。

三、跨国银行风险防范的核心原则

跨国银行风险防范的核心原则是指在进行跨国银行风险防范过程中必须遵守的关键性原则，目前，尚无跨国银行风险防范的具体核心原则。根据现行巴塞尔银行监管委员会发布的有关跨国银行监管的核心原则即《有效银行监管的核心原则》及其他相关法律文件，现将跨国银行风险防范的核心原则总结为以下三项，以期有利于跨国银行的风险防范质量不断提升。

（一）利益均衡原则

跨国银行风险防范要尊崇利益均衡原则，该原则主要是指跨国银行多方利益主体要以合作共赢、共同促进国际金融市场稳定发展为目标，不可为一己之利过度强调自身利益，造成双方或多方权益失衡。跨国银行利益主体通过合法、透明、有效的合作机制，均衡双边或多边利益，实现合规、公平的国际金融合作。利益均衡原则的提出，是为了防范利益主体之间因没有协调或无法协调双方各自权益，从而带来更多不确定性金融风险，造成严重的政治危机或经济危机。从客观上讲，跨国银行的风险防范涉及多个利益主体，其不仅关系到国际金融市场的稳定性，也关乎东道国同母国各自国内金融市场的稳定。无论是国际社会，还是跨国银行母国或其东道国，都十分重视对跨国银行经营过程中可能发生或已经暴露出的各种风险进行有效防范，以维护国际、国内金融市场的稳定,促进国际、国内经济的平稳运行。但就防范问题来讲,母国同东道国虽是本着共同的出发点即促进双方经济的合作发展,但从跨国银行准入到正式设立再到日常运营的整个过程中,无不充斥着两国之间多回合、多领域的利益冲突与较量。一旦出现利益偏颇,一方政治、经济等利益受损,将不利于双方开展更为全面、深入的各项合作,更不利于维护国际金融市场的稳定与和谐。所以,利益均衡原则需要从源头贯彻,以外交合作、签订条约等正式形式予以执行,这是跨国银行风险防范的重要保障。

（二）并表监管原则

对跨国银行进行持续性监管是跨国银行防范风险的最有效途径。并表监管（Consolidated Supervision）是母国对跨国银行的经营状况进行实时监管的行为,同时也是一项重要的巴塞尔原则。近年来,并表监管原则在国际银行监管制度中的地位日益上升。并表监管是通过母国的银行监管机构对跨国银行的整个业务体系进行监控来完成的,与其相对应的是单一监管,而单一监管并不能适应当今的金融发展形式。并表监管原则的提出,很好地适应了国际金融一体化和金融自由化的发展趋势。当前经济一体化发展较为深入,跨国银行在世界各地广设经营机构,以提高其自身国际经营的效益,扩大自身的国际影响力,由此,对传统国别式的跨国银行监管方式造成了巨大的挑战。而并表监管原则的最大特色在于,它以达到对银行的总体管控为目标,这种监管方法有助于真正实现内外联动。对各个银行分支系统实行系统化管理,有助于避免监管漏洞,化解跨国银行各机构和业务发展的系统化、全球化发展和金融监管的统一性与区域性带来的各种矛盾,因此,它在国际监管领域的地位也变得越来越重要,被视为跨国银行监管的“神圣原则”,日益得到国际监管组织和各国监管当局的重视。①

（三）适度防范原则

跨国银行的适度防范原则,是指对跨国银行进行风险防范所用手段、措施一定要适度,不可因太严格或太宽松而抑制银行业发展或遭致更严重的金融危机。跨国银行是当今世界经济中最具活力和创造力的市场主体之一,但

① 参见蔡奕:《跨国银行监管的主要法律问题研究》,厦门大学出版社2001年版,第135页。

因其行业性质较为灵活且具有风险性因素，所以，需要处理好跨国银行业创新发展同金融维稳之间的关系。究其原因，一方面，如若放任跨国银行的创新与发展，则容易使其规避监管而从事高风险业务，从而产生金融风险；另一方面，如若采取过度的手段进行风险防范，加大政府管控力度，则可能会抑制跨国银行业的生机与活力，阻碍金融创新的步伐。因此，对跨国银行的风险防范必须采取“适度”原则，即需要处理好市场调节与政府（东道国政府同母国政府）管控之间的关系，处理好金融自由发展与银行内部调节的关系。以跨国银行监管为例，跨国银行监管机构应以适当的监督管理原则为基本原则，利用金融市场的自我调控能力，在出现市场扭曲或市场失灵需要监管者时才主动介入。监管者的职责是宏观调控，而不是对市场进行具体的条框设置，应采取各种措施充分调动市场积极性，在市场运行的环节中化解矛盾。做好市场的监管者要求其做到驾驭而不是违背市场力量，从而建立和完善一个有效促进跨国银行发展的良好金融氛围，而不能“因噎废食”或为了监管而监管。

第三章　跨国银行风险防范的法制及其评价

2007年美国次贷危机引发的全球性金融危机对世界经济造成了巨大影响。这次金融危机不仅导致美国本土的金融领域、房地产领域一片萧条，更是在美国投资、消费、生产、外贸、交通运输等各个领域产生了影响深远的负面效应，直接导致了美国经济的停滞甚至倒退，并连带对世界经济发展产生了巨大的负面影响。2008年至2009年期间，全球1000家大银行的总资产大幅度减少，全球股市市值严重下跌，全球债市总额直线下降，全球衍生品名义值严重缩水。该次国际金融危机给全球金融业带来前所未有的巨大冲击，曾作为全球经济增长主动力的金融业风光不再，陷入萧条时期。[①]此后，很多大集团、权威机构通过数据分析，普遍认为美国GDP增幅估算直接倒退1%左右，同比下降大约34个百分比。国际货币基金组织通过金融模型的测算，认为2007年的经济增长由原来预期的5.2%下降至4.8%，降低幅度超过8%。[②]

毋庸置疑，该次金融危机对中国经济的影响同样强烈。一是国内涉外贸易关联企业面临严重的信用风险和流动性风险，其中包括合格境内机构投资者（Qualified Domestic

---

① 参见水中梵编著：《后危机时代：新趋势　新策略　新商机》，中国商业出版社2010年版，第17页。

② 参见廖凤华：《美国次贷危机的影响和几点启示》，载《西南金融》2008年第9期，第36页。

Institutional Investor,QDII)面临海外资产债权债务的损失。二是深受美国次贷危机所引发的连锁效应影响,尤其是在金融领域。例如,这次危机爆发后,全球股市都出现了暴跌,直接导致2008年中国沪深指数从6124点下跌至1700点左右,市面蒸发流动资金数万亿,上市公司的自由资产和股东的资产都大幅度缩水,严重影响了贷款企业和个人的履行债务能力,导致很多到期不能偿还的债务最终都转嫁给各个提供融资融券的金融机构,产生了大量的坏账、呆账、次级债务。据统计,2008年美国银行倒闭数仅为26家,而2009年,美国银行倒闭总数则升至140余家,其中,中小企业占比最多,中小银行倒闭潮席卷而来。2010年,情况进一步恶化,截至6月,已有超过80家银行破产。美国佐治亚州、伊利诺伊州和佛罗里达州是银行倒闭风波中受影响最严重的几个州。每个州从2009年以来平均有超过27家机构倒闭,这种银行的大量倒闭连带对我国整个市场的经济秩序带来了前所未有的破坏。① 三是我国经济贸易的外部环境面临更严酷的冬天。由于我国涉外金融交往起步时间不算太长,对金融市场的开放原本就谨慎小心,加之美国和世界经济的下行风险,使得其他与中国经济交往了解不深的国家在与中国经济交往的活动中管控更是严格,贸易保护主义的苗头隐隐作现,外部经济环境面临更多的不确定性和不利因素。四是新形势下我国宏观调控面临着新的挑战和困难。随着我国金融业的进一步对外开放,境外的资金可能会大量流入我国,对我国货币市场的流通和人民币国际化在汇率上的管制带了新的挑战,影响我国市场的正常供需,如加剧房地产、金融债券的杠杆,从而加大其价格泡沫规模,使我国的宏观政策调控面临更多的不确定性。

目前,世界经济体系下的金融市场不断膨胀,经济效益举世瞩目,但与此同时,金融业高风险性的固有特性一直存在。伴随着高风险的、以跨国银行为代表的金融业很可能再次导致整个国际社会陷入经济危机。因而,对跨国银行风险防范法制研究的重要性就越来越突出。② 当前距离上次的国际金融

---

① 参见吴伟:《国际银行业变局正在进行中》,载《中国财经报》2010年9月1日。

② 参见郭德香:《改革开放40年中国国际经济法学研究综述》,载《法学评论》2018年第4期,第48页。

危机已过去10余年,但金融风暴的影响还未完全消逝,世界经济整体增速不断放缓,这在金融领域的风险防范立法和合作上体现得格外明显。包括我国在内的各国学界和财政、外交部门依据巴塞尔银行监管委员会出台的相关国际协议内容,对国内商业银行、跨国银行的监管立法更加重视和细化。近些年的G20峰会、欧盟高层会议、达沃斯论坛都对金融监管,尤其是跨国银行的监管法制方面存在的问题进行了深入讨论,以求在跨国银行的立法理念上在国际层面达成共识,共同推进国际金融创新与国际金融监管的融合发展。本章现以《巴塞尔协议》的一系列文件为核心分析对象,以乌拉圭回合谈判中有关国际金融监管的内容为补充,进而在国际层面研讨跨国银行监管理念、模式、监督主体、风险防范等法律制度设计的理论价值和现实意义,兼以巴林银行、兴业银行、海外国际商业信贷银行的案例为引证,对美国、欧盟、加拿大等跨国银行法律风险防范制度较为成熟的发达资本主义国家或地区的金融监管法律制度进行分析和评价。通过探寻国际层面及发达国家、地区的跨国银行监管法制在运行过程中暴露出的问题,剖析该类制度存在的不足之处,为我国金融监管制度改革、国际金融市场的进一步开放提供理论借鉴。

第一节　跨国银行风险防范的国际法制

2008年国际金融危机以后,国际金融监管理念从"金融自由化"逐渐向"适当管制"转变。对于跨国银行监管的目的,国际社会普遍认同并非完全为了消除风险,而是通过健全的监管法律法规设定合适的金融监管主体、程序、救济方式,以有效避免不必要的金融冒险或过度行为,将跨国银行可能面临的国别风险、汇率风险、操作风险、法律合规等风险控制在可以承受的范围内,以免造成不可承受的风险或金融危机的再次出现。因此,要深刻认识到跨国银行的金融风险和监管的客观关系,即金融监管是对金融市场行为的一个再反应的过程,因而金融市场的行为一定发生在监管之前,金融监管不存在前瞻性,更不可能在复杂的跨国银行产品和业务中迅速反应并采取防范行为，因为确定监管的程度必须考虑到经济效率、国家环境等现实问题。另外，对跨国银行的金融监管本身不具有稳定性，因为这种监管在本质上是政府干预的行政行为，具有金融体系的“滤网”功能。它会因社会、政治、市场的变化而不断调整，以求在金融自由和金融抑制中寻求一个合适的平衡点。因而，制定健全的金融风险防范制度是一项必不可少的降低跨国银行金融风险的有效措施。同时，随着电子信息技术的飞速发展，电子支付、P2P、自动化技术等大规模“互联网+金融”的组合形式如雨后春笋般涌现，为监管者和立法者带来了更多的监管难题和立法困难。

在跨国银行的监管经营、风险防范和存款人义务保护等方面，国际组织、各国都通过立法、修法、条约等形式做出了很大努力，尤其以巴塞尔委员会最具代表意义。巴塞尔委员会是设立在国际清算银行下的一个组织，主要负责对银行监管制度的研究，成立于1974年。当时正值德国赫斯塔特银行以及美国的富兰克林银行面临破产清算之际，同年底，通过英国的英格兰银行的提议号召，国际清算银行发起并主持了本次会议，会议出席国家包括美国、英国、德国、日本、荷兰、比利时、瑞典、意大利、加拿大等国家。其代表们和卢森堡、瑞士中央银行的相关负责人协商洽谈，达成一致意见，决定成立“银行规章条例和监管办法委员会”，这就是后来的巴塞尔委员会。巴塞尔委员会并非一般的临时性机构，它是常设在国际清算银行下的正式机构，总部设在瑞士的巴塞尔，以各国中央银行官员和银行监理当局为代表。巴塞尔委员会拥有近30个技术机构，这些机构负责执行每年集会所订的目标或计划。巴塞尔委员会本身不具有法定跨国监理的权力，其所作的相关监管标准或指导原则没有法律强制效力。①

巴塞尔委员会的一个责任，或者说是其最重要的职责，就是通过对国际金融业尤其是跨国银行业务发展的观察和研究分析，不断从实践和理论两个层面发现世界组织、各国在金融交往过程中出现的问题，例如监管方面的不足、风险监管的不到位、监管主体缺失、国际监管的立法滞后等现实存在的、

① 参见《中国银行业监管的考验——关于新巴塞尔协议在中国拟实施的思考》，载百度文库，https://wenku.baidu.com/view/78380d71f46527d3240ce0dd.html，2018年10月16日最后访问。

未被解决的情形。针对此类情形,巴塞尔委员会拟通过召集主持由各国银行监管主体、国际组织的金融监管负责人、大型金融业务办理机构、跨国银行的代表出席的会议,协商应对各类金融风险的处置方法,并通过协议的形式,使得各国、国际组织、跨国银行形成统一的意见和认识,以实现在最大程度上对国际上面临的复杂多样、变化莫测的金融风险,尤其是非系统性的金融风险进行有效监控,避免金融传导性特点所带来的风险扩大现象。正如2007年发源于美国本土的次贷危机一样,正是因为监管的忽视,致使该危机不断扩大,最后不仅在美国本土全面爆发,还扩散到了世界多国,造成了2008年的全球金融风暴,导致了多个跨国公司破产倒闭,也对多个国家的经济、社会带来了前所未有的灾难。巴塞尔委员会在执行其职能方面一直恪守着两个重要的基本原则:首先,巴塞尔委员会认为,任何境外的银行分支机构、子公司有权利逃避东道国或母国的监管,这点已经在国际社会上得到了普遍的认可。其次,在承认风险是监控可控制的假设条件下,应当有理由认为可以设计合理的监管系统,保证监管的充分性。除此之外,巴塞尔委员会还把主要精力放在了对跨国银行资本充足率的反复研究上,对资本充足率的监管和要求的变化也成为巴塞尔协议的三大支柱的基石,尤其是自2008年的国际金融危机之后,巴塞尔协议对资本充足率、资本划分等方面要求的变化,更是明确了资本充足率要求在银行应对风险和东道国对其授权准入等方面的重要性。

一、巴塞尔协议的历史演进

对于目前影响较大的巴塞尔协议文件,可以依据该协议制定过程中每一阶段的内容及原则上的重大变革,总结出三个重要的节点:

第一个节点是巴塞尔委员会议上通过多次商议,于1988年最终拟定《统一资本计量和资本标准的国际协议》,也就是后来的《巴塞尔协议Ⅰ》。[①] 该文件出现的时代背景是20世纪70年代后,国际贸易交往日益频繁,生产资料间的国际性流动需求旺盛,国际市场已具备雏形,跨国公司、国际性的金融机

① 参见吕晓莉:《论巴塞尔协议的性质》,载《经济法论丛》2005年第2期,第171页。

构因为生产、服务的需求如雨后春笋般在各个发达国家、发展中国家发展起来。大量离岸金融市场(offshore finance market)的出现,使国际金融市场的发展进入了一个全新阶段。[①] 在这样的状态下,国际金融交往更为便利的同时也面临着挑战。国际金融领域的挑战主要表现在两个方面:一是由于跨国银行的交往系在不同国别之间和不同的国际组织之间进行,国家间经济、政治、社会、文化存在差异,难免会导致资金流通监管过程中也存在差异,即金融监控的方式和业务办理的内容、限制于每个国家都有所不同,因此,母国难以对跨国银行的监管和跨国银行的风险及时应对,同样地,东道国也不可能对跨国银行其他分行、子行等机构建立类似金融沙漏、数据监控的技术措施。然而,跨国银行分支机构的业务办理、资金往来却是基于东道国本土非居民服务,并会直接影响到东道国的金融安全和稳定;另外,分支机构的经营风险也会由于股份或债权债务的承担原则,在一定程度上影响母国债权人甚至母国的经济。再者,因为货币存款准备金及货币乘数的要求,任何一笔贷款通过银行间的不断往来,会使货币乘数的量数扩大数倍,金融风险的传导效应会导致一家银行出现的违约风险和资金流转风险由整个银行业来消化。因此,现代银行业的倒闭破产往往会让整个金融业出现周转不良、信用降低的情形,更有甚者,会导致金融危机或金融风暴的出现。二是银行分支机构的表现形式,如代表处、分支机构、子公司等形式复杂多样,网络技术的发展又把这样的形式通过技术和数字手段复杂化,使得对这一本身就难以控制的领域的监管难上加难,成为东道国、母国、国际组织对跨国银行金融监管的棘手难题。于是,1974 年,面对国际金融日益发展的旺盛需求和落后金融监管带来的风险不可控的危害,在英格兰银行的倡议下,国际清算银行召集主持了一次由巴塞尔委员会的 10 个成员国及瑞士、卢森堡中央银行代表共同参与发言的国际会议,该会议决定成立"银行规章条例和监管办法委员会",它作为国际清算组织下设的一个机构,主要是由各个国家和国际组织的银行监管代表组成的联合机构,职责是协调成员之间跨国银行、金融业务的金融监管问题,为国际跨国银行的监管设立标准,为各国国内银行业监管制度改革提供蓝图参考。

---

① 参见李嘉主编:《国际经济法学》,厦门大学出版社 2010 年版,第 307 页。

1989 年,巴塞尔委员会通过各代表国的协商会议,出台了针对跨国银行监管现状的一系列相关文件,确立了跨国银行监管的基本原则、基本标准和可行性建议。其中,《统一资本计量和资本标准的国际协议》又称《巴塞尔协议Ⅰ》,是巴塞尔委员会第一个准则性文件,该文件的主要目标是希望通过对最低资本提出标准性要求,以求对信用风险加以规制。随后,巴塞尔委员会针对国际金融监管机构在跨国银行机构监管方面存在的漏洞和风险,提出了修改与完善建议,包括:1900 年的《银行监管当局信息交流》,主要针对银行和监管主体间信息公开范围及不同监管主体间的信息交流途径提出了要求;1992 年的《关于监督国际银行集团及其跨国机构的最低标准》对国际金融组织的监管提出了最低标准这一概念,为后期三大支柱之一的资本充足率提供了基础意见;1996 年的《市场风险修正案》针对外汇、债券、股票、商品和期权市场上的公开头寸等,增加了对银行市场风险的资本要求;1997 年的《有效银行监管的核心原则》则是设定了银行监管 7 个方面的 25 条核心监管原则,此后,美国根据协定制定了《金融服务现代法》,对跨国银行的业务范围加以严格限制。①

第二个节点是《巴塞尔协议Ⅱ》的制定。到 1998 年,1988 年的《巴塞尔协议Ⅰ》已实行了十年,该协议已逐渐被世界各国的当权机构接受,成为多数国家对跨国银行及其国内商业银行监管的适用规则和管理依据,对该时期的国际金融市场的稳定发展提供了巨大的制度保障。但是,市场发展的前瞻性和监管的后发性也决定了该协议漏洞出现的必然性。随着国际银行业追求利益的最大化,跨国银行业务的发展一定会与监管产生矛盾。跨国银行试图通过不同国家对资本充足率监管的差异性规避国际金融监管,这使得国际监管对资本充足率的设定形同虚设。再者,《巴塞尔协议Ⅰ》的总体思路是以市场和东道国监管作为辅助手段,重点强调母国的并表监管责任,因此,其对监管责任的分配原则、清偿能力要求等提出了抽象性的原则框架,而缺乏具体的可操作标准和补救、争议解决机制。在 1997 年东南亚金融危机爆发后,巴塞尔委员会对跨国银行金融业务的监管有了新的认识,致力于加强《巴塞尔

① 参加苏洁澈:《后危机时代英美银行监管体系变革》,载《环球法律评论》2016 年第 4 期,第 17 页。

协议Ⅰ》关于风险灵敏度提升方向框架和标准的完善。随后,通过收集各国实务专家、理论学者对现行监管制度的研究结论,巴塞尔委员会于2001年提出了《统一资本计量和资本标准国际协议:修订框架》,该建议更加全面、具体,这就是其后的《巴塞尔协议Ⅱ》。

《巴塞尔协议Ⅱ》的主要贡献是提出了三大支柱,即最低资本要求、监督检查以及市场约束。第一支柱是最低资本要求,这一规定的核心内容是对资本充足率要求达到8%,银行核心资本充足率达到4%。对跨国银行资本可以划分为1~3个等级,其中,一级资本被视为核心资本,二级资本和三级资本被作为附属资本,并且按照不同资本的性质和特点以概念罗列的形式予以界定。第二大支柱是监督检查,主要针对银行内部管理的控制风险及操作风险而设立,对银行内部管理层级、监督机构职能划分、监督人员与业务人员、领导人员的规避制度、风险责任的承担等多项管理机制的运行合理性作出程序性、标准性的判断,对银行在各类风险的监控机制、反应机制、补救机制等多方面的信息做量化考核和评价,并提出适合、具有可操作性、可应对风险的改进方案。第三大支柱是市场约束,这部分的核心内容是信息披露制度。在如今金融行业的监管制度中,信息披露制度仍然是金融监管的重要方式和内容,并且在全世界金融行业监管的要求中已得到普遍认可和适用。通过跨国银行信息披露制度,可以了解跨国银行的经营状况、财务状况及其发展趋势,有利于银行监管机构对跨国银行及本国银行相关金融市场的管理和监控,引导本国银行开展合规性业务,避免法律风险所造成的巨大违约赔偿损失,促成本地金融业的稳定、有序地发展;有利于保障金融消费者的知情权,使其通过对信息的充分了解和分析,作出理智判断,规避不必要的金融风险;也有利于跨国银行的广大股东及债权人对跨国银行进行监督。市场约束、监督检查是保障最低资本要求的重要手段和措施,三者相辅相成、协作融合,成为了现代银行风险监管体制的体系基石。

第三个节点是《巴塞尔协议Ⅲ》的出台。2007年,一场在美国本土爆发的次贷危机引发了整个世界的经济危机,该次危机深刻地反映了跨国银行监管的不足、金融行业应对风险时的积弱和风险的强大破坏性。《巴塞尔协议Ⅱ》的资本充足率规定的不足、监管手段的落后、信用评价体制的不完善、金融衍生品监管制度的空白、各国监管信息沟通的不对称等一系列问题暴露在该次金融危机中,《巴塞尔协议Ⅱ》已明显落后于现代跨国银行业务的发展,于是,巴塞尔委员会于2010年进行了对原有协议的补充完善,达成了影响更深刻、监管理念更先进、对银行资本充足率要求更高的新协议,即《巴塞尔协议Ⅲ》,对过去跨国银行的资本充足率等法律规定和监管部分责任的相关分配都做出了更大的调整,提出了更严格的要求。其中,最主要的是对三大支柱做出了重要修正,如跨国银行资本构成中的最低的普通股比例从2%上升至4.5%,最低的一级资本比例从4%上升至6%,并对资本的缓冲比率和周期都做出了新的调整和变动;创新了高杠杆率的监控手段,针对金融市场高杠杆率所引发的各种不受金融监管法规监控的风险,制定了严格的杠杆率标准要求,使得资本和暴露的比例控制在可以承受的范围内。对第二大支柱,提出了17条流动性管理的原则措施,如流动性比例标准,对跨国银行流动性资金比率限制可以降低银行资金兑现风险,同时也有可能造成银行盈利能力下降,并对此提出了短期和长期两项比例标准。扩大了第三大支柱市场约束中的信息披露范围,增加了6个方面的内容。另外,该协议还增加了逆周期的资本缓释制度,它要求跨国银行在经营状况较好、盈利能力较强时,将一部分超额盈利资本作为更高要求的资本充足率暂时提计,以便在经营状况不好时,满足下行周期吸收损失的需要,从而减少经济周期对宏观经济造成的不良影响。①

《巴塞尔协议Ⅲ》政策框架的最终完成发生在2017年12月8日,这一天,巴塞尔委员会发布了《巴塞尔协议Ⅲ:危机后改革的最终方案》,标志着危机后全球银行体系的核心国际监管规则改革的全部完成。总体来看,《巴塞尔协议Ⅲ》是以资本和流动性监管为核心、兼顾宏观审慎管理和微观审慎监管、覆盖银行监管各项要素的全球最新的监管规则体系。《巴塞尔协议Ⅲ》沿用了《巴塞尔协议Ⅱ》的最低资本充足率要求、监督检查和市场约束"三支柱"的监管体系,从资本质量、流动性要求、宏观审慎管理等多方面做了整体提升,并包含了总损失吸收能力(TLAC)要求等更广泛的金融部门改革措施。

巴塞尔委员会于2017年10月发布的进展报告显示,所有27个成员经济

---

① 参见焦喆:《巴塞尔Ⅲ对中国银行业的影响及对策》,载《中小企业管理与科技(中旬刊)》2014年第9期,第15页。

体均已按要求执行了《巴塞尔协议Ⅲ》的风险资本要求、流动性覆盖比率要求和储备资本要求，26 个成员经济体已经发布了逆周期资本缓冲要求，并已经或正在制定国内系统重要性银行监管框架，所有全球系统重要性银行（G-SIBs）母国[①]均已经发布了对 G-SIBs 的监管要求。各国都在以巴塞尔协议为核心，持续推进本国银行监管要求与巴塞尔协议标准的趋向一致性，满足国际社会对跨国银行风险防范的需求。

二、巴塞尔协议的主要内容及评价

国际性统一规范的文件性质使得巴塞尔协议被各个国家承认和接受，各国对跨国银行的监管制度的设立、变更都不同程度地受到了巴塞尔协议的影响，如母国监管的并表监督、流动性风险覆盖率的标准等监管制度都是在巴塞尔框架下，结合本国银行业监督体制的发展实际，通过国内立法手段加以确立。因此，在谈及跨国银行监管的国际现状时，必须了解清楚巴塞尔协议的内容、原则、标准及其在不同时期制定、修改协议内容、确立新标准的原理和根据，通过经济学、管理学的相关理论，支持法学研究对在巴塞尔协议中暴露出来的制度漏洞进行弥补，并通过针对不同风险制定相关制度、法律约束、监督体系，防范跨国银行经历过的或未来不可预知的金融风险。

（一）《巴塞尔协议Ⅰ》的主要内容及评价

《巴塞尔协议Ⅰ》出台的背景有两条线索，一个事件是联邦德国 Herstatt 银行的倒闭案，另一个事件是美国富兰克林国民银行（Franklin National Bank）的破产案。这两家著名国际性银行的破产清算，引起了国际社会对跨国银行资本运作风险防范的重视。尤其是在美国富兰克林国民银行宣告破产的第 2 年，第一个巴塞尔协议出台，时值 1975 年。作为巴塞尔协议的第一个文件，该协议较为笼统且并不复杂，其核心内容就是针对国际性银行监管法制内容及监管部分配置的缺位现实，作出了两条最基本的原则性规定：第一个原则是，任何跨国银行的国外机构都不能逃避巴塞尔委员会适当的监管；第二个原则是，母国和东道国对跨国银行监管应承担同样的义务。

---

① 目前 G-SIBs 的母国有中国、美国、法国、德国、意大利、荷兰、西班牙、英国、日本、瑞士和瑞典。

《巴塞尔协议Ⅰ》中最重要的体现是监管思想的转变。首先,将监管的焦点从对监管主体监管责任的划分转变为对资本的监控,把视角放在了对银行体系监督检测的内部监督检查上来,简单地说,就是监管视角从银行体外转向了银行体内。其次,将监管重点从过去过度关注机构监管责任的分配问题,转移到了银行自身机制的调整上,把之前对银行人员、运营机制、内部规章的合规性要求直接归结于对资本充足率的要求和把控,抓住了对跨国银行监管的核心问题。另外,注重资本监管的建设问题。最为明显的是将跨国银行的资产及负债重新进行了划分和认定,如表外资产过去是不被认为属于负债表内的资产,从而因为考虑不到未来即将产生的风险而扩大了银行自身的风险特征,低估了表外资产的破坏性,将表外资产纳入资本监管核心的内容里来,更准确地把握跨国银行资本运营的实际状况和风险状态,严格控制风险指标,防止类似金融风暴事件再现。最后,巴塞尔委员会安排了适用规则的过渡期,主要还是考虑到经济恢复和强度监管所带来的经济减速的矛盾,因而安排了过渡期制度,帮助在金融危机中受到影响的国家恢复经济,这也是对银行业市场公平竞争的一个正面回复。

1.《巴塞尔协议Ⅰ》的主要内容

《巴塞尔协议Ⅰ》的主要内容是1988年巴塞尔委员会协商通过的《统一资本计量和资本标准的国际协议》,该部文件主要包含四个法律相关部分,对其内容的具体分析如下:

第一,资本构成标准的确立。《巴塞尔协议Ⅰ》根据银行账务和运营中资金的不同属性,对跨国银行资产和负债表内外的资产属性做了划分,主要分为账面的资产和监管中的资产。而本书对跨国银行监管制度的研究主要是《巴塞尔协议Ⅰ》中所确立的"监管资本",[①]这部分资产被各国通过立法手段予以明确,如今在国际范围内监管资本的功能和目的基本一致,即监管资本主要是对银行的流动资本加以提存形式的控制,要求流动资本和总资本形成一定比例,从而使得将来跨国银行在发生危机或资不抵债时,用以清偿债务,避免出现金融危机的进一步传导和债权人利益无法得到保障等结果。

---

① 参见谭遥:《〈巴塞尔协议〉与我国银行资本金管理研究》,载《经济与社会发展》2011年第12期,第43页。

《巴塞尔协议Ⅰ》中规定,对跨国银行的资本进行两大类别的区分,包括核心资本和附属资本两个部分。通常又把核心资本的部分称为一级资本,这类监管资本主要是跨国银行表内资本的实收资本和公开资本,如果跨国银行在运营中出现亏损,这部分资本的储备可以用以弥补亏损,可使银行获得更持久的经营能力,承受一般性的资金短缺的风险,其具有永久性且清偿顺序排在所有其他融资工具之后。另外一部分资本就是二级资本,与一级资本相同,其功能主要是用以吸收亏损。二级资本的受偿顺序列在普通股之前,在一般债权人之后,在赎回机制和利率条款上有着严格的限制,并且在对其监管的内容上必须含有减计或转股条款。

第二,资本风险权数的划分。《巴塞尔协议Ⅰ》中建立了信用风险的估算方法,依据跨国银行表内负债资产的项目设定了 5 个风险权数,分别为 0%、10%、20%、50%、100%,其中 0% 的风险权数被视为零风险,而 100% 的风险权数被视为十足风险。不同风险权数对应不同表内债务分类和内容,便于银行监管机构对银行业务开展监管和实施风险预警制度的要求,如我国顺应巴塞尔协议规定对商业银行资金种类的区分,如风险权数为 0 的资产包括现金、存于人民银行的款项等;风险权数为 100% 的资产包括信用贷款和透支、除大型或特大型企业以外的其他企业担保贷款等。对跨国银行资本风险权数的划分,既可以规范跨国银行对业务流程的审批制度,又可以降低跨国银行在对外贷款业务中资产管理的风险。

第三,资本充足率指标的认定。《巴塞尔协议Ⅰ》规定了跨国银行的资本充足率等一系列指标。资本充足率是一家银行的总资本对风险加权资产的比率(包括需求),跨国银行的资本充足率必须高于 8%,核心资本充足率必须高于 4%。此后,在各国银行监管的国内立法中,资本充足率都成为监管的核心内容。国家监管机构遵循银行运营的内部机制,以确保银行能够吸收一定的风险。资本充足率是资本比率要保证银行等金融机构的正常运行和发展,各国金融当局一般规定商业银行的资本充足率以监控它们的风险承受能力。

第四,规定了表外信用项目转换系数。《巴塞尔协议Ⅰ》把跨国银行经营资本中的资产的表外项目纳入到了银行监管的内容,可以更加明确估算跨国银行的负债、盈利能力和信用风险。该协议将跨国银行的表外信贷项目划分为0%、10%、20%、50%和100%的转换系数。例如,0%的表外信贷项目包括:原始期限不足一年的承诺,原来的期限不超过一年但可随时无条件撤销。100%表外信用项目转换系数对应的主要是汇率、利率及其他衍生品合约的风险资产,最为典型的就是期权、期货这样高杠杆率的金融工具。这样的监管系统更符合跨国银行金融业务多元化的发展趋势,便于跨国银行的监管机构通过跨国银行所反映出的具体风险指数采取及时、有效的防范手段。

这四项内容构成跨国银行监管的一个重要国际标准和惯例,在其出台后的10年间,不断地被成员及其成员外的跨国银行和国内银行监督机构作为监管、防控风险的重要指标,毋庸置疑,这对国际金融市场稳定、促进国际经济往来发挥了巨大的积极作用。

2. 对《巴塞尔协议Ⅰ》的评价

《巴塞尔协议Ⅰ》的设立背景包含了两个重要的驱动,即国际银行组织对跨国银行监管的两个重要目标和措施:一是对金融风险的认识。金融风险本身划分为系统风险和非系统风险,其中系统性风险指金融机构从事金融活动或交易所在的整个系统受内外部因素牵连而发生的剧烈波动或瘫痪,从而整体遭受经济损失的可能性。[①] 另外,系统性风险包括政策风险、经济周期性波动风险、利率风险、汇率风险等,这类风险最大的特点是无法通过多样化、科学化的监管方式进行有效监控,因此被称为"不可分散风险"。不可分散风险,顾名思义,不能通过不同的金融投资产品分散风险。因此,本书所建议的跨国银行的监管法律制度,是基于一个非避免风险的基本理念,对风险的防范是通过监管机构和银行系统本身的问题发现或约束行为,把风险可能带来的危害变得可控制化,避免因跨国银行的相关风险不可控而对经济、社会、政治带来不可估量的损害。《巴塞尔协议Ⅰ》提出资本金在银行监管中的重要性,把重点放在跨国银行抵御经济风险的能力,即对冲足够的资金来防止各种风险对银行的影响,并加强国际金融合作。因为监管制度不统一造成了交易成本增加、风险不可控、信息透明度不够等情况,需要国际在对跨国银行的立法监管上有较为统一的法律内容,使国际银行组织能够在同一监管条件下

① 参见彭俞超:《习近平金融治理思想研究》,载《马克思主义理论学科研究》2017年第5期,第15页。

开展业务,依法经营,避免在竞争中出现不利于公平的现象发生。注重立法手段,主要是指对银行的主要业务、资本构成、经营范围和接入方式的建立等作出规定,如明确银行不能从事证券和保险业务,银行不能持有公司的股票,银行支付存款利率等上限等。在很长一段时间内,这些规定对本国银行业务提供了重要指导,促进了本土金融业的健康发展。然而,随着跨国银行的出现,银行的业务开展可以随意避开本国相关银行业监管法律法规的约束,在东道国开展母国所禁止的业务,但操作风险仍然对母国产生巨大影响。此外,现代金融产品的创新以及跨行业、跨区域和跨境经营的存在要求监管人员不断对这些法律法规作出新解释,并不断制定新规定来规范这些新兴金融产品。另外,金融业的发展使产品多变,即使是相同产品,也会有不同的风险表现,用“一刀切”的方法很难切中要害,银行业也会想方设法逃规避法。此刻,跨国银行的经营重心放在破产法而非其他具体的金融产品或资产,监管规则无法实现其监管目的。若一个银行有很好的风险管理体制,它就可以从事任何项目,经营任何产品。相反,传统的严格限制银行经营范围和产品种类的制度规定,并不能保证银行承担的风险就小了,有时甚至适得其反,促使银行去投资高风险项目。那么,如何使银行承担的风险达到最优化或合理化?在风险不可消除、银行生存的基石就是承担风险的基础上,监管部门应如何保证银行有充足的准备措施来防范风险的冲击?这就是巴塞尔委员会之所以强调对资本监控的重要原因。①

资本金是银行自身的资产,是股东们资金利润的累积,其资金流量只需通过资本和负债的差值来确认。由于经济波动的必然性,跨国银行的资本和负债也会随经济周期波动,因而银行的价值注定具有不确定、不稳定状态。基于披露制度的设计,如若将银行的资产和负债持续进行披露,一旦负债超过自由资产资本,必然会引发信用危机,其储蓄业务必然受到挑战,严重的会导致银行倒闭。但若银行在央行或银行业监管机构存有充足的储备金,则其资产和负债比重就可以得到很好控制,银行业就有更大可能降低各类风险对资产和负债的侵蚀程度,减少由于债务比率高而失败的可能性。此外,资本发挥着“包容性”的作用,承担着各种风险,其中包括跨国银行的破产清算、汇

---

① 参见 Bertsch:《美联储对社区银行的监管方式》,载《中国农村金融》2011 年第 19 期,第 85 页。

率对它的影响,甚至当跨国银行的工作人员出现操作失误,资本都是"过渡地带",起着弥补损失的保护作用,而不仅仅拘泥于各类单一指向性质的法律法规,这类法律法规只能囊括某一种风险规避措施和法律后果,而且还经常因为太过明确、稳定,带有自身不可避免的漏洞,如滞后性、可规避性等问题。基于这些因素,监管部门开始重视资本金在风险管理上的重要作用,并将它进一步提升到国际银行监管政策的高度。

在资本金的具体定量上,《巴塞尔协议Ⅰ》的创新是将风险与资本联系起来。风险资产需要高的资本储备,这种相关性表明该做法的风险敏感性——资本不是静态的,它随着银行的投资组合而变化,报酬和惩罚是明确的。这种资本金与风险互动的政策模式,后来被广泛运用于巴塞尔委员会的其他资本政策上,成为不可或缺的要素之一。

《巴塞尔协议Ⅰ》的另一大重要意义是统一了各国的银行监管标准。作为多边国际协议,它要求所有参与国都必须遵守同一协议,对其国内和国外业务一视同仁,以利于银行在同一水平线(level playing field)上公平竞争,借此在国际范围内帮助建立一个平等的银行操作环境。比起其他国家的银行,美国的银行向来属于严格管制的对象,在机构设置、产品经营甚至地域划块上都有严格限制。美国早在《巴塞尔协议Ⅰ》以前便对银行有资本准备金的要求,并按照资本金的充裕程度对银行评级。相比之下,日本银行所受的管制则少很多,主要是因为日本银行早先的经营主要依靠国家补贴,在资本充足率上还少有强制性规定;再者,20世纪初到20世纪90年代的日本跨国机构和外贸服务起步较早,其资金来源途径多,融资成本低,造成了日本在1980年前后大规模的海外投资,其资产负债表也急剧膨胀。因而,考虑到国际银行间竞争的"敌强我弱",美国国会在1991年制定了《外国银行监管促进法》(Foreign Bank Supervision Enhancement Act),其目的在于保护美国本土银行业的公平竞争,使在美国的外国银行或在美国的分行、办事处、代表处在控制足本充足率、市场约束等方面,与其他国内银行享受同等程度的国民待遇,这样的条款可以缩小外国银行与美国本土银行在法规条例限令方面的差距,同时授权美联储对这些外国分行和办事处进行监督、检查和管理。

《巴塞尔协议Ⅰ》是基于风险资本储备的监管体系,已被证明是国际银行运营的主要稳定力量。虽然它最初针对的是大银行,但当今世界大小金融机构都很活跃,尽管它们的规模和运营结构不同,但都已广泛采纳《巴塞尔协议Ⅰ》的风险资本标准。随着这个协议的广泛实施,银行界平均的资本金比率得到提升,很多美国银行持有的资本金都大大超过了协议的基本要求。

资本充足率的提高,从很大意义上大幅度降低了跨国银行的破产率。2001 年前后,美国第二产业因为跨国公司全球化布局产生了波动,其中多家跨国公司濒临破产,而在这背后,为其提供贷款的美国银行却并没有受到太大影响。即使出现大量亏损,它们也不会处于破产的紧要关头,这与过去由周期性危机引发的工业和银行恶性连锁倒闭的气氛形成鲜明对比,而在这稳定的银行风险监管背后,最重要原因就是银行资本充足率的保障。

3.《巴塞尔协议Ⅰ》的不足之处

第一个不足是《巴塞尔协议Ⅰ》将跨国银行风险标准和档次划分得不够科学、合理,主要体现在风险无法真实反映银行负债表与资本金充足率的关系。尤其是在对私营公司贷款债券的权重规定上,按照《巴塞尔协议Ⅰ》中对资产负债风险的划分,所有对中小企业的贷款都属于权重 100% 的风险归类,对应 8% 的资产准备金,还需经过严格的评估程序和审批成本。但我们应该关注的是,私营公司自身经营状况和信誉程度也有所不同,同一风险归档的划分致使有些信誉良好的私营企业也无法在资金融资上获得更多支持,这不仅降低了优质私营企业向银行申请贷款的积极性,同时也阻碍了跨国银行自身盈利的能力。

另外,对所有 OECD 成员方的政府债券都适用 0% 的权重优惠,使其无需准备资本金的规定,也同样不合理。此外,存在高估成员方信用度的现象,并非所有 OECD 成员方的信用度都能与美国、英国、加拿大等相提并论。将它们囊括在一起,势必扭曲风险本质。需要明确的一点是,银行的资本金是昂贵的,有巨大的机会成本。这笔资本金如果用来投资,可以有高利息收入;而用作资本准备金,只能投在保险的资产上,诸如美国政府债券,利息收入便有限。所以,为了促使银行业的利润提升,对资本充足率要求的适当放宽会刺激这一目的实现,符合商业银行股东和储户的利益需求。

第二个不足来源于对资产组合理论(portfolio theory)的批评。该理论认为分散投资组合的金融产品的风险一定小于投资单个金融产品的风险。相对而言,跨国银行在金融产品种类和组合资产业务的成熟度较高,对组合分散风险理论是极力支持的。但《巴塞尔协议Ⅰ》在计算资本金充足率上,为方便计算,适用了简单的累计加法计算风险权重,这使得跨国银行资产组合风险加权的优势不复存在,认为其不合理的呼声连绵不断。

1996年以后,修改《巴塞尔协议Ⅰ》的呼声愈演愈烈。1996年,巴塞尔委员会推出了《巴塞尔资本协议市场风险补充案》(Amendment to the Capital Accord to Incorporate Market Risks),通称《市场风险补充案》(Market Risk Amendment,MRA),它针对银行与日俱增的市场风险,作出对应的资本准备金的要求,以弥补《巴塞尔协议Ⅰ》主要是针对银行信用风险而出现的空缺。随着银行越来越多地涉入资本市场的交易、投资和业务,市场风险已成为银行业显著的风险指标,市场风险的爆发性和摧毁力也日益得到认同。大量的银行丑闻表明,市场风险可以在短时间内造成银行资金短缺和偿还能力不足,严重的甚至导致银行破产倒闭。英国一家有200多年悠久历史的古老银行——巴林银行,在短时间内遭受灭顶之灾,便是一个实例。

综上,《巴塞尔协议Ⅰ》的出现有其积极意义,其在资本充足率的设计上,有效保障了跨国银行业应对不同金融风险的能力,同时保证了国际金融市场在一段时期内的健康、稳定发展秩序和标准。然而,其在运行过程中所暴露出的缺陷同样不可忽视。首先,其对跨国银行关于风险权重的划分过于粗糙,四个不同层次的权重指数,难以全面反映整个金融市场的风险类型、业务差别和敏感程度,并且由于其未全面考虑风险权重对应金融产品或业务的信用等级风险的差别,因此也不能有效反映不同贷款人或融资人的信用风险。其次,《巴塞尔协议Ⅰ》在风险管理的设计上,只设置了笼统的原则和标准化概念,对细化的风险应对的操作或银行监管机构的监督管理程序几乎未有谈及,这使得该协议操作性不足。操作风险、市场风险、信用风险是跨国银行所面临的几类主要风险,抑制操作风险内容的缺失导致我们忽视了对银行内部监管体制的优化和披露,跨国银行在满足资本充足率和表外监管标准的情形下,仍然存在不可控制、不可检测的风险领域,随后多个跨国银行的倒闭证实了该类风险防范的重要性,揭示了《巴塞尔协议Ⅰ》存在的巨大漏洞。最后,在制定监管标准和目标时,其未考虑到银行盈利的本性,偏重风险防控,导致有些银行追求所谓资本充足率的程度而失去盈利空间,同样对经济发展带来了巨大障碍。

(二)《巴塞尔协议Ⅱ》的主要内容及评价

《巴塞尔协议Ⅱ》的主要内容以2001发布、2004年正式实施的《统一资本计量和资本标准国际协议:修订框架》为蓝本,在《巴塞尔协议Ⅰ》已无法满足国际金融市场多元化的发展需求和应对跨国银行可能面临不同种类的新型金融风险的基础上产生。因此,《巴塞尔协议Ⅱ》在继承《巴塞尔协议Ⅰ》的精神基础上,提出了更具有时代适应性、更全面、更合理的国际银行业的监管规则。

《巴塞尔协议Ⅱ》继承了其前身中关于资本充足率监管的重要内容,建立了一套国际通用的针对表内和表外跨国银行业务风险加权系数的方法和标准,为国际银行的监管和风险防范提供了重要参考标准,对跨国银行的风险管理、东道国对跨国银行分支机构、母国对跨国银行的并表监管都产生了深远影响。若仅以欧洲地区为参考对象,就《巴塞尔协议Ⅱ》中商业银行资本与风险资产的比率而论,欧洲非成员方接近100%。① 将资本充足标准与风险紧密结合的管理方式成为国际银行监管影响最深的一条基本原则,在将资本充足和风险应对相捆绑并将之纳入跨国银行监管手段的这一管理原则下,巴塞尔委员会制定了新的规则和标准。《巴塞尔协议Ⅱ》将金融风险从《巴塞尔协议Ⅰ》的市场风险、信用风险,扩大到信用风险、操作风险、市场风险、利率风险等更全面的范围,提出了影响至今的国际银行业的监管内容,即银行业监管的三大支柱——最低资本规定、监管当局的监督检查和市场纪律,要求国际银行业的监管要更为准确地反映跨国银行所面临的风险及其经营状况,在金融的趋利性与金融市场的稳定性之间寻找一个更为合适、更为精巧的平衡点,以满足国际经济交往对国际金融市场提供业务服务的需要和国际金融监管机构对国际金融市场健康、稳定发展的期望。

1.《巴塞尔协议Ⅱ》的主要内容

第一大支柱是资本充足率的要求。资本充足率的要求是《巴塞尔协议Ⅰ》的重要内容,也是巴塞尔委员会对国际银行业监管的重要贡献,它使资本

---

① See Financial Stability Institute(FSI). *Implementation of the New Capital Adequacy Framework in Non-Basel Committee Member Countries: Summary of Responses to the Basel Implementation Assistance Questionnaire*, Occasional paper, 4 (2004).

与风险挂钩的监管模式成为国际、各国范围内对银行监管的核心。《巴塞尔协议Ⅱ》对跨国银行资本充足率8%的要求和对核心资本充足率4%的要求没有做出改变。[①] 但在形式上又有所创新，考虑了之前协议对风险考虑不全面的缺陷，对此引入了国际金融市场上所面临的市场风险资本和操作风险资本（而《巴塞尔协议Ⅰ》只考虑了信用风险资本）。对资本内容的定义、规定的风险加权项目指数和资本对风险加权资产的最小比率是影响最低资本的三个重要方面。对此，市场风险和操作风险的引入，必然会对风险加权资产的计算权数产生影响，相比之前规定所反映出的跨国银行的经营状况而言，新的规定更加具体、明确地反映出跨国银行不同的资本充足率的指数对应不同风险的承受能力，便于各国银行监管机构监管跨国银行的真实状况，并根据跨国银行真实的数值反映，及时有效地行使监管权力，制定相应的法律法规文件，把可能出现的风险控制在可确知的范围内，避免因监控缺失造成巨大经济损失，影响本国经济秩序和金融市场的稳定发展。

第二大支柱是监督机构的监督检查。巴塞尔检查委员会认为，保障跨国银行有效监管规避金融的重要手段必须通过外部监管机构的适当监管。检查委员会通过国内立法机关合法拥有对银行业的监督权力应当建立在四个原则上。第一个原则，也是最重要的一个原则是，一个在某一个国家合法登记设立的银行机构，必须存在一整套的内部审计和会计系统，可以依据本国银行监督机构所规定的不同风险资产项目的加权指数，依合法、合规的程序计算资产的最低充足率，且任何银行的策略性手段不得与该最低充足率的要求冲突，否则将会遭受不利的法律后果。第二个原则是，银行监管机构本身可以公正客观地检查和反映银行业对法律所要求义务的履行情况，且银行监管机构对银行业存在的违法行为具有处置权力。其处置权限应当与银行业设置义务所带来的风险系数大小相适应，存在一套严格的听证或申诉机制，可以有效反映不同时期、不同事件对同一法条或文件在法律风险差异性条件下处置手段的多样化，避免外部监督权力过大而对金融市场干预过多，从而演变成最大的金融市场风险。第三个原则是，监管当局在对跨国银行业进行

---

① 参见胡元松、唐灿：《商业银行信息披露中的负外部性及其经济法解决探析》，载《北京工业大学学报（社会科学版）》2014年第2期，第42页。

资本充足率监管的心理倾向下，应当期望银行业的资本充足率在满足最低资本充足率要求的前提下，尽可能高于法律所要求的资本充足率，从而行使严格的监督管理职责。第四个原则是，对存在低于或可能低于法律所要求的最低资本充足率的银行，应当责令及时补救或恢复，并设置最高时限，不可无限期延长对资本充足率补充的时限要求；如若不能满足监管部门对资本充足率要求的情形，则必须迅速采取法律所预先设定的手段措施，避免跨国银行自身存在的风险扩大到其他银行或市场。

本国的银行监管部门对本国银行业行使合法有效的监督检查，首先应确保本国银行建立起科学、全面的风险加权算法部门，以获得作为内部参考的评估数据，从而使监管机构在制定银行策略时可据此判断银行业在经营过程中所面临风险的真实状况，并以此为基础对不同银行的资本充足率作出正确的评估判断。另外，对本国银行业的外部检查制度，还可以有效化解非银行业可能面临的风险，处理银行间风险交互作用所带来的危害，把金融风险锁定在一家银行或几家银行内，及时有效地提出处理方案，达到对跨国银行风险有效防范的目的。

第三大支柱是市场纪律。其又称市场约束，是对巴塞尔协议中以核心资本充足率监管为中心的模式的一个补充，与银行业的外部监督共同成为对银行风险的外部约束。市场纪律可以算作对最低资本充足率和银行监督机构的外部监管的补充内容。巴塞尔委员会指出，市场约束可以具有"强化剂"的作用，它可以有效成为银行监督机构对银行业内部管理、经营状况监管的重要手段和措施，扩大了对银行业监督的主体，使债权人、媒体有效地参与到对跨国银行的监管过程中，并且刺激了监管当局对金融体系安全、稳定的潜功能监管。《巴塞尔协议Ⅱ》将市场约束的核心机制定位在了信息披露上，对跨国银行在具体披露的事项、范围、评估程序以及管理办法上都作出了详细规定。并且，信息披露同时成为跨国银行监管部门进行监管的一项重要内容，因为只有建立健全的信息披露制度，各个市场的参与者才可以通过真实银行财会数据、经营状况判断银行的风险管理状况和履行债务的清偿能力，从而对银行进行有效监督。《巴塞尔协议Ⅱ》将跨国银行的信息披露区分为两个部分，即核心信息披露和补充信息披露，并且规定，无论是核心或是补充信息，都应当成为跨国银行披露的强制性条款。该规则表明，跨国银行当然应当为该披露信息的真实、客观、及时性承担法定义务。最后,对信息披露的频率也作出了统一规定。巴塞尔委员会根据不同性质的银行特征提出了不同披露的程序性规定,如针对一般商业银行,提出其至少半年披露一次的建议,而对于业务活跃、监管难度较高的跨国银行,则提出了至少每季度披露一次的建议。另外,要更加关注银行对信息披露时效性的规定。由于金融风险出现所导致的金融风暴本身就是一个持续加速扩大的过程,因而时效性是市场约束手段中监管有效性的必要条件,针对时效性较强、一旦过时就不存在意义的相关信息,巴塞尔委员会建议至少每季度披露一次。因此,关注银行对信息披露时效性的规定至关重要。同时,对于不经常被要求披露的信息或与风险关联度较低的补充信息,银行需要承担公开解释政策、业务信息的义务。在此基础上,鉴于通信技术的迅速发展,巴塞尔委员会鼓励银行运用网络信息技术对市场公开提供多渠道的信息披露。

2. 对《巴塞尔协议Ⅱ》的评价

与《巴塞尔协议Ⅰ》相比,《巴塞尔协议Ⅱ》的监管框架有所改变,它将原有的资本充足率这一个监管基础扩充到了一个由资本充足率、外部监管和市场约束三大支柱共同支撑的监管体系。① 与《巴塞尔协议Ⅰ》相比,在对跨国银行监管的核心问题上仍坚持以资本控制为中心,并在此之上提出了更高要求,以配套外部监管的具体权责分配和银行自身内部约束机制的制度要求。此外,在关于操作风险方面,《巴塞尔协议Ⅱ》要求对包括道德风险、法律风险、软件风险等在内的操作风险提供一定额度的、单独的资本。对于资本约束的范围,《巴塞尔协议Ⅱ》也予以进一步扩大。根据协议,银行必须将用于非银行机构的投资从资本中予以扣除,于是原来并不受资本充足率限制的金融控股公司也被纳入资本充足率的监管要求之下。至于第二大支柱"外部监管",它是《巴塞尔协议Ⅱ》所新增的规则。根据《巴塞尔协议Ⅱ》,各国金融监管机构应在结合各自银行业实际风险的基础上,对银行进行灵活监管,从而进一步强化金融监管机构的职责。《巴塞尔协议Ⅱ》所确立的最后一个支柱是"市场约束",该机制与外部监管一样,都是作为资本充足率的补充,从而

① 参见韩洋:《危机以来国际金融监管制度的法律问题研究》,华东政法大学2014年博士学位论文。

提升了资本充足率监管的有效性。除了监管机构以外，能够对银行业进行约束的还有金融市场本身。[①] 在金融市场化的当今，市场约束对跨国银行监管提出的披露信息的义务性条款要求，可以为信誉良好、经营竞争力强的跨国银行争取更有利的市场地位，排挤信誉度差、资金控制风险高的金融机构，更好保护金融消费者的权益，构建更稳健的金融市场体系。因此，要使银行能够获得更多利润，在市场中赢得更多筹码，就必须由市场本身对银行提出资本充足率等风险性要求。并且，市场约束机制中的披露义务也可以更好体现巴塞尔协议和国际条约中关于透明度的要求和精神，使得更多的民众参与到金融监管大体系中来，各监管机构也应当对这些银行的信息披露内容、方法等进行全面监管。由于《巴塞尔协议Ⅱ》所规定的要求较为严厉，对银行的资金、制度、人力、管理等各方面都提出了较高的新要求，因此，为贯彻《巴塞尔协议Ⅱ》的实施，各国政府和金融监管机构都作出了积极回应，分别通过立法手段和程序手段，在巴塞尔协议框架和建议下建立起了本国的金融业监管制度。通过这些措施，各国对商业银行的风险控制水平得以提升，这表现在以下几个方面：一是促进银行建立统一强大的数据管理体系，强化风险管理基础设施建设；二是促进银行开发各类风险计量模型，使风险量化能力提升；三是促进银行对风险管理政策和流程进行改造，完善风险管理框架；四是高级的内部评估法有助于资本效益提升，同时也强化了竞争优势；五是有助于银行全面提高金融风险管控水准。因此，随着巴塞尔委员会的建立、巴塞尔协议的发布与修订的进行，全球银行业监管从最初的缺乏统一监管标准，到20世纪80年代末开始在巴塞尔委员会的指引下，逐步走向监管理念不断创新、监管手段不断丰富、监管水平不断提高的新阶段。《巴塞尔协议Ⅱ》进一步促进了银行业监管的国际交流与合作，形成了由三大支柱支撑的银行业监管框架，使得这一监管体系成为各国国内金融业监管制度的模板，增强了整个世界金融业防御风险的能力。

3.《巴塞尔协议Ⅱ》的不足之处

《巴塞尔协议Ⅱ》的进步意义使它在跨国银行监管上成为一个重要里程

---

① 参见王然：《〈巴塞尔协议Ⅲ〉新规及对我国金融监管的影响》，载《经济师》2013年第1期，第203页。

碑，三大支柱的建立为以后跨国银行监管方式和模式提供了重要的参考标准和内容，在1988年后到新巴塞尔协议产生的过渡时期，通过跨国银行监管在各国立法、机构执法、银行内部章程的表现，可以肯定《巴塞尔协议Ⅱ》在该领域起到的重要作用，尤其是在监管理念上的创新，即从最初对跨国银行监管的合法性、合规性的审查到建立风险监控制度上的风险性监管的转型。合法、合规性监管主要是指依靠国内法对跨国银行的监管主体、经营内容等设置相关的权利义务，通过概括性的法规对跨国银行主体经营的合规性做出形式性的审查。而风险性监管则是在对银行主体经营合法性审查的基础上，针对银行可能面临的各类风险，如操作风险、市场风险、信用风险、利率风险等多方位的风险，设定风险预防“安全门阀”，通过对资本充足率标准和计量方式的科学规划，极大可能地降低这些风险发生的概率，提升金融风险发生后的抗风险能力，更重视对跨国银行资金流动性、内部控制的合规性、资金风险量化指标的可测试性的监督管理。但是，国际金融危机的爆发暴露了这一监管体系下的诸多法律漏洞，《巴塞尔协议Ⅱ》关于跨国银行监管的有效性受到了质疑，其设立目的即实现跨国银行风险的控制、保证金融业公平有效竞争这一功能也受到了挑战。对此，我们在肯定《巴塞尔协议Ⅱ》的积极意义的基础之上，也应当认识到《巴塞尔协议Ⅱ》存在的不足。不足主要体现在金融监管理念的落后、对跨国银行创新金融产品反应的不及时、监管条款设定得过于宏观、缺少对银行内部监控的具体操作指导以及对评级机构立法空白等多个方面，下面就《巴塞尔协议Ⅱ》在施行过程中暴露出的几大缺陷，逐个展开分析探讨。

首先，《巴塞尔协议Ⅱ》在对跨国银行监管的监管理念上尽管有创新，但较之跨国银行的发展规模还存在些许不足，它在监管理念上仍旧以传统的机构监管为主。审视各国国内的银行监管模式，认为主要有两种：一是以银行自身监管为主要监控目标的机构监管，主要是针对金融机构的不同设置相应的监管部门，如我国针对证券业、保险业和银行业，分别设置相应的政府机构监管部门——证监会及银保监会，可以概括为对金融业监管模式的“分业监管”；二是以金融服务业务为主要监管目标和实现手段的职能监管，又称功能性监管。功能性监管与机构监管的监管主体或是监管中心有着极大的不同，功能性监管偏向于根据金融机构业务不同和在经营过程中服务业务发展的程度设定相关监管机构，并根据跨国银行等金融机构的业务范围来设定相应的监管内容。这种监管模式的外在表现方式主要是“混业监管”，针对金融业产品的多样化，由一个中心监管机构统一行使对所有涉及金融服务业务内容的机构（无论机构是否在法律定性上为金融机构）进行监管，并根据金融服务的内容设立不同的科室进行统一监管下的分室监管。[①]

与机构监管的局限性相比，功能性监管具有更大优势，这些优势也反映了《巴塞尔协议Ⅱ》监管理念和模式的落后之处：一是传统机构监管在监管范围上存在致命的监管权限盲点。传统的机构监管在监管过程中仅仅根据金融机构在设立时的性质区分其监管对象，即银保监会只能对银行和保险性质的金融机构进行监管，对其他在业务上与银行相似，甚至存在巨大关联性的非银行和保险机构却没有法律上赋予的监管权力，因而对管辖外与管辖范围有着天然联系的机构无计可施，这对国家监管立法目的实现定会造成巨大阻碍，对金融业风险的监控也会无从谈起，这是《巴塞尔协议Ⅱ》的一个最大的立法漏洞；相反，如果《巴塞尔协议Ⅱ》采用功能性监管，就不会存在这样的监管空白，因为不以金融机构性质区分的业务范围监管，可以涵盖金融市场上所有从事某项金融服务的机构，在监管功能和风险防范上更具有前瞻性和可预见性。二是传统的机构监管的立法稳定性欠缺，比不上功能性监管模式。稳定性作为法律固有属性之一，其背后有着两层意义：其一，被约束主体对法律的可预见性的要求。大多数的义务人对法律有着一个缓慢的认知过程和迟钝的反应过程，其行为准备在前一法律条文中被视为合法行为，而在新出的法律条文中又被视为非法行为，那么在行为做出的准备成本中，可能会侵害到当事人的利益，也有可能会因为准备成本的权衡，迫使行为人后一行为触犯在后的法律，这对行为人是不公平的，违反了法律的根本原则。其二，社会形态的稳定性要求。法律的设立、修订和废止有一套严格的法定程序，这可以保证公众的参与和法律可接受程度的验证，如果朝令夕改，会造成对整个立法程序的违背，付出社会稳定遭到破坏的利益代价。基于此，我们应当把监管法律的稳定性作为评价监管制度的一个重要参考目标。机构监管的

---

① 参见王然：《〈巴塞尔协议Ⅲ〉新规及对我国金融监管的影响》，载《经济师》2013年第1期，第203页。

改革应从监管机构主体的职能、设立、合并等方面进行立法修改,涉及机构的法律权限划分,监管机构的性质确立,内部人员和科室的调整等,是一个工作量极大的行政行为,而在这一变革期间,对模糊性的金融业务范围的监管也同样会出现管辖异议问题,造成金融监管的不稳定性。反之,功能性监管则不会出现这样的问题,因为其实际上以业务范围为监管对象,法律的调整只需增加或减少金融业务的立法、规则的制定,改革不会对金融市场有太过剧烈的影响,因此,相似或相同的金融服务对金融机构业务的调整只是内部分工的调整,在法律层面,监督管理职能保持一贯性和稳定性。另外,考虑到跨国银行的监管涉及多国法律,可能会面临的一个重要监管难题是在传统机构监管条件下,各国对金融机构属性立法的标准不同,那么,如何判断跨国金融机构在东道国监管中的属性归属,归哪个东道国的监管部门监管,是否会引起不便,甚至产生摩擦?这同样是《巴塞尔协议Ⅱ》在对跨国金融机构监管模式选择时理念上落后的重要表现。三是传统机构监管难以满足以风险分类为监管目标的监管理念。机构监管模式是针对金融服务机构的信用等级、内控制度建立起的监管检查制度。对不同机构的相同金融服务业务采取不同的监管标准和措施,那么,这势必会造成法律的一个悖论,即同一部法律中相同的法律行为产生了不同的法律后果,这违背了法律的普遍性原则,是不可取的。金融风险的风险加权指数所对应的是跨国银行的不同金融业务,而非不同跨国银行的相同金融业务;因此,传统的机构监管在对监管对象行使监管权力时,本身执法行为就违背了法律的基本原则,同时,因为不同机构面临不同监管方式或监管等级及措施,所以无法做到法律约束的一致性,这就意味着在监管上必然存在不公平的法律待遇,这样就不会实现《巴塞尔协议Ⅱ》设立的目标,更不可能为国际金融市场营造公平竞争的良好经营环境,进而影响《巴塞尔协议Ⅱ》的监管效力,造成各国银行监管机构法制机能的丧失和浪费。

关于对跨国银行的监管理念落后、机构监管模式存在极大监管漏洞这一缺陷的事例性论证,最直接的莫过于美国次贷危机中的一个重要金融参与机构——投资银行。美国高盛集团(投资银行)在2005年已经开始了对海内外资产并购的银行融资业务,据统计,仅2005年当年,美国高盛集团便创下了136亿美元的贷款业务额,在放贷业务的资金量上已经与当时美国本土大多银行的贷款收益相当,甚至可以理解为其与商业银行除了业务种类的占比和业务推广方式不同外,已经基本一致。这里我们可以看到,次贷危机前的投资银行通过金融创新,不断拓展外延业务,已经超出了其原有的经营轨迹,在吸收存款、发放贷款领域的业务已和商业银行的经营范围趋同。① 但是,《巴塞尔协议Ⅱ》中对资本充足率监管的适用主体还停留在活跃的跨国银行上,仍坚持分业监管的机构监管模式,因此,投资银行这一金融主体的法律属性的管辖被《巴塞尔协议Ⅱ》排斥在外。如果以功能性监管为参考将投资银行纳入《巴塞尔协议Ⅱ》的跨国银行监管机制中来,则可以根据协议给出的计算公式得出,美国高盛集团的资本充足率仅有1% ~2% ,远低于商业银行8% 的水平。高的杠杆率和低的资产充足率,明显已经预示了金融风险的到来,投资银行的承压能力势必会瞬间崩塌。《巴塞尔协议Ⅱ》对投资银行监管的空白和不足对商业银行的金融业务盈利性造成了巨大不利影响,其不受监管的金融业务,将风险分摊给了其他银行机构或储户,这是 2007 年美国次贷危机的重要诱因。

其次,《巴塞尔协议Ⅱ》缺乏立法的预见性,对跨国银行开展金融衍生品业务监管的规则缺位。《巴塞尔协议Ⅱ》虽然在对跨国银行监管的信用风险板块提及了资产证券化的风险计算方法,并将之纳入资本充足率的评价标准体系当中,但从跨国银行对资本追求、不断创新金融产品及金融衍生品的过程中,我们不难看出,资产证券化的风险计算仅仅是金融创新产品的一种。这种以抽象概念设定假定行为从而引发必然结果的思维逻辑定式是制定成文法的国际通用做法,即由大见小,罗列具体情形。但《巴塞尔协议Ⅱ》对金融创新及金融衍生品的监管规定却只限于资本证券化的相关提示,这点也是不合理的。现代商业银行为实现利润的最大化,不断更新自身业务以满足金融市场需求,而在越来越多的金融业务中,尤其是投资业务中,金融衍生品是收益最高、品种最丰富的金融盈利承载工具。然而,《巴塞尔协议Ⅱ》在众多的金融衍生品投入金融资本市场的情况下,却没有设置明确的资本监管规则和标准。例如,金融衍生品种 CDS 在设立之初是一种保险性质的金融服务,通过对信用风险的评估和计算,将违约风险剥离出金融资产本身,可以对金

① 参见李晓鹏主编:《金融危机下的重点行业研究》,中国金融出版社 2009 年版,第 45 页。

融资产违约起到很好的保障作用,加强跨国银行对信用风险的应对能力。当时的美联储主席格林斯潘甚至认为,对 CDS 的推广可以在世界范围内完全分散掉跨国金融机构在与对手交易过程中存在的违约风险,因为保险机制的引入可以加强银行内部的自我约束,因而对 CDS 的运营没有必要设置监管措施,可完全依靠市场调节进行约束。CDS 的金融资产从 2000 年 1 万亿美元的发行量迅速发展到 2008 年 62 万亿美元的发行总量,充分暴露了政府监管缺位、完全依靠市场自发约束的缺陷,62 万亿美元的发行量已完全超出了该类金融衍生品发行机构对金融市场风险的承载能力。与此同时,CDS 对违约风险的分散功能也在实践过程中变成了交易双方对"违约"保险可能性行为的赌博,可是 CDS 因为缺乏必要的政府监管,没有纳入银行监管法制内。因为其资金的储备没有中央清算银行的支持,更不会设立专门的保险金账户,这意味着一旦风险扩大,CDS 的资金池将会迅速提空,并且没有任何风险防范措施,更不会有抵御风险的保证金和风险抵抗能力。对此,CDS 的客户在经济危机来临之际,对支持"不会违约"的交易一方因缺乏保证金支撑,违约的风险完全由自己消化,这导致了大量企业破产,个人资金履行能力不足的违约行为产生;后者,即"会违约"的一方也因为前者的破产或履行不能得不到清偿,收益无法兑现而损失惨重。因此,我们认为,《巴塞尔协议Ⅱ》对金融衍生品监管的缺位是其重大缺陷之一。①

另外,《巴塞尔协议Ⅱ》中有信用风险中资产证券化的相关规定,其中设置了一个"推迟实施"的缓行措施,该措施的设立目的是给各国银行消化新规定的时间,为各国的经济恢复和制度推行提供更有利的实施条件。但也就是这一"推迟实施"的规则设定,被部分跨国银行利用,它们在缓行期内大肆进行资产证券化推广行为,将资产证券化作为资金池继续打包贷款,并利用了信用评价体制三方评价标准的漏洞,做高信用评价等级,使该时期证券化的金融衍生品不存在任何金融风险的评测,当然也不会有任何资本保证风险的承担。关于《巴塞尔协议Ⅱ》中金融衍生品监管制度上的缺位,还包括金融衍生品的场外交易。可以认为,《巴塞尔协议Ⅱ》对现代商业银行的监管检查的反映程度完全不够,尤其是对金融衍生品监管的缺位,不仅将《巴塞尔协议Ⅱ》

---

① 参见李晓鹏:《金融危机下的重点行业研究》,中国金融出版社 2009 年版,第 45 页。

的监管效力不断削弱，使得其监管目的难以实现，还使得这些监管制度的缺位成为跨国银行金融衍生品产生的刺激因素，造成了国际金融市场的不稳定。

最后，《巴塞尔协议Ⅱ》对跨国银行监管制度的规定太过宏观，尤其是银行内部监管体系缺乏必要的、可操作的监管原则及有效规定。《巴塞尔协议Ⅱ》关于跨国银行监管的内容、三大支柱的要求，都是围绕资本充足率设定的，对资本充足率的设定是通过外部机构对跨国银行业务经营风险承载能力的一个有效监管手段，但由银行内部披露或计算风险加权系数，本身可能存在极大的道德风险，将资本充足率与银行内部监控手段相结合，与外部机构监管又或多或少会存在监管重叠，浪费了大量的监管资源，因而在资本充足率要求的跨国银行内部监控指标的基础上，还应当对跨国银行内部的人力配置、部门设置、审计标准等多个领域进行宏观性规定，这是有必要的。最可以证明这点的，就是法国第二大银行兴业银行的欺诈交易案，在法国兴业银行欺诈交易案前，其监管系统曾被世界各国银行作为“楷模”效仿学习。但因为一个交易员在授权权限上的违规操作，又或者称为其利用系统漏洞，在2007年到2008年间超过其资金使用权限，动用银行资金进行股指期货交易，法国兴业银行因此遭受了将近49亿欧元的经济损失。这桩欺诈交易案背后折射出的是法国兴业银行内部监管审核制度的缺陷，从更深层来看这是监管权限分配、监督效力低下的表现。如果监管制度到位，让有更高权限的工作人员对其交易行为做实质性审查，在交易过程中两人共同承担交易决定的审核等，就可以成功避免此次危机，挽回49亿欧元的经济损失。

因此，对于《巴塞尔协议Ⅱ》，我们不难看到其金融监管规定得过于笼统，其对跨国银行监管制度的规定存在重大漏洞。依照《巴塞尔协议Ⅱ》关于跨国银行监管的理念来看，其承认跨国银行如果想要在其监管体制下有效应对金融风险，那么手段多元化是其选择的必然手段，宏观手段和微观手段都应当存在可操作性、可复制性的协议文本，为各国对本国银行监管提供参考依据。政府在宏观上难以在银行所面临的所有风险和银行如何去应对风险上作出具体可操作的规定，而这恰恰是微观监管可以做到的，微观监管要求银行自身具备一套合理合法的内部管理章程，除了考虑银行自身职能的实现，还要设立相关的内部监管机制，真正从细微风险应对角度出发，防范操作风险。单单在对微观监督体制的规定上,《巴塞尔协议Ⅱ》将操作风险作为其考察银行监督评价体系的一项重要指标,却没有对跨国银行的内部监控提供必要的制度安排,法国兴业银行的欺诈交易案就是这种制度安排不合理的最有力证明。跨国银行内部监管体制被忽视,影响了整个跨国银行监管体系效能的有效发挥,跨国银行在业务开展及交易方面的安全更是无从谈起。

(三)《巴塞尔协议Ⅲ》的主要内容及评价

尽管《巴塞尔协议Ⅱ》在实施过程中,不断对跨国银行相关的监管标准和内容进行适当调整,以期通过法律的自我完善逐步调整因为立法程序缓慢导致监管缺位的法律固有缺陷,但一场金融危机的爆发将其本身的缺陷暴露无遗,必须重新在监管理念、原则等大的框架下对其原有的规定进行更大改革,用以应对日臻复杂的金融风险种类和金融创新下的金融环境变化。于是,2010 年,巴塞尔委员会在韩国首尔举行的 G20 峰会上进行了新一轮的跨国银行监管讨论,并通过了《巴塞尔协议Ⅲ》。

《巴塞尔协议Ⅲ》虽然沿用了《巴塞尔协议Ⅱ》的三大支柱理论的核心内容,但却对后者所暴露出的缺陷进行了巨大改革,具体表现在对监管模式、银行业务模式监管理念和监管方式上的变革,其最终目的是发挥跨国银行内部体系原有的作用,提高金融资本的利用率和资金的配置效率,促进跨国银行监管机制的更新以适应不断变化的金融市场,在保障金融风险可控制的基础上,促使金融市场健康发展,保障全球经济的稳定可持续增长。

1.《巴塞尔协议Ⅲ》的主要内容

首先,《巴塞尔协议Ⅲ》对资本的内涵作出了新解释,这一解释更符合当下各国对跨国银行监管制度建设的需求。《巴塞尔协议Ⅲ》相比于旧巴塞尔协议,将资本划为一级资本和二级资本两个级别。两者的区别主要体现在债务清偿的顺序和目的上。一级核心资本在跨国银行运营期间出现损失时,被用以弥补该损失;二级资本在跨国银行出现资不抵债、进入破产清算程序时,被作为财产用以清算偿还债务。《巴塞尔协议Ⅲ》对一级核心资本规定的内容主要包括:实收资本和普通股、预存收益、资本公积、外币报表折算差额等,其中其他一级资本有合格的一级资本工具和溢价,少数股东权益可计入部分。二级资本则主要是超额贷款损失部分等方面的内容。

《巴塞尔协议Ⅲ》在跨国银行的资本充足率方面提出了更为严格的要求。跨国银行核心一级资本充足率由原来的2%提高到4.5%，这意味着同等基数下，一级资本充足率的提高比例超过125%，而二级资本充足率由原来的4%提高到6%，提高比例达到了50%，而《巴塞尔协议Ⅱ》规定的资本充足率8%仍然要在改革前保持。[①] 据此可以看出，《巴塞尔协议Ⅲ》对资本充足率提出更高标准的做法可以使在世界各国活跃的跨国银行有更优质的资本构成机构、更强的风险承担能力，其目的在于保护银行相关债权债务关系人的合法权益，为构建稳定、健康的国际金融市场提供最基本的保障。

其次，《巴塞尔协议Ⅲ》在保障资金安全上，设立了资本留存缓冲和逆周期缓冲资本。设立这两种资本的主要目的是顺应经济周期波动和金融系统性风险这两个不可规避，但可能给跨国银行经营业务带来不稳定因素的情况，在遇到经济周期曲线向下调整时，为经济整体波动带来的潜在经营风险提供资金支持，弥补跨国银行在经济衰退期间出现的损失或是因为中央政府宏观调控引起社会关系调整时带来的损失。资本留存是各国跨国银行在运营良好，即盈利状态下对在经营过程中所得利润的积累，形成在红利和成本扣除后仍剩余的超额资本，该类资本的构成往往是核心一级资本的普通股，《巴塞尔协议Ⅲ》规定在保证满足最低资本充足率的情况下要满足至少2.5%资本充足率的要求。逆周期缓冲资本是一种计提的动态资本，《巴塞尔协议Ⅲ》中规定该类资本可以在总体资本的0%～2.5%之间自由安排，并且给予了母国对本国银行的一个政策裁量权限，即各国对本国活跃的跨国银行的资本留存缓冲和逆周期缓冲核心资本的范围可以自行规定。

再次，《巴塞尔协议Ⅲ》针对跨国银行在推广金融衍生品、依赖高杠杆率产生的金融资本所引发的金融风险，建立引入了新的杠杆率监管标准。在建立实施高杠杆率制度方面，《巴塞尔协议Ⅲ》的目的是充分吸取2008年金融风暴的教训，深刻分析跨国银行逐利的本性会使金融产品的更新快于金融监管相关法律法规的修订。跨国银行可以通过金融衍生品产生高额利润，满足跨国银行及其他非金融机构对资本的需求（这当然也包括了对资本充足率的要求）。如果想要获得最大经营利润，跨国银行就不得不在追逐利润与规避

① 参见高欣、冯艳梅：《巴塞尔协议Ⅲ对中国银行发展的影响》，载《商》2013年第7期，第103页。

法律监管间作出抉择，金融创新推出的不同品种、极其复杂的金融衍生品可以在一定时期内合法避开各国金融监管机构对商业银行业务的监督，如将其表内业务转向表外业务。不同国家对表外业务监管的标准不同，由此可以规避东道国的金融监管，同样地，高杠杆率的营利模式也会累积东道国银行的金融资金风险，甚至会因此引发系统性金融危机。[①]《巴塞尔协议Ⅲ》引入的高杠杆率监管制度，在程序和内容上有了透明、时效性的新要求。新杠杆率的引入可以有效地化解因为金融衍生品创新给监管带来的不便。将杠杆率与总资本、表内总资本、表外总资本作为计算公式，成为各国金融监管机构对跨国银行金融产品监管的另一项重要内容。它确定了跨国银行和东道国之间风险承担的底线，简单而有效地保障了各国金融监管机构对跨国银行金融衍生品的融资风险监控目标。

最后，《巴塞尔协议Ⅲ》在流动性监管标准上有了两项新的要求。在过去的2008年金融风暴中，跨国银行监管模式中对流动性风险的管理办法效率低下且模糊，该管理方法自身的缺陷即是金融风险本身的源头，极大增加了金融危机爆发的可能性，所以，传统监管模式中对流动性风险的管理办法是必须被抛弃和替换的，而在《巴塞尔协议Ⅱ》施行的十几年间，各国银行业监管机构已在本国银行业监管法制内对其进行了修改，《巴塞尔协议Ⅲ》对它的修改是符合当时国际社会对金融监管制度中流通性风险监督管理方式的响应。在2011年修订的《流动性风险计量、标准和监测的国际框架》中，为确保跨国银行有足够优质的流动资本，以抵抗因各种非系统风险造成的短期金融损失，抵抗短期风险对跨国银行资本的冲击，故对流动资本的相关规定作了调整，规定流动性资本的覆盖率需保持100%，这极大提高了跨国银行应对短期经济波动所造成流动性风险的抵抗能力。另一项规定的标准是净稳定资金比率，净稳定资金比率的提出，旨在通过建立跨国银行外部的激励机制，鼓励银行通过融资手段大概率提高流动性资本业务。《巴塞尔协议Ⅲ》规定，对净稳定资金比率的控制率需在100%以上。如此规定，可以增强跨国银行在较长时间内对资本流动性风险的抵抗能力和承受能力，提高跨国银行自身的金融稳定性，拓宽跨国银行在资本融资方式上的选择渠道，更重要的是流动

---

① 参见高欣、冯艳梅：《巴塞尔协议Ⅲ对中国银行发展的影响》，载《商》2013年第7期，第103页。

性资本覆盖率越高的银行，自身对金融风险的抵抗性越强，同时在国际金融市场上的竞争能力也就越强。[①]

《巴塞尔协议Ⅲ》还针对各国的监管类法律法规安排了不同的法律制度，因此，在改革过程中设置了一个“过渡时期”规定，以保证该协议可以顺利进入各国，为各国银行监管法制提供统一的标准和参考。同时，考虑到国际法规则被各国立法机关采用时，各国根据不同的人文、社会、政治条件在制定具体细则时所花费的时间成本和人力成本，合理安排《巴塞尔协议Ⅲ》在各国实施的契合时间，以免因为新旧制度更替太快，在监管理念和程序设计的配套方案不能跟上，从而造成银行业乱象，影响各国金融业的稳定和发展。例如，《巴塞尔协议Ⅲ》对最低普通股比例作出规定，2013 年各国跨国银行在资本构成一级核心资本中普通股的比率不低于 3.5%，2014 年该普通股在核心总资本的比率不低于 4%，2015 年至 2019 年要达成协议中的最终要求，即 4.5% 普通股资本比例。

2. 对《巴塞尔协议Ⅲ》的评价

如今，《巴塞尔协议Ⅲ》已经在各国推行并实施，成为各个发达国家及发展中国家建立本国商业银行业监管法律法规的标准和母版，为国际银行业建立统一标准作出了难以衡量的贡献。2013 年，已经有 16 个国家将《巴塞尔协议Ⅲ》中的内容通过本国立法程序融合在本国银行业监管法制中，赋予了银行监管机构监督职能，规定了银监会的监管范围、权限、程序和处罚手段等，成为有本国国家保证强制实施的正式法律。但由于《巴塞尔协议Ⅲ》制定的时间正值 2008 年金融风暴前后，各国经济均受到了不同程度的打击，国际金融市场一片萧条。欧美等国在此次危机中亦受到了较大损失，为恢复国内经济，缓和过于严格的监管对金融业发展、经济恢复可能造成的不良影响，他们推迟了该协议在本国的实施。

根据 2012 年巴塞尔协议实施状况的调查报告，非成员方中 70 多个处于发展中的国家已经有依照巴塞尔协议提出的国际银行监管的相关标准和内容。但是，尽管《巴塞尔协议Ⅲ》在国际经济一体化的进程中发挥着举足轻重

① 参见王兆星：《首次建立国际统一的流动性监管标准——国际金融监管改革系列谈之三》，载《中国金融》2013 年第 14 期，第 73 页。

的作用,为各国银行监管制度的完善和国际银行监管制度提供了重要参考,但考虑到各国经济发展和综合实力参差不齐,同样各国之间的经济环境也有所不同,因此,对《巴塞尔协议Ⅲ》在经济危机过后能否继续发挥有效的金融监管作用,学术界和实务界产生了很大争议。例如,在发达国家杠杆率监管制度的引入过程中,虽然成功达到了引入杠杆率监管制度对资本稳定的要求,但考虑到过去高杠杆率的经济运行模式,极大刺激了国际金融市场的发展和繁荣,对资本流动性提供了巨大动力,而如今杠杆率被限制在一定的额度之内,就如同高速运动中的汽车突然采取紧急制动,势必会给国际金融的发展带来很多不适;更甚者,如果因溢出效应导致金融风险流入发展中国家,这些国家在金融监管和应对金融风险的经验方面更是欠缺,在动荡的国际金融市场中,这些发展中国家如何承受这些资本流动性风险,便是一个潜在的大难题。并且,该协议中关于风险覆盖率的相关规定是为确保跨国银行可以拥有优质的流动资本,但风险评估中收益保障最好的选择却是发达国家的政府债券,而近些年,发展中国家储备了大量发达国家的债券,因为流动性和债券债务期限的限制,汇率问题可能会成为这些拥有发达国家政府债券的国家的潜在金融风险。

3.《巴塞尔协议Ⅲ》的不足之处

《巴塞尔协议Ⅲ》的进步之处有目共睹,主要体现在其对跨国银行风险防范的法制中确立的监管方式更具体、监管范围更全面、监管理念更科学。尽管如此,该协议中仍然存在不少问题,最严重的缺陷暴露于2008年的全球金融危机中。必须承认的是,《巴塞尔协议Ⅲ》在理念和规则制定上继承了《巴塞尔协议Ⅱ》的固有缺陷,这种缺陷存在于制度本身,并非通过修订和完善就可以补正。如从宏观理念上看,《巴塞尔协议Ⅲ》对跨国银行监管的修订急于解决2008年全球金融危机中暴露出的监管漏洞和问题,而并非彻底思考如何能将风险彻底阻断、防止大规模金融风险再次发生的解决办法。另外,《巴塞尔协议Ⅲ》的参与制定者中有多个西方发达国家,这些国家关于跨国银行的监管都是基于其自身利益和本国银行业发展的经验而建立起来的,在整个协议的制定过程中鲜有发展中国家提供的银行监管经验和对发展中国家银行业监管制度的分析考量。因此,我们有理由相信,《巴塞尔协议Ⅲ》的制定主体、制定程序以及参考的国际银行监管经验的模板沙盘本身存在不全面、不科学的技术性缺陷，而发达国家为了本国银行业的发展，势必在制定规则时考虑本国利益，可能出现对发展中国家不利的规则，这本身也成为《巴塞尔协议Ⅲ》中的重大缺陷之一。《巴塞尔协议Ⅲ》的局限性主要体现在以下三个方面：

第一，《巴塞尔协议Ⅲ》履行的延迟缓冲期太过漫长。巴塞尔委员会主持各国财政部及跨国银行负责人协商新跨国银行监管制度的确立，因为涉及多国利益，需要各国在谈判协商中不断地试探、妥协，直到在一个平衡点或基点上达成统一意见，这本身就是一个非一朝一夕可以完成的会议活动，而法律的效力需要强制性和时效性保障。巴塞尔委员会在协商过程中浪费的时间成本，本身就会对法律效力产生负面影响，即在新旧规定交替期间，监管机构在对跨国银行监管的过程中仍然要适用一部已经落后且存在巨大风险漏洞的法律文本。反观跨国银行自身，在此期间它可能会选择两种应对方式，要么在新监管制度出现之前疯狂利用漏洞盈利，要么在监管制度不明确时停止可能不合规的业务，但同样会影响自身利润的获取。在这期间，如果产生新的金融危机，《巴塞尔协议Ⅲ》的效力就大打折扣。

第二，《巴塞尔协议Ⅲ》对资本充足率过高的要求，也会与金融自由和创新的需要产生矛盾，尤其是对杠杆率的严格限制。杠杆作用是将部分自有资金作为担保而向金融机构融通更多的贷款资金，通过杠杆可以放大资金的使用率，使许多融资困难的企业得到更多的资金保障。虽然有部分企业存在信用风险，在债务到期时无法清偿债务，但就杠杆工具运行的数十年的实际考察来看，企业的盈利能力和国家 GDP 增长速度的提升可以显示出杠杆对经济作出的贡献。而《巴塞尔协议Ⅲ》对资本充足率的高要求，必然会造成企业重新面临一个贷款难、资本储蓄高于生产的经济环境，并不一定是一个好的选择。①

第三，关于《巴塞尔协议Ⅲ》的法律属性问题。《巴塞尔协议Ⅲ》虽然名为国际协议，但实际上它的生效并不依赖成员方的签署，而是直接由巴塞尔委员会发布，在全球范围内都具有一定的软法性制约作用。之所以称其为“软

---

①　参见巴曙松等：《巴塞尔资本协议Ⅲ的实施：基于金融结构的实施》，中国人民大学出版社 2014 年版，第 7 页。

法性”,主要在于巴塞尔委员会并非全球性综合国际组织,没有关于立法、司法等一系列流程,其法律规范充其量只能产生示范法效应,各国向巴塞尔委员会借鉴《巴塞尔协议Ⅲ》体系的法律规范内容也多是通过将其转化为境内立法等方式,而非直接适用《巴塞尔协议Ⅲ》。因此,《巴塞尔协议Ⅲ》的法律体系只具备软法性质,并不能拥有强制力,这便成了《巴塞尔协议Ⅲ》的致命缺陷。在某国意识到《巴塞尔协议Ⅲ》体系下的某一部分监管规范对自己有着显著不利的预期影响时,其完全能够克减《巴塞尔协议Ⅲ》在内国适用的法律效力,从而使其在实践操作中并不能真正发挥效用。① 使软法性规范性质的《巴塞尔协议Ⅲ》能够在更大程度上具有一定的国际法规范之制约能力,将《巴塞尔协议Ⅲ》转换为具有一定强制力的国际法规范,这才可使《巴塞尔协议Ⅲ》的各个文件的目的能真正有实现的保障。

三、乌拉圭回合谈判中关于跨国银行风险防范的法律规定

在跨国银行的国际监管法律体系的构成中,除了巴塞尔协议是主要的跨国银行监管制度的缔造者外,乌拉圭回合谈判也涉及多个经济贸易和服务交往领域,当然也包括对银行业监管的法律制度。其中,最有影响力的有关法律文件主要包括《服务贸易总协定》中的《金融服务附件》和《关于金融服务的第二附件》两个文件。虽然这些文件并未对跨国银行监管做出专门规定,但为跨国银行国际监管合作提供了一些原则性指引。

《金融服务附件》和《关于金融服务的第二附件》可以作为跨国银行监管的国际法律渊源,其中,《关于金融服务的第二附件》是一份技术性文件,主要是为了防止各成员以最惠国待遇豁免权规避法律监管,导致监管效力无法实现。《关于金融服务的第二附件》中关于审慎例外的规定属于监管的实体权利。对跨国银行而言,审慎例外是一项非常重要的规定,根据这项规定,成员一方采取的审慎监管措施,可以合法地背离该成员一方作出的市场准入承诺及其所承担的国民待遇和最惠国待遇义务。

《关于金融服务承诺的谅解》针对金融服务的规定主要体现在市场准入

---

① See Katharine Pistor, Host's Dilemma: *Rethinking EU Banking Regulation in Light of the Global Crisis*, ECGI-Finance Working Paper, 286 (2010).

和国民待遇两方面。该谅解从更广义的层面对成员之间在金融准入方面做出了较为具体的安排。依据该谅解的规定，成员需要做到以下几点：首先，在成员之间适用最惠国待遇，尤其是在金融公共领域放开的程度上，给予各成员平等公平的金融运营环境；其次，对非居民企业同样放开金融领域的数量、资本上的限制；最后，在本国境内设立或者扩大依法设立的金融、商业机构或者金融服务机构，提供新的金融服务的，应当允许境内机构暂时入境，不妨碍金融信息的传递和信息处理，努力消除或者限制非歧视性措施对财政的重大不利影响。此外，在国民待遇方面，该谅解要求成员允许位于其领土上的其他成员的金融机构根据国民待遇原则，使用由公共机构运营的支付和清算系统，以便获取定期业务活动及其官方资金的再融资设施。[①]

WTO 成立后，乌拉圭回合金融服务贸易自由化谈判各方进行了更加深入的谈判，最终在日内瓦达成了新的《金融服务贸易协定》。自此，全球金融服务贸易进入了自助贸易阶段。《金融服务贸易协定》的主要内容如下：(1)允许外国在国内建立金融服务公司并按照公平竞争原则进行；(2)外国公司享有国内公司同等的进入国内市场的权利；(3)取消跨边界服务的限制；(4)允许国外资本在投资项目中比例超过 50%。虽然有具体的操作条款和数量指标以及巴塞尔协议，但乌拉圭回合谈判中对跨国银行监管法律问题有了原则性的指引，且相比巴塞尔协议的软法性质，乌拉圭回合谈判出台的文件中被 WTO 总协定吸收的条款，可以为各国对跨国银行监管的法律权力提供更强的说服力。

四、欧盟关于跨国银行风险防范的法制及其评价

欧盟(EU)，即欧洲联盟，是欧洲各国为了促进欧洲地区的经济总体繁荣而通过条约形式成立的地区性、政府间、综合性的国际组织。其宗旨是促进和平，追求公民富裕生活，实现社会经济的可持续发展，确保基本价值观，加强国际合作。[②] 通过对欧盟这一区域性国际组织银行监管法律制度的研究，

---

① 参见徐放鸣、李汉铃：《加入 WTO 与中国金融开放》，载《财贸经济》2002 年第 2 期，第 25 页。

② 欧盟概况，载中华人民共和国外交部网站，http://www.fmprc.gov.cn/web/gjhdq_676201/gj_676203/oz_678770/1206_679930/1206x0_679932/，2018 年 8 月 20 日最后访问。

可以对法国、德国、意大利等发达国家国内银行监管法制现状有更高视角的理解。应欧洲经济一体化的要求,虽然欧盟各成员国因其历史原因和经济发展现实,在跨国银行监管的法制设置细则和适用法律内容上有所差异,但基于欧盟对跨国银行监督立法的指导,各成员国关于国内跨国银行监督的立法在总体上不断趋于一致。因此,本书对欧盟跨国银行的监管法制现状进行深入分析,以期为我国的国际交往尤其是和欧洲国家的金融服务贸易往来提供理论分析,更好服务于我国与欧洲国家银行间的交流和往来。

(一)欧盟跨国银行风险防范法制的基本原则

欧盟在各成员国协商的基础上,总结了近百年来各国对跨国银行监管的立法及实践经验,尤其是吸收了巴塞尔协议对银行业资本充足率、机构监督检查和市场约束等相关规定的先进经验。在2008年国际金融危机后,欧盟对区域内银行业的监管更加严格,明确银行监管立法的主要功能就是通过合理设计并实施审慎监管法律法规,严格执行银行监管法规的程序性规定,确保银行内部操控制度的合理合规,使银行内部的监管机制可以有效识别、监控其经营期间业务的风险类别,有效防范内部操作风险。

这些原则包括了资本充足率原则、信用风险原则、市场风险管理原则、其他风险管理原则、内部控制原则等。欧盟设立这些原则的目的是防范非系统性金融风险的产生,维护本地区金融市场的稳定和发展。在欧盟区域银行监管法规的规制下,欧盟对其区域内的跨国银行业风险防范更重视许可标准和程序审查,强调持续性监管,不仅对机构监管的监管职权提出了具体内容,也针对银行内部监督风险防范机制提出了新的要求。据此,欧盟在区域银行间监管的基本法律原则表现如下:

1. 协调合作原则

协调合作原则的确立为各成员之间信息共享、金融业务准入、监管监察的合作执行提供了原则性指导。通过介绍会员国有关银行业的法律、法规和行政法规,对其进行必要的协调,期望在欧盟各成员国之间形成一套统一的金融业监管标准和执行程序。但需要指出的是,欧盟《第一银行指令》所体现的协调原则强调"最终的和完全的统一",而《第二银行指令》只追求"最小的协调"。对此可以理解为,这种协调机制并非要求所有成员国在金融监管的标准和内容上一致,而旨在对"审慎银行监管"的关键领域强调"必要"性,通过提出关键领域监管目标一致性的要求,使成员国各国在国内银行业监管立法上承担趋同化金融体系的义务。

2. 相互承认原则

欧盟基于"最低限度协调"确立了其在银行监管的重要规则之一,即相互承认原则。该原则是指成员国在有条件和最小约束的前提下,相互对等承认对方现行法律法规的合法性和有效性。它肯定东道国监管的合法性地位,并非要求所有成员国必须遵循欧盟或与其交往的成员国一切的金融监管法规。其最大作用在于使欧盟各成员国之间的法律沟通和公开得以实现,从而配合协调一致原则,加深欧盟各成员对统一法令的认可。当然,相互承认原则也有助于防止"规制套利"的发生。但是,受市场经济中资源配置流向最优组合的影响,成员国在社会规则中没有太多的自由裁量权。

3. 单一执照原则

单一执照原则,是欧盟银行业监管标准和准入标准趋同化和一致化的重要体现。它是指在未经东道国进一步许可或批准的前提下,欧盟任何成员国许可的信用机构可以在其他成员国设立分支机构,并在该国法律允许的前提下自由合并,提供经母公司批准或许可的金融服务。单一执照原则要求欧盟东道国承认本国现行的银行执照制度,以避免多重执照的成本和不便,补足了因为金融自由经营制度不明确而对金融服务理解不一所产生的法制缺陷。银行提供的服务范围限于《第二银行指令》附录中规定的业务,其实施的前提是其母公司作为在东道国开展金融业务的合格主体需符合母国法律对金融主体业务开展的相关规定,即该分部的信贷机构必须经母国法律批准,并参与母国业务的实际发展。此外,信贷机构注册地的母公司拥有表决权,对其境外分支机构、子公司的重大风险决策进行监控,但其对境外子公司及其分支机构的管理权限应当尊重当地监管部门的法律规定和程序性规定,并应声明其母国同意该信用机构成为金融机构的承诺,子公司信用机构或子公司金融机构均应当纳入母公司信用机构表外的统一监管。单一执照原则促进了欧盟各成员国之间金融业往来与金融监管法制的推进,符合欧盟建立经济一体化的目标。《罗马条约》的相关规定亦为此提供了合法性依据,保证欧盟的银行业普遍享受国民待遇,这也使得欧洲银行业一体化进程迅速发展。

4. 母国控制原则

母国控制原则是跨国银行监管法理念中被国际社会普遍接受的一个重要监管原则。在过去几十年重东道国监管与重母国监管的理念争论下，现代跨国银行的监管已慢慢倾向于更加强调母国监管，甚至母国监管被视为现代跨国银行风险防范的安全阀门。国际社会中母国管辖是管辖分类的一个重要组成部分，对跨国银行的母国控制原则是指在欧盟范围内，银行的母国当局，即建立各种信用机构的国家，有权对金融机构的设立、经营和退出进行有效的控制和监督。根据《欧盟银行法》，欧盟所有成员国内的商业银行都应当承认并认真履行该法案所要求的母国监管职责，并积极与跨国银行分支机构的东道国沟通金融监管信息，以保证母国控制原则的有效实现。然而，母国监管并非实现其监管目标的唯一条件和途径，必要时需要东道国与母国合作来实施银行统一监管。在欧盟成员国内部，各成员的金融监管机构有义务同其他成员国的金融监管机构建立良好的沟通途径，分享必要的信贷咨询、资产信息、表内外总债务的真实性和银行内部管理机制中对风险防范规定的内容与程序等信息。在实践的具体运作中，可以通过现代互联网通信技术，设立信息共享平台或成立专门负责信息沟通的职能部门，负责信息沟通和保密，实现信息共享。

5. 互惠互利原则

互惠互利原则背后的法律价值是国家主权平等原则。各国在经济交往中，都希望得到交往方对等的待遇，即一国在给予另一国某一领域权利的同时，对方也应给予该国同样的待遇作为交换。该原则的适用范围主要限于欧盟成员国以外的第三国通过子公司或股权收购进入欧盟市场时的市场准入和待遇。根据这一原则，欧盟对第三国银行就欧盟的市场准入作出反应，审查第三国是否给予欧盟信贷机构相同或相等的市场准入和待遇。一旦发现第三国对欧盟成员国的信贷机构有歧视性待遇或没有给予互惠待遇，它就拒绝或采取措施防止第三国银行机构进入。该原则体现了欧盟成员国在国际金融交往活动中的一致对外性，从某种程度而言，这是全球经济一体化的逆向操作，影响了全球经济一体化的进程。但从另一个方面来看，区域内部各成员国金融监管和服务法制的趋同性，从长远上看又是对全球经济一体化的积极响应。

（二）欧盟跨国银行风险防范法制的监管主体

欧盟地区经济制度、法律制度、政治体制与联邦制国家不同，其特殊性决定了欧盟对跨国银行业监管的法律也极具特色，体现在银行业监管的主体上更是具有多元化、复杂化，主要存在东道国监管、母国监管和欧洲中央银行监管。

1. 东道国监管

跨国银行作为全球活跃的大型跨国公司，有着先进的人力资本和金融资本，在其跨境金融业务的输出中，相较于东道国金融业，往往具备先天性优势。这一优势地位可能会对东道国本国的金融业造成竞争性的冲击，造成东道国金融秩序的混乱和东道国经济发展的负面影响。因此，处于金融业弱势地位的东道国一般会设置限制性或保护性的金融监管措施，对跨国银行在本国开展金融业务作出必要的约束和限制，以保护本国金融业的发展和稳定，保证本国对金融业和经济秩序的管制权以促进经济健康发展。依据国际法中的属地管辖原则，东道国有权对在本国经营的他国银行及其分支机构行使不违反国际条约、国际惯例的监管权力。在后危机时代前，各国对跨国银行监管的主流方式是通过属地监管原则，由东道国对跨国银行的分支机构、子公司依据当地法律法规进行监管。随着巴塞尔协议对国际金融监管合作和监管形式的推进，各国对跨国银行及其分支机构的监管重心已从传统的“东道国监管”原则转向了“母国并表监管”原则。因此，现代各国银行对本国银行、外资跨国银行的监管，大多采取同一套监管法律制度。在其资本充足率、准入机制以及监管措施的立法上，东道国监管因其属地原则的限制，必然会影响其监管的范围，主要体现在对跨国银行的监管只能局限于本地跨国银行及其分支机构的业务监管。

2. 母国监管

在金融全球化和自由化的背景下，各国在金融业的发展过程中，纷纷出台相应的刺激性政策，通过制定有利于本国跨国银行在外积极发挥金融业务优势的制度，最终为本国经济带来资本利润，促使本国经济的正增长。在国际法承认的管辖原则中，属人管辖也是国际法对国家主权原则的尊重，相应地，在对跨国银行及其分支机构的监管上，根据属人管辖原则，母国并表监管同样成为对跨国银行及其分支机构监管的重要方式,也是目前国际金融监管的主要方式之一。在国际法中,国家主权原则包括了属人管辖原则,依据该原则,母国可以对在本国的跨国银行及其分支机构进行并表监管。欧盟银行监督法制中规定,母国监管是指跨国银行母国对跨国银行海外分支机构在国外享有的依据条约或公约协定中的待遇,如公平与公正待遇、国民待遇或最惠国待遇的监管;对跨国银行及其分支机构的日常业务活动的监管;对跨国银行及其分支机构在退出国外市场等方面的监督管理。母国监管能有效提高跨国银行在国际金融市场上的竞争力,提高其全球经济战略中把握风险的能力,在遇到金融风险时可及时调整战略,减少损失。

3. 欧洲中央银行监管

2017 年 12 月,欧洲中央银行发布第四期宏观审慎公报,阐述了一系列宏观审慎政策工具的运用情况,包括引入合格债务最低要求作为银行自救工具,评估在外部救助(bail-out)和自救(bail-in)两种机制下银行估值和债务回收率的变化,大力落实国际上已议定的关于增强银行稳健性的改革,包括提高资本充足率和改善流动性、引入 TLAC 要求、对非担保债务工具的清偿顺序作出安排等。

欧盟因其经济区域一体化的高度经济统一政策,在其对区域内的跨国银行监管制度上也颇具特色,其特殊之处在于欧盟中央银行监管制度的确立。欧洲中央银行(ECB)对欧盟银行间立法并无权力,其监管职能体现在代表欧盟在不同时期定点对其成员国金融市场的稳定性进行评测,根据评测结果制定适时的金融监管政策,为欧盟立法机构提供金融数据参考,并根据欧盟各成员国的申请协助成员国对本国金融的稳定做出评测。各成员国中央银行等相关金融监管部门要加强对金融市场的监管,并与欧盟内部的金融监管部门进行协调。欧洲银行监管委员会的设立是中央银行和欧盟各监管机构间交流的另一表现形式,将制定货币政策的中央银行与负责监管的银行业监督委员会分立而治,可以起到互相监督作用,也能更明确其承担的责任,起到很好的协调作用,保证了中央银行监管的有效性。

欧洲中央银行除了负责制定和实施货币政策、外汇操纵和储备管理外,还负责审慎监管区域内各国的跨国银行和金融机构。欧洲中央银行不是欧盟一级的金融监管机构,这是为了避免欧洲中央银行的本属职能与监管职能存在交叉重复领域,从而不利于西方分权而治的立法理念。然而,根据《欧共体条约》第1条规定,部长理事会可根据委员会的建议,经与欧洲中央银行协商并征得欧洲议会同意后,以协商一致方式授权欧洲中央银行对下列各项机构的信贷进行审慎监督:保险以外的金融机构和其他金融机构。事实上,审慎监管的效果也体现在货币政策的制定上,例如,欧洲中央银行规则281/98为货币政策提供了数据,尽管关于货币和金融机构合并的立法的目的是为审慎的监管行业提供数据。

(三)欧盟跨国银行风险防范法制的监管模式

从欧盟的情况看,欧盟各国在经济发展、社会文化、政治结构的组成形式上不尽相同,因此对国家金融管制和自由的选择上也各有侧重。根据欧盟成员国内银行业监管的实践,可以将其监管模式分为四类:

1. 单一机构的集中监管模式。欧盟中瑞典、德国、丹麦、奥地利和爱尔兰以及脱欧的英国等六个国家采用这种模式,该模式将保险、证券、银行业等不同金融性质的机构纳入统一的监管体系中,如同混业监管形式一样,在一个总管性质的金融监管机构下分类设置多个相对应的金融监管部门,由总管性质的金融监管机构统一行使分配金融业务对应的监管权力,即功能性监管模式。瑞士20世纪80年代后期也采用了此种模式。

2. 两机构监管模式。此种模式在监管形式上与分业监管相似,不同的是根据业务关联程度的高低,将关联度较高的金融业监管部门合并为一个部门。两机构监管模式的基础是金融业务的高度相似性和关联性,将经常发生联系的承办该类金融业务的机构置于同一监管机构的检查下,便于信息共享,整合监管资源,提高监管效力;对另一类金融机构因其与其他两类机构金融业务的关联度较低,单独放在一个金融监管机构的管辖下,集中监管资源对该类性质的金融机构单独监管。如我国在2017年3月21日,将保监会和银监会合并成立银保监会,这就是两机构监管模式的适用。在欧盟的成员国中,采取这种监管模式的国家有芬兰、比利时和卢森堡,其共同之处在于由一个监管机构负责银行业与证券业的监管,而由另一单独机构负责保险业的监管。[①]

---

① 参见郑靖:《金融审计在金融监管体系中的优势及发展分析》,载《中国审计》2013年第9期,第34~36页。

3.分业多头监管模式。分业多头监管模式主要是该国立法机关在对跨国银行监管立法时,考虑金融业务种类、权益保护的对象以及实现监管目的而划分的风险种类,对应分配不同跨国银行监管机构的监管职能,从而实现监管法规对跨国银行风险防范的目的。例如,法国在其跨国银行监管法规中规定了银行从业人员的监管内容,对违反法国国内金融管制法规和银行业从业人员纪律制度的行为人采取强制性措施,对在法国境内的跨国银行分支机构及其母国合作监管,宏观分析法国国内金融体系,判断其未来的发展趋势。

(四)欧盟关于市场准入的法律制度

在建立统一的市场秩序之前,欧洲金融一体化程度相对较低,各个成员国家之间的金融发展水平、开放程度不一,很难形成统一的规章制度。外国银行准入问题关乎本国银行业的安全,对外国银行准入进行严格把控是防范跨国银行风险的关键。在外国银行准入问题上,欧盟一度举步维艰。虽然其对于联盟内部成员无疑是自由的,然而对非欧盟成员却是闭塞的,不免会使非欧盟成员担心产生“欧盟壁垒”。为消除非欧盟成员贸易伙伴的顾虑,针对外国银行准入问题,欧盟先后发布了以下两项银行指令。

1.1977年《第一银行指令》

欧共体部长理事会于1977年12月12日通过了《关于协调关于信用机构设立和经营业务的法律、规则和行政规章的第一号理事会指令》(以下简称《第一银行指令》)。一方面,该指令致力于消除成员国在进行跨国金融服务及贸易时的法律壁垒与障碍,推动形成统一的信用机构准入与监管法律关系;另一方面,该指令通过设立统一的待遇标准,平等对待非欧共体成员国。虽然该指令规定跨国金融机构于别国设立分支机构无需授权,但该指令同时也为东道国保留了一定程度的管理权,即在满足国民待遇的基础上,东道国可通过施加附加要求,对外国银行分行的设立加以限制。因此,我们不难得出这样一个结论,即取得各东道国银行监管机关的个别许可可能是在欧盟各国设立分行所需要满足的一个必要条件。《第一银行指令》还对欧盟各国作出了禁止性规定,即提供给非欧盟成员国银行的待遇不得比提供给成员国银行的更为优惠。因而,它并未限制欧盟的相关歧视性行为。该指令还存在一个不容忽视的弊端,即它仅仅对分行的设立问题加以规定,但忽视了子行的设立问题,留下了较大的监管空白。

2. 1989 年《第二银行指令》

1985 年,欧洲部长理事会收到来自欧盟执委会提交的名为《内部共同市场的实现》的白皮书。白皮书中描绘了一幅美丽的愿景,即争取在 1992 年之前,促成欧洲市场的统一。白皮书欲通过成员间法律制度的统一化促成市场一体化的实现,转向建立新的标准。该标准对成员间的法律趋同度的要求很低,仅需符合最低限度的一致性即可。此外,其还对成员国的银行监管机构作出了要求,即需对对方的权力和规则作出承认与权衡。出于扫除通往单一内部市场各种障碍的目的,1986 年通过的《单一欧洲法令》对《罗马条约》作了修改,其中最显著的一项修改,是采用合格多数作为通过单一市场计划各项指令的方法,区别于以往需经全体成员一致同意的方法,这大大提高了指令通过的可能性。

欧盟执委会根据白皮书的相关政策于 1988 年 12 月 23 日向欧盟部长理事会提交了《第二银行指令》议案。欧盟银行仅需母国授权即可在任何欧盟国家设立分支机构或分行。同时指令还赋予了母国完全的监管权,即上述分支机构或分行仅受母国监督。欧盟各成员国通过最低等级的协调之后,应当采用母国监管原则,以此来维护国家间金融业的平稳运行以及广大国民的利益。《第二银行指令》议案的立法本意是让成员国在基本合作的基础之上,成为“竞争性的规则制定”(competitive rulemaking)的参与者,进而感受到压力,最大限度采取宽松的管制标准,最终实现欧盟的高度自由化。与此同时,《第二银行指令》议案对东道国做出了禁止性规定,即东道国不能禁止欧盟的其他成员国跨国银行进入其金融市场。同时,欧盟为了其跨国银行海外业务的发展,决定放弃东道国对外国银行的传统区域监管原则,取而代之的是采用母国监管原则,以促进自由化。

虽然欧盟执委会宣称《第二银行指令》议案所确定的相关内容不会用于向贸易伙伴施压,不会借此牟利,但该议案仍遭到其他资本主义国家尤其是美国银行业者的大肆批评。美国银行对《第二银行指令》议案的抱怨集中于其过分含糊的规定上,因为这样的规定不仅不能保护已成立的非欧盟银行的既得权益,而且非欧盟银行无法享有充分、自主、有效地开设子行的权利。[①]《第二银行指令》的颁布和实施实现了欧盟银行业长期以来所追求的四大目标:(1)为欧盟内金融业尤其是银行业的发展扫清法律障碍;(2)进一步确认"单一银行执照"(single banking license)的合法性与合理性,即通过对跨国银行相关资质的承认,来加速欧盟银行业的一体化进程;(3)通过创设银行审慎监管的最低标准来实现"最低限度的协调"(minimum harmonization);(4)通过明确规定"互惠的国民待遇"标准,对欧盟之外银行的进入予以严格的审查和控制,并以此待遇模式作为欧盟银行开拓海外市场的有力武器。[②]

(五)欧盟跨国银行风险防范法制的评价

欧盟关于跨国银行监管的法律法规与欧盟本身的性质息息相关。较之于巴塞尔委员会,它是一个以各国间双边条约及多边条约为基础的、具有独立的法律人格的国际组织,在立法、司法、行政管制上具有国际人格的独立性。欧盟跨国银行监管通过立法所确立的银行监管规则自推行以来,已被其成员国逐渐接受并内化成本国银行业的监管法规,这使得欧盟金融监管一体化的步伐又向前迈了一步,对其成员国遵守同一的跨国银行监管法规、实现经济一体化的目标都有积极意义。

在欧盟体制下,除了欧盟中央银行外,欧洲银行业管理局(EBA)也是在欧盟内对跨国银行业监管的重要监管机构。其主要职责是建立一个欧盟各成员国承认的监管标准和规则。同一的监管标准和规则可以减少欧盟各成员国在金融交往时的交易成本,还可以消除各成员国监管机构在对金融业监管交流和共享信息时因法规不一致而带来的障碍。但 EBA 同样存在固有缺陷,在监管实践中,因其监管目标的模糊化而导致其效应被质疑的情况经常存在。这主要表现在:一是欧洲银行业管理局决策效力主要取决于成员国监管当局是否接受其各项决定。二是对欧洲银行业管理局作出的决定缺乏撤销的明确依据;规则仅规定最终决定权属于欧盟议会。三是存在对欧盟委员

① See J. J. Norton, Chia-jui Cheng & I Fletcher eds., *International Banking Operations and Practice: Current Developments*, Graham & Trotman/Martinus Nijhoff, 1994, p. 19 – 20.

② See D. Gruson & C. Feuring, *The New Banking Law of the European Community*, International Law, Vol. 25, 1991.

会政策制定的政治性干预的潜在可能,使其公正性受到质疑。四是欧洲银行业管理局的监管独立性和制定规则的独立性也受到了限制。尽管如此,欧洲银行业管理局的建立仍然存在很大的积极意义,欧洲银行业管理局的建立是金融市场一体化进程中促进监管体系一体化的一大重要举措。

第二节 典型代表国家关于跨国银行风险防范的法制及其评价

对跨国银行风险进行有效防范,法制是根本保障。各国跨国银行业发展历史、所属法系、发展程度不一,所以,针对跨国银行风险防范问题各国的立法与司法等具体情况也是各具特色、异彩纷呈。在经历了2008年的国际金融危机后,各国已经认识到了金融风险对国家及世界经济的影响,金融监管意识提高到了一个新的高度。从《巴塞尔协议Ⅲ》中可以看出,之前国际金融监管理念上对金融自由化与制度化监管选择各有侧重的状况,已变为金融监管与金融自由化中对前者更加重视,具体表现在银行资本状况的信息披露制度更为严格、母国监管和东道国监管范围和重点上有了更高要求,更加重视东道国和母国对跨国银行间运营信息的对称掌握和交流,深刻认识到了跨国银行监管的有效性保障非一国之力可以完成。各国现行的跨国银行监管制度也是基于把《巴塞尔协议Ⅲ》中的标准和指导性内容在国内通过一定的立法程序推行的,因而,发达国家在跨国银行监管上的制度设计大多是围绕资本充足、市场约束、机构的监管检查几方面内容,结合本国银行业监管立法的实际状况修订设立的。本节以东道国、母国以及银行内部三个跨国银行风险防范主体各自的职责为主线,深入、全面地比较分析几个典型国家在这三个问题上的法制现状。本节研究的三个关键性问题分别是:东道国对跨国银行风险防范的首要环节是对市场准入条件的制定和实施;母国对跨国银行风险进行防范的职责是做好并表监管;跨国银行内部对风险进行防范的关键是做好内部监管问题。本节旨在通过对各国国内监管法制和《巴塞尔协议Ⅲ》的推进进程中的经验分析,取其精华,去其糟粕,为我国跨国银行监管法制体系提供理论性和实践性参考。

一、美国关于银行风险监管的历史发展、法制状况及其缺陷

(一)美国银行监管论在不同阶段的历史发展

1. 20 世纪 30 年代以前的银行风险监管理论

20 世纪 30 年代以前,被称为美国金融监管理论的雏形时期,当时,美国金融监管制度仅限于实践层面,并未形成成文的理论。美国政府早期则是借鉴英国于 18 世纪初颁布的《泡沫法》来规制其本国的金融监管活动。直至后期,真正意义上的金融监管是随着中央银行制度的出现,也即 20 世纪 30 年代大危机爆发之后而发展起来的。中央银行最初设立的目的是发行统一货币,而不是监督整个金融体系。金融危机爆发前,美国金融监管理论对各金融机构的管理监督和干预很少讨论,倒是在确定是否建立了中央银行制度、防止银行挤兑以及实施货币管理等问题上的研究较多。本书认为,当时自由市场经济以及自由市场理论是促成这一结果的重要原因。

美国正式开始金融监管的时间始于 20 世纪 30 年代的金融危机大爆发,自此,美国国会通过立法,确立了中央银行、证券监管机构真正的监管职能,此后,美国中央银行开始对金融体系进行行政监管和法律监督。

2. 20 世纪 30 年代至 70 年代的银行风险监管论

“严格监管、安全优先”是这个时期的风险监管原则。当时,美国对金融行业的监管理论的立意是确保安全性以及维稳金融市场。市场自我调节机制理论是当时金融监管理论的基础。以此为背景,为服务于宏观经济政策目标,美国中央银行开始着手实施各种货币政策,而不仅仅作为货币的管理者行使单一的职权。可见,美国更倾向于引导政府控制,监管和干预逐渐成为这一时期金融监管的主要课题。具体来讲,主要是从法律法规和监管重点上,对金融机构的具体经营范围和方式进行规制和干预。

3. 20 世纪 70 年代至 80 年代末的银行风险监管论

20 世纪 70 年代至 80 年代末的风险监管关键词是效率和自由。在金融监管理论方面,金融自由化理论已经开始向理论界和金融实践界扩大其影响力。金融自由化理论的核心是“金融抑制”与“金融深化”。具体来讲,是为实现为金融行业的发展提供宽松自由的经营环境,提高经营效率与水平,各方面都需要在业务经营范围、经营场所与利率高低上给予宽松的标

准。在实践中，各部门在注重提高效率的同时，不可忽视政府这只“有形的手”的配合。

4. 20 世纪 90 年代的银行风险监管论

进入 20 世纪 90 年代初，法制化、现代化的思维使得当时的理论界认识到金融安全的重要意义，于是，特别推崇安全与效率并重的原则。20 世纪 90 年代以来，金融监管论逐渐转向如何协调安全、稳定和效率问题。金融活动管理、金融风险防范及加强金融活动管理成为此时期的风向标。

5. 21 世纪初的银行风险监管论

为减轻中小企业的贷款负担，2017 年 12 月，美国参议院银行、住房与城市事务委员会出台了《经济增长、监管放松和消费者保护法案》，重点关注中小型金融机构的监管放松。2018 年 5 月 24 日，时任美国总统的特朗普签署总统令通过了该法案，对 2010 年《多德 - 弗兰克华尔街改革和消费者保护法》等监管法律法规进行了修订，标志着国际金融危机后制定的严格监管政策发生松动。本次改革主要包括将适用审慎监管标准的银行控股公司的资产规模从 500 亿美元提高到 2500 亿美元、简化小型金融机构的监管规则、促进资本市场发展和加强金融消费者权益保护等内容。下面将以表格的形式对美国银行监管体系进行归纳整理(见表 1)：

表 1　美国银行监管体系

银行种类	银行监管机构	年度检查者
联邦商业银行	货币管理局(首要) 美联储 联邦存款保险公司	货币管理局
州立美联储成员银行	美联储(首要) 联邦存款保险公司 州银行监管机构	美联储和州银行监管机构
州立非美联储成员银行	联邦存款保险公司 州银行监管机构	联邦存款保险公司 州银行监管机构
联邦储蓄和贷款协会	货币管理局(首要) 联邦存款保险公司	货币管理局

续表

银行种类	银行监管机构	年度检查者
州立储蓄和贷款协会	联邦存款保险公司 州银行监管机构	联邦存款保险公司 州银行监管机构
联邦信用社	国家信用社管理局	国家信用社管理局
银行控股公司/储蓄和贷款协会控股公司	美联储	美联储
系统重要性非银行金融机构	美联储	美联储

(二)美国关于跨国银行风险监管论的立法进程

1. 关于准入待遇标准的立法进程

(1)美国准入待遇标准的确立——1978年《国际银行法》

20世纪70年代,美国努力的方向是制定更为详细的银行监管体制,其目的是对外国银行准入问题加以规制,背后的深层原因则是美国与英国在银行竞争方面存在的不平等竞争状态。在此时代背景下,1978年美国出台了《国际银行法》,根据该法的规定,外国银行的分支机构在进行自己的业务时,应当享受同当地的本土银行一样的待遇,受到当事国同等的对待,同等地行使权利和履行义务。如此规定的目的是为维护"外国银行与美国银行在同等条件下享有平等待遇"。①

(2)强化外国银行监管——1991年《外国银行监管强化法》

1991年,美国颁布了《联邦存款保险公司改进法》(The FDIC Improvement Act),该法颁布的主要目的是加强对外资银行的规制与管理。该法第二部分为《外国银行监管强化法》(以下简称《强化法》),该法赋予了美国联邦储备委员会非常大的权力,它甚至有权监管外国银行在美国设立的一切分支机构,管理它们相关的跨国银行业务活动。《强化法》颁布之前,美国联邦储备委员会的定位只是对州监管机构的辅助,并没有实际权力。而该法颁布之后,美联储便有权针对美国境内所有的外国跨国银行业务进行审查监管,最严重的处罚情况是将其关闭,取消其经营资格。《强化法》详细规定了美国作为跨国银行东道国和跨国银行所在国的综合监管职责,以及其自身的并表监管职责。

① 2 U. S. C. Sec. 3102 (b), as amended through 1991.

《强化法》着重强调两点：一是外国银行母国监管当局的综合性并表监管；二是美国的本土监管机关针对外国的相关跨国银行的业务基于自身权力进行的监管。这两者应当予以统一，相互补充。以美国作为跨国银行东道国时的情况为例，《强化法》规定：获得美联储的许可成为外国银行准入的先决条件。另外，《强化法》针对外国银行企业在本国进行的跨国业务规定了从民事责任到刑事责任等一整套法律责任追究体系。

(3)国民待遇与互惠待遇的结合——1995年《金融服务公平贸易法》

1995年《金融服务公平贸易法》改变了美国在国际银行服务贸易中实行的国民待遇与在其他商品及一些金融服务贸易上实行的严格对等标准相分离的状态，将更加灵活的对等互惠待遇模式法制化。其历史根源在于，美国因长期在不同领域实行不同的待遇标准，因此遭到国会的强烈质疑。于是，1990年《金融服务公平贸易法案》(以下简称《法案》)被提交至参议院银行委员会。《法案》呼吁对1978年《国际银行法》进行修改，建议对外国银行的准入实行互惠制的国民待遇标准。1990年《法案》几经反复，于1995年正式成为法律，结束了国民待遇标准同对等互惠标准一分为二的局面，自此，美国作为东道国在外国银行准入问题上开始实行灵活的对等互惠待遇模式。此外，灵活的对等待遇标准也成为美国之后滥用301条款[①]的"武器"。

2.美国并表监管制度的关键——银行检查制度与资质评估

相较于其他国家，美国则较早地意识到美国并表监管的重要性。美国对并表监管做如下理解：跨国银行的母国对于其跨国银行业务主要负责它们的风险性问题，防止风险引发危机。对跨国银行的资本充足性进行实时监管，亦成为美国监管当局的重要任务。美联储对并表监管具体规定了四个层面的内容。第一个层面，本国的管理必须有足够的程序和手段来管理和控制银行的全球业务活动。第二个层面，监管机构必须有充分的信息来全面评估跨国银行的整体运作，无论是通过自查报告、审计报告抑或其他当事人报告。第三个层面，银行财务报告的提供必须统一，银行或银行集团至少需要在财务统一的基础上提交它们的业务。第四个层面，监管者还必须能够自己核实

---

① 美国"301条款"："301条款"是美国1974年《贸易法》第301条的俗称，一般而言，"301条款"是美国贸易法中有关对外国立法或行政上违反协定、损害美国利益的行为采取单边行动的立法授权条款。

从银行管理层获得的信息,或者能够核实其他方面的信息。监管者可以对外国银行分支机构进行现场检查,或者由独立审计员代表他们进行这种检查。他们的工作是核实银行的经营业务信息,同时对银行内部的管理运行制度进行审查评估,这是为了保证跨国银行有足够的抵御风险的能力。由此可知,以现场检查作为母国并表监管的关键方式,是美国对跨国银行实施监管制度的关键所在,这同其他国家将现场检查作为非现场检查的补充完全不同。

美国银行检查制度主要的法律渊源是《联邦存款保险公司改进法》。1864年《国民银行法》的颁布标志着完备的银行检查制度于美国政府建立开来,各州普遍建立起银行检查制度则是在20世纪初。1991年美国工会通过了《联邦存款保险公司改进法》(以下简称《改进法》),其背后的深层原因是美国金融自由化的浪潮来势汹汹,致使储蓄机构纷纷倒闭。为整治美国的银行监管系统,进一步改进银行检查制度,《改进法》在加强银行非现场检查制度的基础上,强化了现场检查制度。该法要求无论被检查对象是否在国内,各监管机关都应当定期对跨国银行的相关机构进行检查,对风险概率发生较大的银行,监管机关可根据情况增加检查次数。由此可见,现场检查制度自《改进法》颁布后成为最主要的监管方法和手段。

"骆驼评级体系"在国际上被称为较著名的银行评级法,其特点是融合了现场检查制度和资质评估。骆驼评级体系是美国商业银行和其他金融机构的一套标准化、制度化和指数化的综合评价体系。其五项标准分别是,资本充足性(capital adequacy)、资产质量(asset quality)、管理水平(management)、盈利状况(earnings)和流动性(liquidity),因这五项标准的第一个字母组合起来形成名称CAMEL,因此被称为"骆驼评级法"。"骆驼评级法"因其有效性而被世界上大多数国家采用。对于跨国银行风险防范,"骆驼评级法"起到提前预防、去除风险的作用。"骆驼评级法"中有五项考评指标,其中每项指标都分别规定了五项具体的考评等级,从1到5级,级数越高,其代表的风险指数就越大。针对被评为第4级甚至是第5级的跨国银行,美国则会立即根据"骆驼评级法"进行提前干预,此种方法既可减少防范成本,又有助于避免因挤兑引发的风险扩散造成系统性风险的发生。

3. 美国关于跨国银行内部监管的制度

1992年,美国反对虚假财务报告委员会下属的一个专业赞助委员会(the

Committee of Sponsoring Organizations, COSO）发布了《内部控制——统一的框架结构》的研究报告。此项报告提出了跨国银行内部监管的五项要求：（1）控制环境（control environment）。控制环境的具体影响因素上至公司董事会和审计委员会的职能与经营风格，下至员工的道德与职权分工等诸多方面。（2）风险评估（risk assessment）。评估工作是一个必须不断把握和反复进行的过程，是企业管理者的重要职责之一。（3）控制活动（control activities）。为确保企业顺利达成目标，必须"软硬兼顾"地进行活动控制。这些控制活动包括授权管理、内部系统管理以及对财务的管理等软管理与硬性管理。（4）信息和通信（information and communication）。跨国银行业完整的信息系统是实现其内部控制的关键，企业必须清楚地进行内外部信息识别，处理交换好内外部信息。（5）监控（monitoring）。监控主要包含两个部分：第一是持续监测，主要是对跨国银行日常经营行为的监控；第二是个人评估。此种方式被称为特殊监控，主要是针对存有明显异常的行为或情况进行的特殊对待方式。

美国银行的内部监管框架制度得到了世界上几大著名跨国银行如花旗银行、美洲银行、纽约银行等的认可。其特点有四：（1）具备独特完善的内部监管网络。美国政府对其跨国银行采取的监管模式不是分散性的，而是有序集中的。监管机构对其跨国银行的监管形成了分工合作、体系分明的完整制度。另外，其内部拥有独立的审计体系，各稽核部门也是分工明确，人员充沛。（2）审计依据统一严密。美国要求跨国银行制定统一的审计标准。（3）注重非现场稽核办法。美国银行强调稽核工作要做到现场检查同非现场检查相结合。现场检查要不得妨碍跨国银行的正常工作，不干扰各业务部门的正常运营。（4）资产风险管理应遵循质量、能力、资本、抵押品、环境和控制六大原则。

4. 美国关于跨国银行监管主体、监管对象和监管内容的立法

美国作为西方发达国家中的佼佼者，在金融行业发展和跨国银行监管法制建设方面有着较为成熟的经验，曾一度成为世界金融业监管法规参考的楷模。然而，2007 年的次贷危机使得美国经济体系和金融监督体系受到了巨大冲击。在后危机时代的经济环境中，美国奥巴马政府正视自身金融监管体系的诸多漏洞，不断推陈出新，在监管制度上改革，对美国本土及外来银行业提

出了更高的监管要求,并结合《巴塞尔协议Ⅲ》中对跨国银行监管的精神,出台了在美国金融监管法制建设中具有重要影响的法律,即《多德-弗兰克华尔街改革和消费者保护法》,又称《美国金融监管改革法案》。该法案第619条提出了美国银行业监管的重要规则,即"沃尔克规则",通过对银行机构参与复杂投资性交易进行限制,保证了银行交易透明度的要求。① 同时,该法案在美国国内金融业稳定和金融债券人权益保护制度设计上都提出了新的要求,本书对该法案的主要内容进行深入分析:

(1)监管主体

基于美国联邦制的国家结构形式,联邦政府与各州政府均有立法权。因此,美国在对跨国银行的监管体系的立法方面,采取"双重多头"的监管主体分离制度。"双重"即指联邦和各州均有对美国本土银行及设立在美国的外国银行的金融监管检查权。"多头"指对美国金融业的监管权力由美国联邦和各州的多个行政部分和社会组织共同行使,如美联储、货币监理署、存款保险公司、存储机构管理局等。1999年推行的《金融服务现代化法案》为推行经济进一步自由化,在金融领域更好发挥资本推进经济增长的作用,结束了过去将银行、保险、证券不同机构分业经营的局面,规定了现在各个金融机构混业经营、分业监管的功能性监管模式,但在具体法案中,仍然保留了传统兼容监管行政机构对期货、银行、保险、证券分别监管的格局。

在《美国金融监管改革法案》的框架下,美国金融监管机构在职能设计上有了新的监管职能安排,该法案提议将货币监理署和储蓄监理署合并,设立国民银行监管机构,对所有联邦存款机构、外国银行机构在美国本土的分支机构进行统一监管。② 然而,该法案最终废除了储蓄监理署,将其原先的监管职能和权限分别转移给货币监理署、美联储和联邦存款保险公司。美联储被赋予金融业最高的监管层级和职能,负责保管商业银行准备金、对商业银行

① See Dodd-Frank Act 2010, s619; K. D. Krawiec & L Guangya, *The Volcker Rule: A Brief Political History*, 10(4) Capital Markets Law Journal 507, 510(2015).

② See US Treasury, *Financial Regulatory Reform-a New Foundation: Rebuilding Financial Supervision and Regulation*, (12-13) 2009. 1.

贷款及发行联邦储备券，是美国金融监管机构的核心机构。① 该法案规定了美联储对跨国银行高管的薪酬制度具有监督检查的权力，主要目的是加强针对银行监管的内控系统，因为银行业高额的利润生产能力往往会在其高管薪酬制度设计时与业绩挂钩，即银行经理或高管在其职位范围内创造越高的价值，则享有越高的薪资报酬，因而可能会造成高管为追求自身利益的提高铤而走险，游走在法律边缘，甚至可能触犯监管法律规定，谋求更高利润，如法国兴业银行案中的违规操作即由此产生。因而对高管薪资制度的监管可以有效防范银行内部的操作风险。另外，基于法律权利义务对等关系的法律原理，该法案在为美联储配备更多的法律权限的同时，也为其设置了更多的法律义务，如该法案中规定，美联储与国外政府间银行机构达成协议的文件必须公开披露，并对其紧急贷款权加以程序限制，必要时要求其接受政府问责。

(2)监管对象

《美国金融监管改革法案》以美国银行业作为监管对象，主要分为本国银行、非本国银行公司、非本国银行三类。其中，对非本国银行的监管包括了对母国是其他国家的银行设立在美国本土的代表处、分支机构、分行和子行四个分类，并针对跨国银行在美国设立的不同性质的机构，区别管制。另外，对非本国银行性质的认定和准入也作出了要求，即拥有美国银行且并表资产在全球范围内达到500亿美元者。非本国银行公司，是指美国作为东道国的外国跨国公司的业务符合美国法律对金融业业务性质的规定或属于与金融业相关业务，同样要求该公司的并表资产在全球范围内达到500亿美元。对美国本土银行业的监管属于母国监管的权力自然毋庸置疑，而对外国银行表外资产达到500亿美元的规定，则是认为这样规模的金融机构可能会威胁美国金融业的稳定，造成美国本土金融业风险具有发生的可能性。

(3)监管内容

美国在次贷危机后，在跨国银行监管法律制度中建立了较为严格、审慎的监管标准，主要包括资本充足率、风险流动性、重组计划、杠杆率、信息披露制度、公开信用报告、集中度等，并对国内银行业务的要求作了具体规定。例

① 参见马宁、周泽新：《中国存款保险人的职能定位——兼论我国银行破产立法模式与破产程序控制权配置》，载《甘肃政法学院学报》2013年第5期，第41页。

如,在高风险银行业务中,沃克定律适用于将买方与金融部门的卖方分开。因此,投资于"卖家"和将来出售金融商品的投资银行必须剥离银行的"买方"业务对冲基金、私募股权基金和自我管理部门,最多只能保留3%的核心资本。美国本土的跨国银行被允许投资对冲基金,但不超其自身的首要核心资本的3%,而银行业的最高风险衍生品部门被分割成子公司,市场准入、业务范围和储备也有新的调整。

第一,美国对跨国银行市场准入相关法律制度的调整。根据1913年《联邦储备法》,美国跨国银行分支机构的设立必须得到美联储的批准。银行自有资本必须达到法定数额的标准,如果它参与其他海外银行或金融机构,它的资本不得超过其自有资本的10%;如果它被美联储批准建立一个跨国银行组织,它只受联邦监管,即跨国银行组织的设立不是由州政府,也不是由麦克法登法案批准。它可以在不同的国家设立分支机构,从事国际投资和国际银行业务。根据最新的《联邦储备法》,美国跨国银行的海外分支机构,不允许购买非银行公司的股票和债券,但可以从事证券业务。在经纪业务中,任何一家跨国银行都必须受到该种法律监管规制的限制,除非其业务属性的认定非该法规定范围内的金融业务的定义和认定。

第二,美国对跨国银行资本充足率的监管要求。美国对国内银行和跨国银行资本充足率要求不存在双重标准,统一执行资本充足率8%的监管要求。[①] 美国银行业监管机构实行了一系列措施和手段,保障资本充足率标准符合监管法律规定,如将银行资本等级分为良好、适足、不足、严重不足和显著不足等几个级别,对应可能存在较大金融风险银行的强制监管手段,以防范其为盈利而采取的冒险投机行为,引起资本充足率在监管措施不足时诱发金融风险。同时,对流动性资产与银行资本充足率的监管适用同一套监管标准和监管手段,并作为其对银行资本风险控制的重要补充手段使用,它是美国银行监管机构的另一项不可或缺的监管要求。在对银行监管的手段选择上,许多国家的监管机构采取现场和非现场检查监督跨国银行资本充足率的方式和手段,并配套对应的机构管理政策。因为美国监管机构对跨国银行流

---

① 参见易娟:《金融危机对存款保险制度发展和演变的影响研究》,载《西南金融》2014年第7期,第23页。

动性风险的监管在法律文件中未明确对其比例和评估的规定，因此，在评估美国境内跨国银行的流动性标准是否符合美国银行监管当局的要求时，美国银行监管机构主要考虑以下五个方面的因素：一是该跨国银行存款的构成和稳定性；二是美国境内跨国银行在应对利率敏感性时承载利率风险的能力；三是跨国银行资产负债表内外负债结构；四是美国境内跨国银行资产流动性的比例和标准是否符合美国监管当局认为的安全标准；五是跨国银行自身基于其信用的融资能力。

第三，美国银行监管机构对跨国银行市场退出机制的监管内容。由于信息不对称和不完全性，外资银行在经营中常常难以维持。因此，有重大问题的银行若要退出东道国，需要有市场退出机制。目前，存款保险制度和最后贷款人制度是世界各国采用的较为普遍的市场监管手段，是完善外资银行监管体系的重要组成部分，也是外资银行监管的最后一道防线。在美国存款保险金制度施行期间，道德风险一直是其存在的主要矛盾。首先，美国的跨国银行资不抵债时会面临破产风险，与公司的企业制度不同，其破产不适用于美国的企业破产法，只适用于破产法中关于清算破产的程序性规定，其中最大的原因是美国具有特别的存款保险金制度。存款保险法的立法目的在于在跨国银行面临破产风险时，可以通过保险方式分担因银行破产给金融消费者带来的损失，保障存款人的利益，从而增强公众对银行体系的信心以保持银行运营中的稳定经营，它主要包括以下几个基本功能：①增强银行体系的可信性；②给予存款人全部或部分保险，保护普通存款人的利益；③建立特殊的处理程序，对问题银行的运营状况及时有效监控，以此防控管理不善的金融机构给金融消费者和关联行业带来的债务危机，完善美国银行业的退出机制，降低银行道德风险发生的概率。美国银行业监管机构，即联邦储备局要求其所有成员银行必须在联邦储蓄保险公司投保，并将投保作为开展特别业务的前置条件，这就使得非成员银行在从事金融风险较大业务时，也不得不向联邦储蓄保险公司投保，从而将风险较大的金融产品业务风险防范在保险承担的范围内，避免强制保险导致的部分银行的逆向选择，避免了更大金融风险的产生。逆向选择是指管理不善的银行参与存款保险的趋势，而管理良好的银行则拒绝参与存款保险,存款人不再存款。① 银行业加入存款保险后,最大一个效应就是当其披露经营中因经济周期而产生的浮动利润增减时,并不会立刻产生连锁反应,不会出现储户急于出逃资金的情况,因为保险会为其储户提供可靠的利益保障。从另一角度看,还可通过保险金制度增强储蓄,拥护对该银行的信任,保持其储户数量和资金量上的稳定,以防止市场恐慌消息的散布引发挤兑现象,储户争相出逃储蓄资产,使得银行业经营进一步恶化,从而引起地方性金融市场的不稳定。

第四,美国金融监管制度中的最后贷款人制度。美国最后贷款人制度在美国金融监管体系中扮演着非常重要的角色。《美国联邦储备法》规定,联邦储备银行作为美国所有商业银行的最后借款人,要求所有本土从事储蓄业务的金融机构注册成为联邦储备银行的会员,必要时可依机构申请由联邦储备银行为其发放临时性贷款。对美国面临破产清算的银行,设置了特别的决定主体和决定程序,尤其是对破产清算后的资产,规定只能由联邦存款保险公司接管。基于对保险承兑理赔的原理,联邦存款保险公司自然会成为银行在破产后的最大债权人,由其接管清算资产,可以同时保障其他债权人的平等受偿权,并在支付不能且不具备破产条件时,及时为银行业提供资金援助。②

美国《多德-弗兰克华尔街改革与消费者保护法》修订了关于存款保险制度的立法,它规定由美联储作为最后贷款人,依靠国家财政,为跨国银行在经营过程中的金融创新提供制度保障和财政保障,并为美国政府在鼓励外资银行扩大经营范围、参与全能银行混业经营的同时,对跨国银行高管人员的操作风险防范和存款保险道德风险防范提供立法依据。

联邦存款保险公司(FDIC)承担主要的处置职能,处置对象包括银行业金融机构和具有系统重要性的非银行金融机构。系统重要性非银行金融机构需定期向 FDIC 和美联储提交处置计划,如计划不符合要求,美联储和 FDIC 可联合决定适用更严格的监管要求,并限制其业务增长。有序清算程序由财

---

① 逆向选择是指经营较差的银行倾向于参加存款保险,而经营良好的银行拒绝参加,存款者出于对存款保险制度的考虑,将存款转移至经营不善但参加了存款保险的银行,会导致原有的经营状况良好的银行因缺少资金而倒闭。

② 参见张继红:《美国银行破产若干法律问题探究及启示》,载《国际金融研究》2006 年第 3 期,第 73 页。

政部、美联储和 FDIC 三方启动后，FDIC 作为接管人，对陷入困境的系统重要性非银行金融机构进行接管和清算，可设立一至数家过桥机构对其业务、资产和负债进行承接。关于损失分担机制，公共资金可用于系统重要性非银行金融机构处置的临时垫付。如公共资金发生损失，股东、无担保债权人将首先承担损失，然后在必要时可考虑对资产规模达到一定标准的银行进行收费。

（三）美国现行跨国银行风险监管制度存在的不足之处

1. 跨国银行风险监管体系存在不足

美国在跨国银行监管体系的立法方面，实行的是“双重多头”的监管主体分离制度。这样的监管体制在很长一段时间为美国经济的快速增长起到了很好的保障作用，为美国金融业的繁荣发展提供了坚实的基础，并且曾是各国对本国金融业监管制度改革的效仿对象，但一场次贷危机的爆发，彻底摧毁了这一看似完美的银行监管体系，暴露出其存在的巨大法律漏洞和缺陷。

首先，监管部门对监管对象的范围规定得不全面。监管机构仅就注册为金融类公司的金融机构进行监管，漏掉了跨国公司或非金融类注册公司，却存在与金融公司相同业务的被监管主体，这就使得监管范围过于狭隘。其次，监管机构的部门设置不够科学，存在“九龙治水”的管理乱象。监管机构的各部门出于利益原因，对于有利益输送的管理积极争取，而无利益关联的职责职能被弃之不管。最后，没有对投资性银行进行充分监管。对投资银行的监管缺乏，会导致货币市场共同基金的运行非常脆弱，没有资本流动性保障和抵御任何金融风险的能力，还导致对冲基金和其他私募资本也被完全排除在金融监管管辖之外。

2. 跨国银行风险监管制度改革落后于金融产品的创新

美国在金融危机爆发前，奉行凯恩斯的自由经济理论，即在市场中坚持最少的政府干预，市场可以有效调节一切经济问题。银行业基于逐利本性，不断创新金融工具和产品。新的金融工具使信贷风险被进一步放大，银行至多对投资者的资产进行复杂的包装组合，呈现出多种样式的金融产品，并成功隐藏掉银行自身资产负债表中的真实情况。金融创新本身在其设计上就有着风险分担的性质和目的，但在这次经济危机中，金融创新并未如其设计目的一般在风险分担上起十分重要的作用,反而像放大镜一般扩大了金融风险的危害,加剧了金融危害的传导,给美国本土经济造成了难以想象的损失,同时也暴露出美国银行业监管中的巨大漏洞和不足。首先,对于发放房地产贷款资金的监督管理,在贷款人资质审查方面严重缺乏标准化、程序化的审查制度,导致大量贷款被发放给了不具备良好信用或不具备偿还能力的贷款人。其次,信用评级机构评级标准设计所存在的不足,也成为此次经济危机爆发的一个重要原因。投资者对银行内部的信息和风险提示往往是根据信用评级机构的评级结果判断的,但在此次美国爆发的经济危机中,信用评级机构在对次级住房抵押贷款证券这类产品进行评级时,却没有描述反映出次级住房抵押贷款证券这一金融产品的真实风险系数,现有法律也未涉及对评级机构的监管,如由谁监管、监管内容和范围等。最后,房产抵押证券化的金融产品在推广过程中,银行长期运行高杠杆率,其产生的巨大风险未有相关法律进行规制。

3.跨国银行监管的国际协调与金融全球化和金融自由化的步调不一

以2007年的美国次贷危机为例,国家之间、企业之间以及社会组织间金融贸易的合作,使各类金融产品、金融衍生品和金融工具通过跨国银行的业务推广将各国经济联系起来,次贷危机的爆发引发了连锁反应,最终导致国际金融危机爆发。一个国家的开放程度越高,其自身经济的发展对其他关联国家经济的影响越大,任何国家在全球性经济危机到来时,都不可能独善其身。但比起经济全球化的进程,国际信息共通、平台共建的合作却远远不及经济合作的步伐,简言之,就是经济合作制度的服务跟不上经济全球化的需求。此次危机爆发后,各国在金融危机重灾之后的事后补救合作上有了很大程度的进展,但该种程度的合作还远远达不到金融全球化和自由化监管的需求。因此,为增强各国抵御金融风险的能力,必须建立一个可以事前监管合作的国际协调组织或平台,使各国对跨国银行经营信息掌握得更充分、更透明,能真实评估国际及国内金融市场的风险,建成一个既自由又稳定安全的国际金融市场。

二、英国关于跨国银行风险监管的法制状况

本部分主要通过分析英国关于公司内部控制的一般原理及相关立法体现来展示英国关于跨国银行风险监管的法制状况。英国就“跨国银行内部控

制和治理结构改革”这一专题已经进行了多次的研究探讨,发布了许多具有影响力的报告,其中在全球范围内影响最大的是1992年发布的《卡德伯利报告》、1998年发布的《哈姆佩尔报告》以及1999年发布的《特恩布尔报告》。这三大研究报告被誉为英国公司治理和内部控制研究史上的三大里程碑。

(一)1992年《卡德伯利报告》

财务欺诈风险是公司在进行内部管理时面临的主要风险之一,为了防范这一风险,英国于1985年出台了《英国公司法》,并在其第221条规定董事和董事会对公司财务和会计记录的真实性、准确性和完整性负责。但是,法律没有为董事会提供具体的制度设计来监督约束公司的财务和会计记录,而《卡德伯利报告》则有效解决了有关这一制度的漏洞问题。

《卡德伯利报告》认为,有效的内部控制是公司治理结构的重要组成部分。《卡德伯利报告》建立了“双重内部和外部审计”制度,该制度规定了在公司的内部控制评估报告正式向公众或者监管机构公布之前,需要由内部和外部审计师联合对“内部和外部双重审计”系统进行检查。该双重检查的目的在于避免董事会之间的勾结和欺诈行为,通过这种方式,董事会、董事甚至内部审计师都无法勾结,从而避免了欺诈的可能性。《卡德伯利报告》作为英国公司治理和内部控制研究史上的里程碑之一,开创了有关公司内部控制及治理系统的新制度,这些制度在一定程度上帮助公司避免了财务欺诈等因公司内部管理可能造成的风险损失。《卡德伯利报告》影响颇深,直至今日,英国公司仍在使用其中的一些系统和原则。

(二)1998年《哈姆佩尔报告》

《哈姆佩尔报告》认为,公司的内部控制制度是以保护资产安全信息的准确性为目的的,因而扩大了内部控制的范围,将该范围由初始的对公司财务的控制扩大到对公司整体业务的控制,并再次阐述了公司决策机构及其人员的风险管理职责。上文提到,《卡德伯利报告》规定了十分严格的“双重内部和外部审计”制度,要求内部控制机制须为欺诈和错误提供“绝对保证”,一旦出现欺诈或者失误,董事会和审计师就需要按照规定承担法律责任。因此,在实践中,董事会和审计师均因重视内部控制的有效性,从而时常做出保留或模糊的陈述。基于此,《哈姆佩尔报告》进行了改进,不要求董事会和董事承担绝对保证内部控制有效性的责任，只需提供“合理保证”内部控制的有效性，排除在董事会和董事的尽职调查中无法找到的一些内部控制失败，如操作错误、系统性风险等。

(三)1999 年《特恩布尔报告》

1999 年，英格兰和威尔士特许会计师协会成立了一个十人工作组，发表了题为“内部控制综合标准指南”的报告，也就是著名的《特恩布尔报告》。该报告实践性较强，为公司实行内部控制制度以及分配内部控制职责提供了操作可行性。其主要内容包括：(1)建设公司的内部控制制度是董事会的职责，并且公司的风险管理作为一个核心问题是董事会需要着重关注的，如公司承受风险的能力、公司的内部控制系统以及实施风险管理的好处等。(2)公司的高级管理人员是公司事务的执行者，因而应承担起践行内部控制制度的职责，包括及时处理公司的财务和非法风险、提高公司的运营效率和安全性等，以推动公司既定目标的实现。(3)公司员工应主动履行义务，在维持公司日常运营的同时，有效实施内部控制。为此，他们应具备参与、控制和监督公司内部控制系统的必要知识、技能、信息和权限。

三、加拿大关于跨国银行风险防范的法制状况

加拿大在跨国银行风险防范的法制建设上享有较高声誉度和稳健度，名列世界第一。本书认为，对加拿大跨国银行风险防范法制的研究，与对美国、欧盟跨国银行风险防范法制的研究不尽相同，其目的主要是学习加拿大跨国银行风险防范法制方面的先进经验，并非对其在跨国银行风险防范法制方面的缺陷进行研究评价。在 2008 年的国际金融危机中，加拿大的跨国银行运营能力和风险承担能力表现出了令人不可思议的稳定性，在危机中及时阻止了损害的进一步扩大。同其他西方发达国家一样，加拿大的跨国银行业经历了从自由到管制的发展历程，对应地，其监管制度也经历了从宽松监管到严格监管的转变，在监管模式上从机构监管转向功能性监管的发展历程。加拿大银行风险监管制度的主要特色包括：其两级监管机构的组织制度和特色风险评估制度对应不同监管机构介入管理制度的手段。与其他西方发达国家相比，加拿大在金融监管体制上独树一帜，在外部表现形式上金融监管体制

虽与大多数发达国家一样，在巴塞尔协议框架下主要建立了以资本充足率、外部监管和市场约束为核心的监管体制，但对跨国银行风险监管在侧重点和监管方式、措施方面却有着极大的不同。加拿大跨国银行风险监管法制立法的理念和监管程序及在司法领域的应用更合适当下我国对金融业稳定发展的要求，因此，可以通过研究学习加拿大跨国银行风险监管法制的相关经验，紧密结合我国现行银行风险监管法制的现状，针对我国在跨国银行风险监管制度上与加拿大银行风险监管制度相比存在的差距和不足进行改革，为我国金融监管法制改革提供新思路。通过对加拿大先进金融监管理念的引进及学习其对跨国银行风险监管法制安排的相关经验，进一步探索高效的中国银行业的发展路径，不断创新中国银行业的监管模式，建立激励相容的中国银行业风险监管制度，平衡、解决我国在发展过程中金融创新与金融监管的矛盾，从而进一步提高我国金融业监管的立法水平，完善中国的金融风险监管法制体系。

加拿大银行风险监管体系的一个显著特征就是法制化。加拿大银行监管机构坚持通过法律规制机能实现对金融机构的严格、有效监管，继而建立了完备的银行风险监管法律制度。这种依法监督主要表现在健全法制、依法行政、定期更新法律等方面。除了《银行法》之外，加拿大还有各种特殊的法律法规，如《金融管理局法》、《加拿大存款保险法》、《加拿大消费者管理局法》、《外国银行管理条例》和《加拿大银行管理条例》等。从《加拿大银行管理条例》来看，20 世纪 80 年代以前的立法主要集中于完善监管制度，防止破产，维护金融稳定，注重安全，加强对跨国银行的监管，注重科学监管与适当监管并重，坚决维护金融消费者的合法权益，充分挖掘跨国银行内部管理机制的作用，改革行政部门的职能设置和提高效率，并要求各监管部门的执法人员严格按照法定监管程序办事，建立起对监管人员的监督稽查机制，增强对监督工作中不法行为的处罚力度，从而保障监督机构的廉洁性和权威性。此外，加拿大银行业的监管法律之所以一直被各国金融监管立法部门效仿和学习，一个重要原因就是其法律修订的实时性，不断地结合跨国银行发展实际持续更新银行业监管法规，这使得加拿大的监管法律体系总能与不断提高的金融水平相适应。①

① 参见沈颂东、何昇轩、吴迪：《加拿大养老保障体系对完善中国养老保险制度的启示》，载《福建论坛（人文社会科学版）》2016 年第 1 期，第 136 页。

(一)加拿大关于跨国银行风险防范法制的特点

加拿大一直保持着定期修改法律的传统,这使得其监管法制保持了长久的活力和张力,为世界各国金融立法部门所推崇和学习。之所以能够如此,主要归功于两点:一是加拿大银行业自身发展比较完善,能够不断通过内部管理消解金融风险,为银行业监管立法部门积累了大量的经验材料。二是加拿大银行业监管当局重视银行业监管理论与实践成果的转换,在立法过程中集中运用最新理论和先进的分析工具,不断完善银行业监管的管理工具。具体而言,加拿大银行监管体制具有以下特点:

1. 分权制衡

加拿大实行"两级多头"的金融监管体系。这种"两级多头"的金融监管体系体现了独立性和协调性的统一。独立性主要体现在联邦和省"两级"监管机构的"分权"和治理,"两级"之间的平行机构没有从属关系,互不干涉对方活动。尽管两级监管机构在监管职能资源的分配上有所不同,并且为了提高监管效率,两者也不存在监督与指导关系,但两者之间也存在配合的需求,因此,两机构存有一份合作协调协议,在必要时为合作提供可行的法律依据,这符合西方政治中分权制衡的基础思想。该规定一方面可以减少两方监管机构的交往,避免存在共同利益空间;另一方面可以明确加拿大银行业监管机构的职责和义务,避免在面临利益监管时互相扯皮,明确发生风险时所指向的责任承担机构和负责人,督促责任人和机构切实履行监督职责。

2. 功能监管

由于混合监管部门是根据金融功能而非制度类型设立的,因此,混合监管也称为功能监管。自 1987 年加拿大金融机构监管署成立以来,在近 20 年的期间内,加拿大银行业监管部门没有进行大规模、根本性的重组,避免了制度变迁造成的资源浪费,保持了监管法规的一致性和稳定性,尤其在程序法的设立上,确立了监管者的权威地位。职能监管提高了监管效率,提高了监管机构解决问题的能力,促进了监管机构之间的交流与合作。这种交流与合作是金融业务不断扩张的必要条件,尤其是金融衍生产品的运作往往需要跨行业金融监管者的合作支持。监管者仅凭单一的监管职能无法完成所有的监管工作，这就要求监管部门之间的密切沟通与合作。①

3. 动态管理

加拿大银行业监管体系可以实现跨国银行风险防范有效监管的重要方法就是不断调整其金融监管法规，使之与金融市场需求相适应，金融监管立法与金融市场发展呈现出一个动态的互动形式。例如，监管当局会通过行政购买服务的形式，要求社会专业机构对金融市场的发展做出真实的数据分析和前景预测，并根据数据分析结果，适时调整监管法律中不适应当前金融市场现实的部分规定，通过特有的金融立法程序，修订加拿大银行风险监管法制中不合理、滞后之处，补充空白，同时重视法规内容的可行性。针对金融监管对象的不同类型和规模，加拿大金融监管法制规定了具有针对性、可操作性的监管要求和监管程序。在规范机构管理制度的建设方面，加拿大通过引入更科学的评估机制，更准确地衡量银行机构的潜在风险，指导被监管的银行业等金融机构更清楚地知晓监管法规及条例背后的立法意义，清楚自身违法行为可能产生的危害及行为自身的合法、合理性问题，从而及时对其自身行为进行调整。这就使管理干预体系兼具了弹性监管的特点，或者称之为柔性监管。首先，加拿大的银行风险监管制度中并没有严格明确的关于监管参数和数据标准的规定，这就使得监管机构在监管时有了一定的可裁量空间。监管当局可以依据当时的经济形势，更真实、更科学地评估银行面临风险的程度，而不是费力地为评估操作编写冗长的指导方针。弹性管理也反映在管理干预计划中，尽管有时会有所不同。加拿大监管机构可以依据跨国银行经营状况中的风险等级和程度，调整它与其他监管机构合作的方式和对该跨国银行监管的强度，监管机构的干预程度与监管对象的风险状况相一致。这种管理方案在时间和方式上因人而异，避免了繁琐的行政审批手续和单一的监管方式不适用于特殊状况的处理，可以极大提高行政资源的利用率，更全面、更有效地行使监管职能。②

---

① 参见沈颂东、何昇轩、吴迪：《加拿大养老保障体系对完善中国养老保险制度的启示》，载《福建论坛（人文社会科学版）》2016 年第 1 期，第 136 页。加拿大在其监管法律体系上，既由法律强制性规定，又对制度设计的风险评估体系的发展策略进行调整，以最小的社会资源成本实现金融业稳定的宏观目标。

② See H. M Treasury, *Banking Reform: Delivering Stability and Sustainable Economy* 54 (2012).

4. 重视对消费者权益的保护

加拿大在银行风险监管中坚持“以人为本”的金融监管理念，这点主要体现在加拿大银行业监管立法机关在对金融业立法时，并没有对银行监控设置严格的风险控制参数，其立法思想植根于“义务本位”，更多关注金融消费者的财产权益如何得以保障和实现。加拿大最为体现这类“以人为本”金融监管理念的制度设计在于设置了专门保障金融消费者权益的职能部门，即金融消费者管理局(Financial Consumer Agency)。该部门直接把保障金融消费者权益作为其立法的指导思想。在加拿大金融消费者权益保护的相关立法中，为银行等金融服务机构规定了多项义务性条款，如银行在对客户进行业务推广时，应先了解客户的财务信息，为客户推介符合其风险等级的金融产品；定期通过短信、宣传板等方式向储户传授金融知识，增强其权益保护意识。

(二)加拿大关于跨国银行风险防范法制的主要内容

1. 监管机构的相关制度

以主体划分，可以把加拿大现行的监管制度分为两个并列级别的监管机构：联邦级监管机构和省级监管机构。联邦级监管机构和省级监管机构属于层级划分，这样划分主要是为了区别不同领域管辖，方便对监管资源整合。

加拿大金融风险监管机构在其管辖范围上也有所差别。联邦级监管机构的监管对象主要是注册登记在联邦的跨国银行或金融机构，在监管内容上其主要负责对跨国银行或金融机构的偿还能力进行审慎监管，还承担保护消费者权益的责任和义务；省级监管机构则主要监管注册在各省的跨国银行及金融机构，在监管功能上侧重于各省金融机构在金融市场上的作为，旨在通过监管手段排除不合理竞争和违法行为，保证金融市场的公平竞争。在职能的划分中，加拿大联邦级监管机构和省级监管机构在权力行使中属于平行机构，不存在行政级别上的隶属关系。在对跨国银行及其金融机构的监管内容划分方面，都存在针对不同监管对象行使不同监管权力的职责，两者的监管范围互为补充，监管权力分权而治，并无交叉，也无管辖不明的内容，通过签署协议，在两级监管机构中协调相互合作关系；在管辖范围上，较之于省级监管机构，联邦级监管机构在对跨国银行的监管上，职权职能范围最全面，并有执法部门对其决定保证实施，因此可以认为，联邦级监管机构的执行力最强。

加拿大的“两级多头”金融监管模式与加拿大当局对银行业监管制度有史以来的重视密切相关,尤其是在其金融监管体系中设立与加拿大监管署、存款保险公司(以下简称存保公司)和金融消费者管理局相对应的评估制度、存款制度以及储户利益保障制度等,对跨国银行进行审慎监管。尽管由于严格的监管要求导致了在监管对象、审查程序以及监管范围上显得复杂繁琐,但其本质上对重复监管部分却各有侧重,因为全面覆盖的监管体系弥补了可能因为监管缺位而带来的制度风险,使得加拿大金融监管体系更为科学,符合当代先进功能性监管模式的要求。

2. 风险评估相关制度

加拿大立法机构为了能更加合理地分配政府的监管资源和跨国银行内部的监管资源以实现帕累托最优化的目标,减少因监管交叉重复等增加的交易成本,提高对金融业监管的效率和效能,在 1999 年制定颁布了针对银行业监管权分配的法律规范,即《金融监管框架》。该框架的核心是通过建立一套完善的跨国银行综合性风险评估标准和系统化的算术方法,有效反映跨国银行在其经营过程中所面临的风险、可能承担的损失及造成的危害,主要用来评估跨国银行经营稳健程度和抗风险能力,并以此为据实施配套的监管手段和监管措施。①

《金融监管框架》在功能上的设计不仅可以针对不同性质的金融机构和跨国银行所经营金融业务的不同类别,通过标准化的金融风险评估方法得出精确的风险评估结果,而且可以通过不同等级的评测结果对跨国银行配套不同程度、不同手段、不同等级、不同影响的监管措施,防止监管部门的监管权限过大且缺乏对银行的程序性保障,从而对银行经营造成二次伤害,影响加拿大地方经济的整体发展和稳定。加拿大监管署对跨国银行的综合风险评级评定分为两个步骤:一是对跨国银行重大业务的风险评估。该评估内容的主要根据是跨国银行内部的组织结构、海内外经营的商业战略、经营资产表中的资金分配以及表内表外的财务报表;二是对银行机构运行的风险评估。这里的风险评估主要指包含监管法规中要求检测的一切风险的综合风险评

---

① 参见左连村、刘婧:《加拿大银行监管制度的发展及启示》,载《内蒙古大学报(哲学社会科学版)》2012 年第 2 期,第 38 页。

估。在所有评估中,最重要的是对跨国银行等金融机构的综合风险评估定级的结果,因为该结果系加拿大监管署和存保公司对跨国银行采取监管措施的重要法律依据,也代表了加拿大金融监管当局对该跨国银行经营安全性和稳定性的意见。在程序设计和安排上,把综合风险评估放在对银行重大业务风险评估之后,并非因为综合风险评估结果对于加拿大监管署和存保公司不重要,相反,因为重大业务风险评估的结果是综合风险评估结果的重要参考依据。另外,根据风险评估等级的不同采用对应的监管措施,也会促使跨国银行根据处于不同阶段的风险评定结果,适时调整自身业务经营的范围,进而满足监管方对跨国银行经营合法合规性的检查,因此,跨国银行的综合风险评估结果并非一成不变,跨国银行的风险也有"下降"、"稳定"和"上升"三个发展方向,跨国银行依此不断调整自身的经营策略和对资本控制的安全性。最后,加拿大监管署和存保公司依据综合风险评估结果和综合风险发展方向的不同组合,决定银行机构所处的风险等级。

3. 银行监管的介入管理制度

加拿大设置的跨国银行监管机构包括监管署和存保公司两个机构,它们在对跨国银行行使监管职能时,主要通过监督形式对跨国银行早期发生的苗头性风险和相关领域出现的问题,积极主动地与银行沟通,力求将风险扼杀在其成长的初期阶段,更关注跨国银行在早期阶段存在的、不足以影响跨国银行经营的小问题和小风险,其目的是对银行可能存在的营利风险采取规避手段及对可能造成的风险损失采取起缓冲作用的抗压手段。这两个机构依据跨国银行所面临的风险等级进行不同程度的介入,不同介入对应不同的监管手段。也就是说,跨国银行所面临的风险评估指数越大,则加拿大监管署和存保公司对该跨国银行的监管介入程度就越深,反之,则对该跨国银行的监管介入程度越低。同理,由于两机构在监督职能的协调性配合,对某一跨国银行的监管频率同样会影响到加拿大监管署和存保公司对该跨国银行监管的介入程度和监督机构的合作程度。

加拿大在跨国银行的安全程度方面有着非常明确和严格的分级标准,它对风险指标的指向主要是针对综合性风险,即各类风险加权系数后的指标。根据加拿大评级机构对跨国银行综合风险的评测结果,加拿大监管署和存保公司依据其监管职权对加拿大境内跨国银行等金融机构的风险安全划分为五个等级,即 0/1/2/3/4。具体规定:以 0 级阶段作为监管标准的,针对的是跨国银行等金融机构在金融风险方面不存在重大问题,其一切经营活动均合规运行;以 1 级阶段为监管目标的,主要针对加拿大监管署和存保公司已发现跨国银行等金融机构在运行过程中存在的潜在风险并可能对银行运营的稳定性造成威胁,但该种风险并不严重,发生在初期阶段,可以控制;2 级阶段则指向评测风险为中等以上或者更高的综合风险评测结果,这表明跨国银行等金融机构在经营过程中所面临的风险已经威胁到银行自身对其债务的偿还能力和运营金融业务的风险承载能力;达到 3 级阶段时银行机构面临严重生存危机,由于 2 级阶段所描述的情况和问题未能得到缓解和补救,金融机构的生存能力和支付能力受到严重威胁;4 级则表明银行已资不抵债濒临破产,存在重大的经营风险,需要加拿大监管署和存保公司高度重视,对其采取最严格的金融监管措施。

加拿大监管署和存保公司针对不同阶段的介入措施也构成了加拿大金融监管制度的重要组成部分。加拿大监管署和存保公司对不同风险阶段,都配套具体可操作的监管措施,并在此基础之上,重视信息共享和协同合作。①

应对跨国银行综合风险评级程度为“0”的阶段,加拿大监管署和存保公司对此刻经营的跨国银行不采取强制手段或过分的行政干预手段,仅在法律法规规定的范围内行使日常的监管职能。例如,对跨国银行经营信息的相关资料进行收集;对跨国银行的风险进行常规检查和评估;以通知形式告知跨国银行定期召开相关会议等事宜;派遣其工作人员参加银行的董事会会议;针对跨国银行内部监督或规章职责的履行,进行常规的监督检查并审核结果等。在跨国银行综合风险评级达到“1”级阶段时,加拿大监管署和存保公司可以依职权向跨国银行的董事会、管理层以及银行的外审机构发送检察建议书,并要求银行自查,在规定时间内对检察建议书中所提内容作出解释或及时防范、弥补内容中提及的风险或缺陷。除此之外,加拿大监管署和存保公司还可以依职权提高对该跨国银行业务的检查频率,要求该跨国银行披露更多风险性相关信息及财务信息;可以要求银行内部人员对银行运营和风险提

---

① See Fitch Clobal, *Trading and Universal Bank Review*, *speciareport* 2011; *E. Liikanen*, *High-level Expert Group on Reforming the Structure of the EU Banking Sector* 33(2012).

示的关键点自查并整改,定期对整改后的跨国银行重新评估并作出意见;在多次整改后,若跨国银行的风险评估仍不达标时,加拿大监管署和存保公司可以联合起来,对跨国银行等金融机构的业务范围加以严格限制,该决定具有强制力。在银行处在“2”级风险阶段时,加拿大监管署和存保公司会加强对补救性措施实施情况的监督;开展更频繁、更大范围的后续监督;要求扩大对银行的审计范围并进行特别审计;制订应急计划,以便监管署在银行机构经营状况恶化情况下迅速接管该机构的资产。在达到风险级别“3”阶段时,加拿大监管署和存保公司可以采取的措施主要包括:再次提高银行对自身风险提示信息的披露程度和范围;派遣金融风险防范相关专家或专业人士进入银行,评估跨国银行某一领域的综合风险等级,如信贷安全领域、资产净值率领域等;进一步扩大对跨国银行经营业务和金融产品的管制;要求跨国银行有针对性地制定可能出现风险并造成严重后果的危机应急计划;向银行管理层、董事会建议解决方案等。在跨国银行评级为“4”级风险的极端情况,加拿大监管署和存保公司将联合对跨国银行账下的表内及表外处于该跨国银行控制之下的动产及不动产进行暂时性管制,直至跨国银行消除该等级的评级风险;必要时,经加拿大财政部长批准,可以直接接管该跨国银行账内所有资产及其处于跨国银行控制下的所有资产,继而向加拿大总检察长申请清盘令,处置在加拿大监管署和存保公司控制下的跨国银行资产及跨国银行控制下的所有资产等。

第四章　跨国银行发展中两对矛盾关系造成的困惑及其法律解决对策

第一节　跨国银行金融创新与金融风险法律防范的矛盾

一、跨国银行的金融创新

（一）金融创新的概念

金融创新通常产生于金融改革的过程中，它一般表现为对原有金融要素进行重新组合或者衍生出新的金融要素。狭义上的金融创新主要是指交易品种和交易过程的创新，例如，金融衍生产品的不断出现、投资银行业务的增多等。金融创新过程是一个新兴业务取代传统业务的过程，金融创新的目的主要是金融主体适应金融发展的需要以及获得额外利润。

（二）美国次贷危机前金融创新的内容

在2007年美国次贷危机发生前，各国普遍对对冲基金、投资银行业务等监管松散，缺乏对金融风险的系统化监管。金融衍生品的高杠杆性使收益成倍增加的同时，风险也被成倍放大。商业银行为了套利，采取了复杂的商业模式，在这种模式下，资金关系复杂，风险的透明度降低，信息不对称情况加剧，加上金融系统自身的脆弱性，极易引发系统性风险。在金融创新中，金融衍生品具有以下特点：第一，金融衍生品流动性较差，难以在市场上转卖；第二，金融衍生品的产生通常是对金融要素的重新组合、重新分解或者增加新的金融要素，金融衍生品的风险较为复杂；第三，金融衍生品具有高杠杆性，同时又属于表外业务，不易被察觉，风险发生具有突然性；第四，金融衍生品与基础资产联系紧密，同时，因金融衍生品在国际市场上交易，其风险具有联动性。

2007 年美国次贷危机发生前，监管机构普遍忽视对影子银行的监管。影子银行通常指银行以外的各种金融机构或者金融中介机构，影子银行是对这些机构形象的称呼。较之于传统银行机构，影子银行受到的金融监管相对较少，在利润驱动下，影子银行促使消费者购入大量的金融衍生品，不仅使得消费者的合法权益不能得到保障，同时也加重了银行的系统性风险。影子银行等金融中介机构对推动金融创新步伐、加快金融产品创新和推广起到了重要作用。但是，影子银行自身的趋利性，加上不受监管的特性，使得影子银行监管套利、损害消费者合法权益的现象多发，进而引发了金融风险。

（三）国际金融危机后金融创新的现状

2008 年国际金融危机后，国际社会进入了后危机时代。随着互联网的普及和全球信息网络化的发展，金融创新更多地表现为互联网金融创新。互联网金融创新是当代金融创新的主要趋势，互联网金融的发展加快了金融信息收集的效率，减少了人力成本，加快了国际资本流动。互联网金融依托先进的人工智能，使得全球范围内的国际资本不断流转，金融交易的活跃达到了前所未有的程度。互联网金融技术一方面使得信息共享效率提高，金融资本流动性加强，推动了全球金融领域的快速发展；另一方面，资金流动性增强的同时，金融投机行为也同步增加，风险也随之增加，这种状况对金融体系具有一定的冲击力，尤其是在发展中国家经济金融发展水平相对落后的情况下，金融网络体系还不完善，互联网金融创新使得金融网络安全问题日益突出。在后危机时代，经济金融的全球化和网络化使得金融创新高度活跃，金融衍生品交易规模不断扩大，金融体系发生了结构性的变化，国内外开始普遍重视对金融衍生品和影子银行的监管。

二、金融风险的法律防范

(一)次贷危机引发国际监管规则需求

美国次贷危机发生的最直接的原因是银行遭受了违约风险,次贷借款人无法按期偿还欠款,银行抵押物赎回权丧失。同时,金融监管当局只强调对资本充足率的监管,忽视了杠杆率监管和风险流动性监管。再者,金融创新使得衍生品交易量增大,但金融监管当局缺乏对金融衍生品交易的监督,忽视金融机构整体的系统性风险。加之美国超级大国的地位,其经济金融危机对于全球经济都会产生一定的负面影响。这场全球金融危机使得跨国银行相继倒闭,金融市场动荡不安,金融危机波及全球。现阶段,全球大范围的金融危机看似已经过去,但是金融危机的根源、金融危机所造成的损害依然存在,世界经济及金融仍然处于不稳定、不安全状态,全球进入后危机时代。后危机时代,全球经济、金融也发生了新的变化,全球金融表现出自由化、国际化、市场一体化、网络化、信息全球化的特征,全球经济已经成为密不可分的整体。各个国家的经济、金融能够相互融合,经济、金融得以快速发展。同时,全球经济、金融一体化放大了金融风险,使得本就危机四伏的金融产业风险加大。全球经济、金融甚至出现牵一发而动全身的现象,金融风险较之前更易波及全世界。同时,经济、金融全球化网络化与近年来逆全球化、分散化的监管体系间的矛盾日益凸显,主权债务危机以及国际信用评级普遍下降,虽然一系列跨国银行监管措施不断修改完善,但是,经济危机的出现往往是始料未及的,比想象中的更加猛烈。

金融危机对全球经济造成严重损害,经济的衰败意味着对现有的监管理念、监管体制的重新打造。金融危机使人们认识到市场调节资源配置在金融风险面前的无力。在这场金融危机后,不仅世界经济受到重创,政府的监管也受到影响。全球金融由谁监管、如何监管成为政府和社会各界普遍关注的问题。市场自由主义受到打压,国家干预经济趁势兴起,加强金融风险体系监管力度的呼声越来越高。

(二)《巴塞尔协议Ⅲ》推进风险防范的主要措施

2007 年,作为巴塞尔委员会核心成员的美国爆发次贷危机,对全球金融监管制度提出了新的严峻挑战。这场经济危机在新《巴塞尔资本协议》尚未真正实施时发生,使人们对其科学性和可行性产生了质疑,因此,新《巴塞尔资本协议》实施计划搁浅。巴塞尔委员会重新审视新《巴塞尔资本协议》,并对其制度框架进行了深刻反思。2009 年巴塞尔委员会进行了两次扩员,经扩员后的巴塞尔委员会在新《巴塞尔资本协议》的基础上通过了《巴塞尔协议Ⅱ》。《巴塞尔协议Ⅱ》对银行业务的监管主要着重于传统的信贷业务,重点着眼于对大约10%的银行业务监管,而对90%的与金融衍生品的相关业务缺少管理,这正是《巴塞尔协议Ⅱ》的一个重大缺陷,也正是这些具备现代商业银行功能的某些金融衍生品造成了金融市场的不稳定。2010 年 9 月,巴塞尔委员会通过了一揽子金融改革的文件,统称为《巴塞尔协议Ⅲ》。《巴塞尔协议Ⅲ》在强化新《巴塞尔资本协议》中"三大支柱"的基础上,建立了流动性监管的国际标准,革新了监管理念和监管制度设计,主要从资本充足率与流动性监管两个方面对新《巴塞尔资本协议》进行了完善,补充了杠杆率,扩大了风险的覆盖范围①,也间接地将金融衍生品的法律风险防范制度纳入其中。

三、跨国银行金融创新与金融风险法律防范的矛盾关系

金融创新与金融风险法律防范之间存在着复杂的矛盾关系。金融创新对于金融风险法律防范有利有弊。同时,金融风险法律防范对于金融创新也同样存在着利弊相当的情况,两者相互促进又相互阻碍。

一方面,金融创新加大了金融风险法律防范的难度。金融创新使得金融衍生品和表外业务增加,也使得混业经营现象成为银行业的普遍现象,金融监管更加困难。这具体表现在:第一,金融创新使得银行的表外业务增多,层出不穷的金融产品使得监管机构难以对银行进行全面监管。表外业务的资金流动并不直接体现在银行的资产负债表上,使得监管机构难以对银行的财务进行及时、全面的监管。银行内部人员也容易利用表外业务缺乏监管这一特点,谋求个人私利,滋生内部腐败现象。第二,金融创新使得银行业务与其他金融业务相互交织,复杂的债权债务、股权股利关联加速了金融业混业经

① See Wei Liu, *Basel III and Bank Regulation in China*, *Journal of Legal Technology Risk Management*, 135(2014).

营现象,使得金融领域混业经营成为常态。混业经营使得银行之间、银行与其他金融机构之间的业务领域相互渗透,业务联系增强;同时,也使得金融风险在各个领域之间交叉传播,加剧了金融风险的多样性和不确定性,一旦发生金融风险,就会波及其他机构,最终演变为整个金融体系的危机。另一方面,金融创新又促进着金融市场的发展,创新推动发展也是经济发展的必然规律。

金融风险法律防范为金融创新提供了制度保障。但同时,部分国家不健全的法律法规体制又成为金融创新的极大阻碍。金融发展史表明,创新与监管是金融业发展的永恒主题。监管、创新、再监管、再创新,由此推动金融业不断向前发展。[①] 每一次的金融创新都会推动金融市场的进一步发展,同时,又对金融风险法律防范提出更高要求。

第二节　金融全球化与跨国银行金融风险法律防范国别本土化的矛盾

一、金融全球化

(一)金融全球化的含义和背景

金融全球化主要表现为全球金融一体化,全球金融风险一体化,国际主体之间的参与性、金融各个领域的相互依存度增强,金融领域相互渗透情况增多,金融机构之间相互业务往来增多,联系日益密切。在后危机时代,随着互联网金融的发展,金融的全球化也表现为全球金融网络化。金融网络化的发展也进一步加速了金融全球化的发展。在这一背景下,金融机构之间往往互相持有对方机构的金融头寸,通过这样的方式来降低流动性风险和其他风险。但是,金融全球化和网络化在给全球金融市场提供便利的同时,也蕴含着极大风险。当危机来临时,其他银行由于所持有的金融机构的权益下降而遭受损失,金融机构之间的关联性加强很容易引起“太关联而不能倒”的现

① 参见周道许:《现代金融监管体制研究》,中国金融出版社2000年版,第108页。

象,往往一个银行的倒闭会对其他银行的正常经营产生影响,部分国家为了规避金融风险,采取保护主义的风险防范体制,与金融全球化和网络化发展的趋势相背离。

(二)金融全球化对跨国银行发展的影响

金融全球化与网络化的发展在给跨国银行提供发展助力的同时,也在一定程度上加大了跨国银行的风险。随着金融全球化与网络化的发展,现有金融体系的稳定性被打破,现行的跨国银行监管制度受到了前所未有的冲击,现代银行金融体系变得越来越复杂,金融全球化和网络化对跨国银行发展的影响具体表现在以下几个方面:

1. 金融全球化加速了国际金融监管合作的步伐

随着金融全球化进程加快,国际联系日益紧密,国际金融监管合作迈向了新台阶。跨国银行的国际金融监管合作包括国家与国家之间、国际组织与国际组织之间、国家与国际组织之间的合作。国家与国家之间的合作包括跨国银行东道国和母国之间以并表监管为主、东道国审慎监管为辅的合作。跨国银行跨地域的特点,使得跨国银行对于母国和东道国的经济发展都有不同程度的影响,加强东道国和母国之间的合作是由跨国银行自身的特点决定的。此外,跨国银行的国际金融监管合作还包括发达国家和新兴经济体国家之间、发达国家与发达国家之间、新兴经济体国家内部的合作。随着新兴经济体国家经济的发展,资本海外扩张的需求增加,新兴经济体国家经济与发达国家经济和全球经济联系日益紧密。近年来,金砖国家内部新兴经济体国家之间的合作已经成为国际金融监管合作道路上一道亮丽的风景线。

后危机时代国际组织之间的合作,主要以 G20 为首,G20 为金融监管合作的顶层架构,金融稳定理事会(FBS)、国际货币基金组织(IMF)、国际清算组织(BIS)、银行监管委员会(BCBS)等监管机构做具体执行的合作模式。①国际上具有影响力的国际组织所发布的各项决议,因其具有专业性和可执行性,受到越来越多国家的认可并被其根据本国实际情况内化为金融立法。

---

① 参见万泰雷、李松梁、黄鑫:《国际金融监管合作及中国参与路径》,载《国际经济评论》2014 年第 3 期,第 129 页。

从一定意义上讲，国家对国际组织决议的执行也是一种国家监管合作，跨国银行的国际监管合作贯穿国际金融监管的始终，有利于金融监管目标的实现。

2. 金融全球化发展使东道国的金融安全受到严重威胁，使得金融机构更易引发系统性风险

随着金融全球化和网络化的发展，发展中国家为了吸引外资降低了外资银行的市场准入门槛，将本国金融市场置于国际大环境中，有利于提高金融资源的优化配置效率，提高发展中国家的金融服务水平。但同时，由于发展中国家普遍缺乏完善的金融防范体制，金融机构的抗风险能力普遍较弱，加上银行的逐利性、信息不对称等原因，使得发展中国家作为东道国难以对外资银行进行全面有效的监管，与发展中国家提高本国金融发展水平的初衷相背离。20 世纪 90 年代以来，东南亚等国的金融危机与外资银行逃避监管有着密不可分的关系。金融全球化和网络化发展使得全球金融成为一个密不可分的整体，各个国家之间、金融机构之间的相互联系增强，节约了交易成本。网络化经营使跨国银行提高了经营效率，但越来越紧密的金融联系意味着金融风险之间的联系也在加强。全球经济运行良好时，金融的全球化可以加快经济金融的发展，但是一旦发生金融风险，金融的全球化和网络化会使得金融风险迅速扩散，甚至波及全球。

3. 金融全球化发展推动了跨国银行的兼并步伐，使得跨国银行监管更加困难

首先，跨国银行的兼并浪潮使银行间的资本进一步集中，扩大了银行规模，增强了银行的抗风险能力。但兼并浪潮也形成了一批“超级银行”，其一旦发生风险，极易牵连到其他金融机构，再加上金融全球化和网络化使各金融机构之间的联系加强，很可能会引发全球性的金融危机。其次，跨国银行的兼并浪潮使得全球金融进入垄断竞争阶段。大型银行集团拥有垄断优势；但在大型银行集团夹缝中生存的中小银行将可能面临倒闭风险，不利于营造公平的金融市场环境。最后，跨国银行并购浪潮使得银行业与其他金融机构的联系紧密，混业经营现象增多，一方面有利于银行集团的多样化经营，但另一方面金融机构间的混业经营使得银行的风险来源增多，同时也破坏了保险业、证券业等的竞争秩序。

4. 金融全球化发展使跨国银行表外业务增多,增加了金融风险

表外业务主要因银行所经营的业务不直接显示在资产负债表或其他财务报表上而得名。表外业务使银行能够获取更多的潜在利润,巧妙躲避金融机构的监管。但金融衍生品的高杠杆率使得风险成倍扩大,操作不当极有可能造成无法挽回的损失。法国巴林银行的倒闭、日本大和银行的巨额亏损都是内部人员为了逐利而违规操作、从事金融衍生品交易造成的。

二、跨国银行风险法律防范的国别本土化

国际金融危机后,各国普遍加强了对金融领域的监管,但是,如果监管力度过大,就容易出现逆全球化现象,金融保护主义现象突出,跨国银行风险法律防范呈现出国别本土化特征。概括来说,东道国和母国对于跨国银行风险法律防范都存在不同程度的国别本土化现象,主要表现在对本国银行机构的地方保护倾向严重,东道国和母国之间不愿进行信息共享、不愿进行金融领域的国际合作等几个方面。在此,我们所说的跨国银行风险法律防范国别本土化,主要针对东道国,其次才是母国。

(一)东道国银行风险法律防范的国别本土化

1. 东道国银行风险法律防范国别本土化的原因

(1)外资银行对东道国的消极影响

外资银行是与东道国本国银行相对的概念,东道国对外资银行的监管主要是基于东道国主权以及属地管辖原则。尽管从法律性质上看,外资银行是在东道国境内注册成立的法人机构,但实际上,东道国普遍对本国银行和外资银行区别对待。对东道国而言,外资银行是外来者,当外资银行出现流动性风险和其他风险时,东道国当局往往并不对外资银行进行援助。跨国银行风险法律防范的国别本土化主要表现在两个方面:对内表现为东道国对本国银行的地方保护,对外表现为东道国对外资银行市场准入的限制及给予外资银行不公正待遇。

其中,东道国对跨国银行的限制性监管主要是针对其消极影响而言。尽管外资银行对于增强东道国的市场竞争力、促进东道国的经济发展具有重要推动作用,但是外资银行对东道国经济的不利影响仍不可忽视,东道国对外

资银行的态度往往相当复杂。[①]

(2)内外部因素共同决定着东道国对外资银行的态度

内部因素是指东道国经济的发展水平,经济越发达的东道国,银行业监管体系和金融法律体系会越发达,跨国银行所具备的风险防御能力也会越强;相反,经济欠发达的东道国,金融监管制度的不完备使其抵御金融风险的能力相对较弱,一旦外来资本的进入对本国经济及金融体系造成侵蚀,便可能造成整个银行业动荡,阻碍经济稳定健康发展。因此,经济欠发达的东道国更倾向于推行金融保护主义,实行金融的国别本土化监管。

外部因素是指金融全球化的弊端和跨国银行的逐利性对东道国银行业的阻碍。外资银行的不断扩张与经济、金融的全球化发展密不可分,金融的全球化使得全球资本对外扩张,金融全球化在带来资本融合、加快金融产业发展的同时,也使得金融危机从一国蔓延到多国甚至全球。在 2008 年国际金融危机后,部分国家之所以实行跨国银行的国别本土化监管,客观上是因为在金融全球化背景下的金融危机对本国的波及和部分跨国银行的倒闭对本国经济的重创。再加上跨国银行本身的逐利性,部分跨国银行进入本国后,一味追逐利润,进行金融创新活动,逃避监管,加大了本国金融业监管难度,损害了本国金融消费者的合法权益,阻碍了本国银行业的发展。

2. 东道国金融风险法律防范国别本土化的具体表现

(1)市场准入前的国别本土化监管

东道国对外资银行的监管,从纵向来看,主要分为金融市场准入前和准入后的监管。金融市场准入前的监管主要是一种事前预防行为,是东道国对外资银行的基本态度。由于每个国家的经济和金融发展状况不同,可能面临的金融风险有差异,它们对外资银行进入本国的态度也各有不同,但大体上可分为遵循保护主义原则、国民待遇原则、对等互惠原则和最惠国待遇原则。

对于市场准入前的监管,东道国一般根据外资银行资本充足率、规模、经营实力、审慎管理行为和融资等条件进行审查,选择适合本国的市场准入原则。其中,对外资银行资本和股权比例的要求最为重要。外资银行资本的要

---

① 参见张善云:《有效银行监管的利剑或金融市场准入的障碍——浅论跨国银行监管中东道国和母国的评判权》,载《市场周刊(理论研究)》2012 年第 7 期,第 84 页。

求主要包括对资本充足率、最低资本金的要求。股权比例要求主要考虑持股比例对控制权的影响。1992 年巴塞尔委员会发布的“巴塞尔最低标准”，确立了外资银行市场准入双重许可原则，规定只有经东道国和母国的双重许可才可设立跨国银行机构；同时规定东道国对外资银行进行市场准入审查时，母国并表监管的履行程度是东道国市场准入的重要指标。如果发现母国监管当局的并表监管没有充分履行，东道国对跨国银行分支机构的市场准入有权限制或禁止。

实行国别本土化的东道国在跨国银行市场准入制度上往往采取保护主义原则，对跨国银行的市场准入规定更高更严格的资本充足率标准和其他标准，虽然这在一定程度上保护了本国金融市场，但在金融全球化趋势已经成为时代主流的后危机时代，这种做法最终必然会阻碍本国经济的发展。

(2)市场准入后的国别本土化监管

在外资银行进入东道国后，东道国对外资银行的本土化监管主要体现在对经营业务、存款准备金率和市场退出机制的监管。对经营业务的监管即对外资银行业务范围或者业务种类的监管。经营业务的国别本土化监管主要体现在对外资银行金融创新的压制，它在一定程度上降低了外资银行的资金活跃程度和盈利能力。

此外，在外资银行的存款准备金制度方面，东道国规定最低存款准备金率。存款准备金的作用在于当商业银行发生挤兑或者其他支付危机时，商业银行可以请求中央银行利用存款准备金帮助其渡过难关。存款准备金是一国重要的货币政策，不仅是调节货币供给量、调节经济运行的重要手段，更是防范商业银行金融风险的必不可少的措施。尤其对于经济发展相对落后、抗风险能力相对薄弱的新兴经济体国家，规定最低比率的存款准备金率很有必要。但存款准备金率的主要作用是调节市场上的货币供应量，若东道国仅将其作为预防本国金融风险发生的工具，往往会对外资银行区别对待，对外资银行规定较高的存款准备金率，与经济发展实际情况相背离。

东道国的国别本土化监管还体现在市场退出机制的相关监管。市场退出机制监管是在银行机构发生信用危机或可能发生信用危机时，为保护存款人利益并恢复市场秩序，金融监管机构依法对该银行退出市场的全过程进行的监管。[①] 市场退出机制主要是为了保护存款人的利益,进而保护本国经济不会因为单个银行的倒闭而受影响。市场退出机制主要包括存款保险制度和最后贷款人制度。存款保险制度最早出现在美国。20 世纪 30 年代,美国发生经济危机,多家银行破产,国民经济受到重创。1933 年美国国会通过《格拉斯·斯蒂格尔法》,也称作《1933 年银行法》,创建了存款保险制度,这是一部对美国银行系统进行改革的法律,美国联邦存款保险公司即依此而成立。美国联邦法要求,吸收存款少于 10 万美元的跨国银行联邦分行,必须在联邦存款保险公司投保。[②] 在跨国银行的保险制度中,存款保险机构可能是国内机构,也可能是以跨国形式存在的机构。银行在一国国民经济中的作用无需多言,跨国银行一旦发生信用危机,支付不能甚至破产,至少牵涉两个国家的经济发展,如果发生危机的是系统重要性金融机构,甚至会牵连引发全球性的金融危机。因此,存款保险机构设定的意义在于事前预防而不是事后补偿,存款保险机构应当尽量发挥其监管预防作用,但是它的监管预防仅作为补充作用而存在,不能代替银行监管机构的职责。无论从业务活动、人员配置、组织目的来说,它都不是专门的、专业的银行监管机构,不具有审慎监管职能。这种制度类似于存款准备金制度,对化解银行债务危机、存款人利益保护具有重要作用。最后贷款人制度是一国金融机构或者政府为解决金融机构已经出现或者可能出现的信用危机而提供紧急性的流动性救助的制度安排。[③] 这一制度最早源于 1873 年,英国商人沃尔特·白志豪在其著作《伦巴特街》中曾建议英格兰银行充当最后贷款人角色,在发生金融恐慌时进行救市。自此,中央银行充当最后贷款人受到各国普遍关注并逐步发展起来。最后贷款人制度的目的是维护经济体系的整体利益,防止因为个别银行的倒闭引起全国经济的动荡。

一国的中央银行一般充当最后贷款人角色,但对跨国银行这样跨地域的金融机构而言,大多数东道国并不愿意充当最后贷款人角色。为了防范跨国银行分支机构给本国带来风险,不少东道国不仅在市场准入方面规定母国的

---

① 参见刘定华、王莉:《刍议对外资银行主体运作的监管》,载《湖南财经高等专科学校学报》2002 年第 6 期,第 72 页。

② 参见徐湘明:《完善我国银行监管的若干建议》,载《统计与决策》2004 年第 7 期,第 87 页。

③ 参见何青青:《浅议国际最后贷款人法律制度》,载《经济研究导刊》2015 年第 7 期,第 325 页。

监管责任，也将母国在跨国银行分支机构发生经营困难甚至倒闭时具有救助能力作为一项重要的准入标准。当跨国银行分支机构出现危机时，可以请求母国监管机构或者总行对跨国银行分支机构进行救援。

（二）母国金融风险法律防范的国别本土化

1. 母国金融风险法律防范国别本土化的主要表现

东道国和母国对跨国银行的金融风险法律防范都存在不同程度的国别本土化现象。虽然东道国由于上述种种原因，往往更倾向于金融监管的本土化，但我们也不能忽视母国监管所呈现的金融保护主义倾向，更不能忽视这一现象对跨国银行发展的危害。母国金融监管国别本土化主要体现在：第一，母国不愿与东道国进行信息共享，尤其当分支机构发生金融风险时，母国往往基于自身利益考虑，隐瞒事实，企图规避风险。在日本大和银行的巨额亏损案例中，日本作为母国当局，在早已发现其分支机构存在内部操作风险时，未与作为东道国的美国进行有效的信息交流，使得美国也未能采取有效措施减少大和银行的巨额亏损，直至大和银行发生了不可挽回的损失，美国当局才知晓。第二，在东道国经济下行时撤回资本，这一点在 1997 年亚洲金融危机时尤为凸显。当经济危机席卷亚洲时，外资银行的母国非但没有履行对外资银行的救助义务，反而在东道国发生经济危机时撤回资金，使得亚洲本就危机四伏的金融业雪上加霜，亚洲经济受到重创。

2. 母国金融风险法律防范国别本土化的危害

母国金融监管国别本土化的危害主要表现为信息不对称对跨国银行发展的影响。母国对跨国银行分支机构实行并表监管，在单一法人监管的基础上，对银行集团的资本、财务以及风险进行全面和持续的监管，识别、计量、监控、评估集团的总体风险状况。并表监管强调母国对跨国银行分支机构风险的全面、系统、持续监管，强调母国当局在全球范围内对银行整体业务风险的把控，是跨国银行机构以资产负债表为基础的整体性、综合性、持续性的监管。巴塞尔协议规定了母国的并表监管责任，并被当今世界各国普遍采用。

由于巴塞尔协议在全球范围内的影响力，世界各国普遍采用以母国并表监管为主、东道国有效监管为辅的监管思路。母国的并表监管处于核心主导地位，对于跨国银行分支机构，母国掌握着跨国银行分支机构的财务报表信息,便于对跨国银行分支机构的资产运营情况进行全面、及时掌握。如若母国实行金融监管的国别本土化,必然造成东道国无法及时获得跨国银行分支机构的有效信息,对跨国银行发展的危害不可低估。

三、金融全球化与跨国银行风险法律防范国别本土化的关系

伴随着金融全球化的发展,金融市场呈现出国际化趋势,但金融监管尚未完全实现国际协同,各国监管政策仍各行其是。尤其在跨国银行风险防范方面,东道国和母国监管仍呈现出本土化特点,与金融全球化的趋势相悖,不利于国际监管合作。在 2008 年危机发生后,各国普遍加强了对跨国银行的监管,但过度的监管使东道国和母国的保护主义倾向严重。尤其是部分东道国提高了对跨国银行分支机构的市场准入标准,甚至对外资银行进入本国市场进行限制,并在外资银行进入本国市场后,对外资银行提出了比本国银行更高、更严格的监管要求。过于严苛的标准使跨国银行对国外市场望而却步。

母国金融监管的国别本土化虽然在一定程度上可以减轻国际金融危机对本国银行业的侵蚀,独善其身的做法有利于本国银行业的平稳运行。但是,在金融全球化和网络化的背景下,单个国家各行其是的做法不利于信息共享,金融领域内信息不对称的现象加剧,如果出现金融危机,东道国或者母国就无法及时采取有效的措施,致使金融危机发生,并迅速蔓延至全球,反过来会加剧本国金融市场的动荡。

第三节 后危机时代对跨国银行发展中两大矛盾的法律解决建议

在后危机时代的背景下,金融创新与金融风险法律防范、金融全球化与金融风险法律防范国别本土化这两对矛盾已经成为跨国银行风险监管法制化中的两大障碍,同时也为全球金融监管法制改革提供了不竭动力。

一、金融创新条件下进行金融风险法律防范的制度完善建议

(一)建立健全金融风险监管法律机制

应建立健全金融风险监管法制,为多元化的融资体系提供法律平台保障。例如,我国首先应根据当下国情,建立健全金融风险监管法制,遵循法律至上原则,坚持有法可依、有法必依的宗旨,统筹兼顾,做好金融立法工作。立法工作要做到科学、统一、系统化,不同位阶的法律效力应当明确,避免法律适用混乱。通过不断调节与完善,尽快建立健全金融风险监管法制。实践中,应通过提升金融安全立法层级,制定专门的金融安全监管法,建立完备的金融安全预警制度,强化金融法安全价值的基础性地位。通过制度设计改进金融监管的组织结构、监管模式和监管形态以提升金融监管的效率,实现金融安全与金融效率的融通与互动。后危机时代,金融创新仍然是银行获取额外利润、逃避金融监管的主要途径,在巨大利润空间的推动下,金融创新需要金融风险法律防范为其扫清发展障碍,建立事前预防和事后处理机制,为金融创新活动提供行为规范,发挥法律的指引和规范作用。同时,要推动场外衍生品市场的改革,完善交易信息报送机制,明确集中清算衍生品和非集中清算衍生品的资本落实情况,制定相关要求,尽量涵盖全部场外衍生品。

(二)加强对上市公司内部的风险监管

规模较大的银行集团基本均为上市公司,相关法律制度的不健全,表外业务和投行业务的增多使得银行内部规避监管更加容易。上市公司容易出现内幕交易等违法违规现象,严重破坏了金融安全和金融市场交易秩序。首先,需要加强对上市公司的信息披露要求,完善上市公司的信息披露制度,建立必要信息强制公开制度。其次,法律应当明确规定独立董事的义务及其在公司中的职能,明确追责机制,细化责任,运用法律法规以及公司内部的监管对公司管理层的行为进行监测,防止上市公司的腐败现象。再次,对于符合债转股条件的银行等金融机构,鼓励其债转股,转变投资方式,促进社会资本进入,加大银行等金融机构市场化进程。最后,在银行这类上市公司中,改善银行治理结构,明确全面地规定具体的操作流程、财务制度和内部监管制度,使得银行业务人员能够规范操作,减少内部操作风险和其他金融风险,推动

建立现代化的银行业治理模式。

(三)协调金融创新和金融监管之间的关系

金融创新推动经济不断向前发展,但金融创新引起的金融风险同样不可忽视。应当平衡好金融创新与金融监管之间的关系,在推动金融创新的同时,加强金融监管,使金融监管能够跟得上金融创新不断加快的步伐,与金融创新相适应。金融监管力度过大,将会抑制金融创新,进而抑制金融发展;金融监管过于松散,则很难发挥宏观调控作用,金融监管将形如虚设。这就需要监管当局树立正确的风险管理意识,明确金融创新监管原则,建立起与当前金融创新相适应的监管体制。

二、金融全球化背景下解决跨国银行监管本土化问题的制度建议

(一)对外资银行的金融监管指导思想应当明确

外资银行对东道国经济发展具有不同程度的影响,各个国家根据本国经济形势的差异,对外资银行的市场准入和监管也有各自不同的监管思路。东道国监管当局既要为外资银行的经营发展提供良好的市场环境,以期吸引外资,保持本国金融市场的国际化水平,提高本国金融市场的国际竞争力;同时又要加强对外资银行的监管,根据经济形势不断调整对外资银行的监管思路,以保证外资银行的蓬勃发展不会影响本国金融市场,保证本国银行业的平稳健康发展。目前,我国对外资银行监管的指导思想以对等的国民待遇原则为主,以最惠国待遇原则为辅,以实现我国金融自由和金融安全的双重目标。

(二)建立健全银行业监管制度

首先,应推行全面的风险监管制度,健全金融市场的风控制度、资产评级制度和信息披露制度。立法机关应当对现行有关外资银行监管的法律法规进行清理,增强有关法律法规的稳定性和权威性。应当制定关于外资银行监管的专门立法,其中涵盖外资银行的市场准入、行政审批、经营范围、内控制度、信息披露制度、违规处罚措施、权利保护及争议解决机制等。应全面科学地立法,保证相关法律法规的稳定和可操作性,同时也要注重效率,尽快出台与审慎监管相关的法律法规。发展中国家可以借鉴美国关于外资银行的资

产评级制度，对外资银行实施区别监管，对外资银行的经营水平、资本充足率和财务状况等进行全面监管，根据本国国情建立一套完善的外资银行风控制度、资产评级制度和信息披露制度。

其次，应转变单一风险管理模式，建立一套事前预防、事中检查、事后保护的风险预警机制。银行的传统业务以信贷业务居多，因此，银行长期以来主要考虑的是信用风险，而较少考虑其他风险对银行经营的影响。随着金融市场全球化、网络化的发展，金融市场变得更加复杂，其他风险的发生更加频繁。由于银行内部操作手段、操作技术的不规范，内部财务账户设置的不合理，组织分工混乱等，银行内部的操作风险极易发生。外部的市场风险与其他风险往往交互发生，共同对当下经济发展产生影响。因此，要加强风险的全面管理，从市场准入到最后的退出机制，实现全面持续性的审慎监管，实现金融业的稳定发展。

最后，完善银行业的内部控制制度。以我国为例，随着我国对外开放的不断深化，我国银行业的经营理念发生了重大变化。我国金融监管当局逐渐认识到单纯依靠外部监管不能适应银行的发展，必须加强银行内部控制制度的完善。2002 年 9 月中国人民银行出台了《商业银行内部控制指引》(已失效)，明确了银行内部的控制标准。但银行管理体制和配套执行问题，与英美国家的内部控制制度仍存在差距。外部审计制度的建立对我国银行业内控制度的完善起着至关重要的作用。同时，跨国银行内部控制不当所引发的风险属于操作风险范畴，这一类风险因为发生在跨国银行内部，加之金融领域内常有的信息不对称，如果没有充分的信息披露，外部很难知晓。因此，为了防范跨国银行的操作风险，实现内部控制和外部监管相结合，必须首先建立一套完善的信息披露制度，避免因内部控制不当所引发的银行亏损、倒闭，保证跨国银行的平稳健康运行。

(三)坚持银行合作监管

巴塞尔协议主要通过规定资本充足率标准促进国际监管合作。全球金融一体化、自由化发展使得跨国银行的地域跨度加大，有发达国家作为母国、新兴经济体国家作为东道国的情形，也有新兴经济体国家作为母国、发达国家作为东道国的情形。发达国家和新兴经济体国家间的金融联系日益紧密，只有通过金融监管合作,跨国银行抵御金融风险的能力才能不断加强。由于东道国和母国管辖权划分标准不同以及东道国和母国间的信息不对称,监管范围容易发生交叉重合,或者造成监管空白。再加上金融全球化的发展,跨国银行金融业务的增加,国家之间的资金流转较之前更加频繁,无论是属人监管还是属地监管,都无法实现对跨国银行的全面监管,金融风险的发生率仍然很高。

对于东道国而言,由于母国掌握着跨国银行分支机构内部的并表监管信息,单纯靠东道国对其流动性及一些外部经营信息进行监管,很难真正掌握跨国银行分支机构的经营状况以及潜在风险。就目前母国和东道国之间合作的情况来看,母国和东道国之间还没有建立起完整有效的合作机制,其中一个重要原因就在于母国和东道国之间的信任危机。由于两国政治、经济发展、历史文化、监管策略等各方面原因,往往会出现母国不信任东道国监管、东道国也不信任母国监管的情况。

在跨国银行蓬勃发展之际,各国要建立多方面的合作渠道。各国国内监管部门应当与境外监管部门建立起多层次的合作监管机制,推动金融业综合统计和监管信息共享,缓解信息不对称现象。同时,可以借鉴《巴塞尔核心原则》的有关规定,明确东道国和母国的监管责任,积极促进国际沟通合作,共同抵御金融风险。另外,各国应当将本国的金融监管改革与国际金融监管改革协调起来,借鉴吸收国际监管合作的积极成果,增强自身银行业的国际竞争力,实现跨国银行监管的国际化和现代化。要始终保持积极开放的心态,坚持“引进来”和“走出去”并重,东西方双向合作,大幅度放开市场准入,放宽跨国银行业的外资持股比例限制,扩宽全球金融合作领域。

第五章　后危机时代跨国银行风险防范法制改革的路径

银行交易的本质是现在价值与未来价值的交换，而期间价值的波动性造成了银行交易的风险。由于现实中存在信息不对称等情况，银行作为贷款人，难以完整、准确地掌握借款人的相关财务信息，这造成银行频频面对风险。总之，银行风险的存在是由银行本身的业务性质决定的，与银行交易相伴相生，难以从根本上避免。近年来，银行业国际化发展迅速，伴随着银行机构及其业务的跨国性特征日益突出，银行交易面临的不确定因素骤然增多，因此，它将会遇到更为复杂的风险。银行不能被动地全盘接受上述客观存在的风险，而是应该积极地应对，采取相应措施对风险加以预测和控制。此外，银行业的稳定发展对国计民生的稳定具有重大意义，各国金融监管当局也应积极发挥自身的监管职能，并谋求全球范围的监管合作，更好地处理银行活动中的各种风险，实现国内乃至全球金融秩序的稳定。

第一节　后危机时代跨国银行风险防范法制改革的必要性和迫切性

一、银行业国际化发展加大了跨国银行风险的控制难度

自20世纪60年代以来，金融全球化迅速发展，势头强

劲,极大地改变了各国银行业的经营环境和运作模式。在金融服务全球化和自由化的推动下,各国银行业创新、改革、并购与整合的步伐进一步加快,跨国银行的全球化和自由化成为国际银行发展的新趋势。跨国银行是金融全球化的中坚力量,也是银行国际化的重要载体,[①]同经贸往来、市场交易息息相关。不论是资本的全球流动还是金融服务业的创新,都与跨国银行的促进作用密不可分。金融全球化和银行国际化适应了跨国公司和国际贸易的发展,顺应了生产和资本国际化的内在要求,促进了资源的优化配置,提高了各国的综合经济效益。然而,金融业的国际化和跨国银行的发展不仅给世界经济带来了积极的影响,而且带来了一些负面影响。本部分将从银行机构国际化和业务国际化这两个银行业国际化的内涵[②]出发,对这些负面影响进行思考和剖析。

首先,银行机构的国际化不仅是银行在全球范围内扩张逐步建立起网络体系的过程,也是商业银行逐步开展相关国际业务的过程。在银行业国际化的推进中,银行机构的国际化发挥着基石作用,这也是跨国银行从事国际金融业务的前提。跨国银行的早期发展伴随着国内跨国公司的扩张,一方面,跨国公司在进行海外经营的同时,相应产生了大量国际金融服务需求,如海外融资、海外利润汇出等。另一方面,由于与东道国的语言文字不通,商业习惯以及法律规定等不同,跨国公司从安全与便利的角度出发,更愿意与国内商业银行或其海外分支机构开展业务。因此,对银行业来说,跟随国内跨国公司一同进行海外经营拓展,不仅可以与客户保持长期稳定的关系,还能够增加利润。加之早期金融服务业出口尚未普及,大都由所在地提供,所以,银行纷纷在海外设立分支机构。这样久而久之,便在国际上形成了自身的机构网络。由于银行机构的国际化发展,各国的金融市场通过跨国银行的总部和分支机构紧密相连。跨国银行总部与分支机构之间的资金周转和日常业务往来,打破了金融市场风险跨境扩散的障碍,使金融体系风险更易于相互传递。我国金融市场已经向国际金融市场转移,从而加剧了全球金融体系的不

---

① 参见李国安主编:《金融服务国际化法律问题研究》,北京大学出版社2011年版,第203~207页。

② 参见杨力:《试论银行国际化的适应性货币供给效应》,载《世界经济研究》2004年第8期,第29~30页;郝飚:《西方银行业的国际化对我国的启示》,载《武汉金融》2000年第8期,第31页。

稳定性。

其次,银行业务的国际化是银行的业务从国内开展到国外,是银行国际化实现其最大利益的核心。实现银行业务国际化的途径较多,既可通过直接设立分支机构,也可通过获得股权和合作的方式。在金融全球化背景下,跨国银行海外分支机构不断设立,在各东道国开拓市场,各海外分支机构为充实其资本,还会不断地进行投资渠道拓展,同时扩大其受理业务的范围,因此,跨国银行在跨国业务中的风险将会增加。由于各国金融机构与金融市场的相互依存与合作,为了增强本国在全球金融市场中的份额,发展自己的经济,以谋求在全球化中的优势地位,各国普遍放宽对包括银行业在内的跨国公司的经营限制。在经济发展至上的影响下,一些政府甚至通过减少对跨国公司的控制和干预等手段以期获得跨国公司的投资,这无疑助长了跨国公司的不法经营之风。一些跨国银行也趁势而行,利用法律和政策漏洞,罔顾金融市场的稳定,肆意开拓新业务。因此,跨国银行的风险控制更加困难。此外,由于跨国银行的分支机构和业务分布于多个国家和地区,因此,对其进行的风险监管和控制往往涉及母国和各东道国等多方法律规定,难免有冲突和重叠。同时,母国与各东道国之间的金融合作机制的有无与完善与否也是应考虑的问题。在金融全球化背景下,跨国银行的经营范围之广、增长速度之快以及衍生产品之多,已经超出了母国或东道国各自金融风险监管的控制能力。

综上所述,跨国银行是推动金融全球化进程的主要力量,也是金融风险高发区域。20 世纪末的亚洲金融危机和 21 世纪的国际金融危机就是很好的例证。尤其是在金融全球化和银行国际化的背景下,跨国银行面临更复杂的风险情况,加之发达国家货币政策可能转入正常化,部分新兴国际市场经济体面临着跨境资本波动所带来的内生风险,这也同时加大了监管的难度,因此,进行跨国银行风险防范法制改革迫在眉睫。

二、国际金融新秩序对跨国银行风险防范提出了新要求

国际经济金融格局取决于国际力量的对比,国际金融新秩序的发展有赖于国际力量对比的变化。一方面,经济全球化和世界多极化深入发展,科学技术革命日新月异,金融创新层出不穷,推动着多边贸易政策的改革和各国

金融管制的放松,促使各国经济和金融的相互依存日益紧密,同时也加剧了世界经济和金融发展的不平衡。新兴市场经济体在面对全球流动性变化时,往往具有更高的脆弱性,美国 2013 年宣布退出量化宽松政策所引起的新兴市场国家货币贬值便是最好的例证。发达国家经济政策可能会对新兴市场产生负面的溢出效应,外债规模较大、经济脆弱程度较高的国家可能会面临更大的冲击。另一方面,新兴市场国家的经济加速增长,金融霸主美国开始走向衰落,国际金融秩序也发生了巨大而深刻的变化,新秩序需要新规则,跨国银行风险防范法制也要根据国际金融新秩序的发展特点进行相应改革。

首先,国际金融新秩序的一大特点为,从单一主导到多方共治的转变,参与全球金融治理的主体也更加多元。随着全球化的推进,各个国家联系日益紧密,从某种意义上讲,世界正在缩小,“地球村”现象使全球性问题与相应议题逐渐增多,仅凭一国之力难以处理。多边条约及依据多边条约建立起来的国际组织正发挥着越来越重要的作用,在规范国际金融秩序中亦是如此,全球性金融危机在世界范围内造成了深刻影响,全球金融与经济都出现了一定程度的衰退,但也使得国际社会对现存的国际金融监管机制及配套措施进行反思,并开始进行新的探索与改革,一批新机构、新机制和新规则由此进入人们的视线。以 G20 为例,近年来,它正在成为国际金融监管的主要推动者,[①] 在协调各方主体、推动国际金融组织有效作为、制定与当今时代相适应的监管规则等方面,它都起到了至关重要的作用。金融稳定委员会(FSB)也正逐渐走到国际金融体系改革中心的位置上来,并直接向 G20 进行报告。主权国家、政府间国际金融机构、非政府组织等相互独立,相互影响,互相竞争与合作,共同推动全球金融治理。当下贸易保护主义日渐抬头扰乱了全球金融的修复进程,影响着跨境投资者的投资预期与投资信心。为了维护国际银行体系的稳定、应对全球银行业的潜在危机与风险等问题,国内银行监管当局应主动加强与包括其他国家监管当局、国际银行监管机构和政府间国际组织在内的、有助于银行业监管的各方力量的合作,从而构建一个多元主体共同发挥作用的、可以有效防范银行系统风险的纵横交错网络机制。

---

① 参见廖凡:《国际金融监管的新发展:以 G20 和 FSB 为视角》,载《“2020 年的国际法”暨中国青年国际法学者论坛论文集》,第 89 页。

其次,国际金融新秩序的另一个特点表现为:从追求效率向兼顾安全、公平转变。在2008年国际金融危机面前,国际金融法律秩序的价值取向需要重新被审视。此次金融危机以极端方式迫使人们反思过度追求效率和自由化所带来的恶果,要求国际或国内金融法制均将安全与稳定作为其主要价值目标以及金融业发展战略的最高诉求,以促使国际金融体系呈现稳定化的发展态势,充分发挥国内力量和国际力量,加强金融监管。除此之外,国家层面的公平还表现为国家之间的互利合作。随着权力的消长和新国际关系的发展,国际社会在财务管理中必须重视权力制衡和多元化。发展中国家在国际金融治理领域日益活跃,不仅积极参加全球金融监管合作与改革会议,而且通过加强合作,推动改革进程。基于一些新兴大国之间的协调,国际组织也开始吸纳更丰富的成员,这样才更具代表性,相关规则才能够更好地反映各国的需要。例如,巴塞尔银行监管委员会在传统上一直处于一个较为封闭的状态,但随着实践的发展,它不得不考虑更为广泛主体的利益,它于2009年新吸纳包括中国、印度、巴西在内的10个国家为其成员。随着新兴市场国家在国际中综合实力的上升和国际地位的提高,它们在国际银行业监管事务中所起的作用也将不断增强,进而能够真正获得规则制定的话语权,在国际银行业监管规则和标准的改革中体现发展中国家的利益需求。所以,原先在某些主要经济体主导下制定的相关规则秩序,已经不适合当下的发展趋势,必须进行改革。

最后,国际金融新秩序的第三个特点,表现为国际金融监管规则日趋集中化和统一化。在金融国际化趋势产生之前,对跨国银行的唯一监管方式就是国家监管。国家监管至今仍是许多国家对跨国银行实施监管的主要方式。由于跨国银行的总行或母行的主要营业处或主要办事处大多位于母国国内,因此,无论依据设立地原则还是主营业地原则等,其天然具有母国的法律人格。母国便可依据其国内法对该跨国银行的总行或母行进行管辖和监督。但是,跨国银行在海外设立分支机构时,一经东道国政府准入,其行为就必须接受东道国的属地管辖,但它不能对跨国银行的母行或总行进行监管。由此,对跨国银行的监管要受到东道国和母国不同的金融政策的影响,势必会产生在法律适用和风险控制上的相互冲突。此外,两国金融监管措施的差异,也给跨国银行通过利用漏洞,避开当事国的金融监管提供了便利。此种情形需要当事国之间就跨国银行相关的监管规则达成统一，相互协调合作，防患于未然，否则一旦跨国银行发生风险，其蔓延速度之快、波及范围之广将远远超出国别控制的范围。

综上所述，由于跨国银行自身的性质特点，加上现有监管机制的漏洞，从短期来看，可以利用自己的优势进行监管规避风险，但从长远来看，监管的不到位反而增加了营业风险，最终会受到危机反噬。2008 年肇端于美国并轻易而迅速地波及全球的金融危机凸显出国际金融体系中金融监管合作法律制度的滞后与缺失，[①]印证了在金融全球化以及金融日新月异的当下，构建金融监管国际合作体制的紧迫性、必要性和重要性。[②] 因此，在危机爆发后，国际社会广泛呼吁在全球性或区域性层面提升金融监管规则和标准水平。例如，构建更完善的国际金融监管体系，进一步实现监管标准和措施的统一化，以国际力量敦促各国金融监管水平的提升，以达到从全球范围内有效识别和防范潜在的金融风险。虽然在可预见的未来建立一个凌驾于国家权力之上的国际性金融监管机构尚不可行，但是，通过逐步推进国际金融监管合作机制的建立与完善，从而实现国际金融监管的有机统一运行，已经成为国际社会公认的应努力实现的目标与任务。

三、现有防范机制的不足亟须改革

（一）巴塞尔协议受到国际金融危机的挑战

《巴塞尔资本协议》在国际银行监管领域具有划时代意义，它所建立的资本充足率监管标准和资本计量框架对增强国际金融体系的安全性和稳健性、促进国际银行之间的公平竞争都发挥了重要作用。自该协议实施后，几乎所有活跃的国际银行的资本充足率都大幅提高，已有 100 多个国家接受或采纳了该协议中设立的原则和标准。然而，过去十几年间，随着技术进步和金融创新，国际银行业务面临的风险日益复杂，国际金融市场也屡经巨大经济震荡。与之相适应，国际银行防范风险的手段和监管部门的监管防范措施都发

---

① 参见杨松等：《国际金融新秩序的法律问题》，法律出版社 2014 年版，第 133 页。

② 参见张永亮：《国际金融监管合作法律制度：挑战与革新》，载《武大国际法评论》2014 年第 2 期，第 237 页。

生了重大变化。许多跨国银行还常常运用金融创新规避《巴塞尔资本协议》的适用,从而降低了该协议的有效性,事实上,该协议已逐渐丧失了约束力,尤其是在发达国家。[①] 新变化与新情况使各国金融监管当局及银行界对《巴塞尔资本协议》的相关规定及其市场适应性提出了批评和质疑,巴塞尔委员会自身也认识到对其进行修改的必要性。在这种背景下,2004 年 6 月 26 日,十国集团各国央行行长和银行监管机构经过反复的论证和磋商,同意公布《统一资本计量和资本标准的国际协议:修订框架》(International Convergence of Capital Measurement and Standards:A Revised Framework),即新《巴塞尔资本协议》,并承诺将在本国内实施这项新制度。巴塞尔委员会通过新《巴塞尔资本协议》,力求将银行业的最佳做法纳入其框架,充分反映先进监管概念和风险管理做法的革新,从而充分满足不同国家针对其各自银行业的特点进行有效监管的需要。2007 年美国次贷危机爆发并迅速蔓延全球,世界各国经历了大萧条以来最严重的经济衰退。虽然在次贷危机爆发时,新《巴塞尔资本协议》还未在全球范围内实施,但国际银行资本监管规则的合理性问题仍然受到国际社会持续而普遍的关注。这场国际金融危机暴露了新《巴塞尔资本协议》现行规则的诸多不足,主要包括:

1. 资本监管存在漏洞,高杠杆操作无法被有效预防

首先,虽然新《巴塞尔资本协议》的适用领域尤其是风险管理覆盖范围较旧《巴塞尔资本协议》有所扩大,但是此次金融危机的发生还是暴露出其对投资银行、对冲基金等金融机构监管的缺乏。根据新《巴塞尔资本协议》,商业银行资本充足率 8% 的要求,可以在一定程度上降低高杠杆操作可能带来的风险。但在银行的实际运行中,由于相对应资本监管的缺失,投资银行的相关金融产品往往未达到该协议所要求的资本充足率。此外,投资银行、对冲基金等金融机构由于其逐利性的本质,会过度地利用表外业务的杠杆效应并以此不断发行新的金融产品,久而久之,金融机构所存在的风险就会随着其规模的扩大而日渐增加,最终便可能引发金融危机并导致整个金融系统瓦解。其次,由于新《巴塞尔资本协议》在制度规定上的不完善,跨国银行的表外业务并未在银行的资产负债表等账簿上直接体现,这一漏洞使跨国银行得

---

① 参见姜波:《商业银行资本充足率管理》,中国金融出版社 2004 年版,第 89 页。

以在增加经营成本的前提下增加其赢利。跨国银行在世界范围内的表外业务越大,其资本情况就越不符合国际上关于资本充实条款的规定,其存在的金融风险就会同步加剧,金融市场就会越发不稳定。

2. 银行的风险管理未能有效加强

银行的风险管理具体可包括流动性风险、估值模型以及信用评级等。短存长贷的性质从本质上决定了流动性风险是银行在其经营中所必须面临的风险之一。然而,随着市场在资源配置中起到更为重要的作用以及银行交易类资产的增加,银行对市场流动性的依赖性也在加强,而传统的风险管理中并未涉及该种情形。对于该种流动性风险的存在,新《巴塞尔资本协议》却未能提出相应的解决对策。金融的发展与创新所可能带来的风险并不能简单地由估值模型予以准确反映。首先,由单纯的经济数据和假定条件构成的抵押支持债券评级模型并不能适应当今复杂多样的金融工具。经济数据模型因为其固有的弊端并不能成为可以长期使用的工具。① 正如美联储前主席格林斯潘所述,即使使用"从数学意义上讲堪称一流"的数据模型,也不能适应当今复杂多变的全球经济环境,而要做到预测国际金融危机更是无从谈起。②其次,评级机构所依据的数据并不具有完全的可靠性。一方面,信用评级机构的数据未能得到及时更新,其进行评级所依据的数据源自大量记录登记的历史数据,而非预测数据;另一方面,评级机构的数据不具有完全独立性,当评级机构数据不充裕时,通常只能依靠贷款机构提供的数据。2008 年 4 月,金融稳定论坛发布的《增强市场和机构弹性的报告》指出,美国次级抵押贷款的历史数据仅限于初期房价上涨时期的经济情况,③这种情形毫无疑问会影响到最终评级结果的客观性和独立性。最后,外部评级公正性的缺失以及商业银行对外部评级的过度依赖也是本次金融危机爆发的重要原因,这在一定程度上是新《巴塞尔资本协议》中对信用评级监管的漏洞造成的。信用评级制度在新《巴塞尔资本协议》中具有重要地位,尽管它将信用评级的获取进一步细化为外部评级和内部评级,然而,金融产品的实际风险往往会因为信用

---

① 参见陈锋、田娟:《银行跨境监管合作探讨》,载《中国金融》2010 年第 10 期,第 80 页。

② 参见雷曜:《次贷危机》,机械工业出版社 2008 年版,第 37 页。

③ See Financial Stability Forum, *Report of the Financial Stability Forum on Enhancing Market and Institutional Resilience* 33 (2008).

评级机构程序不完善、竞争的缺失及不具备完全独立性等固有弊端而无法充分获得体现。金融机构的风险与收益便会在此种情形下呈现出不对等状态，而由于金融机构实际存在的风险并未得到相关主体足够的认知，最终便可能在风险达到一定程度后集中爆发，从而引发金融危机。

2017年12月8日，巴塞尔委员会发布的《巴塞尔协议Ⅲ：危机后改革的最终方案》标志着后危机时代全球银行体系的核心国际监管规则改革的全部完成。无论是资本质量还是流动性要求，《巴塞尔协议Ⅲ》均在原有的《巴塞尔协议Ⅱ》的基础上作出了改进，作为全球最新的监管规则体系，其吸收了包含总损失吸收能力要求在内的更加广泛的改革要素，使自身措施更加具有可执行性。

（二）国际金融监管合作机制存在不足

多次金融危机的爆发证明了国际货币基金组织在危机预警方面的能力缺陷，其监督职能仅限于监督成员方的汇率和货币政策，忽略了金融监管的重要性。[①] 跨国银行经营网络遍布全球，具有极高的活跃度和雄厚的资金优势，金融全球化与自由化的大环境对跨国银行而言更是如虎添翼。为了追求更大的市场份额和利润，跨国银行在规避各国监管的同时，还能根据分支机构所在国的不同国情进行金融创新，不断衍生出新的金融产品。在这种情况下，仅仅依靠一国或某几个国家的力量远远不足以对跨国银行进行有效而全面的管理，更谈不上风险的控制监管与危机处理。一旦跨国银行违规冒险或者经营不善，其带来的连锁效应将是巨大的，这就显现出东道国与母国之间甚至是全球范围内合作的必要性。但由于各国经济、法律等存在差异，加之金融市场的全球性与监管的地域性之间的矛盾，如果缺乏有效的协调合作机制，不能将这些矛盾进行调和，就会直接影响到跨国银行的监管效果。

随着全球经济一体化的不断加深，世界联系日渐紧密，金融市场的国际化导致不稳定因素增加，致使金融危机频发，所波及的范围更加广泛。当前，各国已经深刻意识到依靠一己之力已经无法对跨国银行实现有效监管，国际社会正在从多个层面不断推进各国之间的监管合作。不过，从当前跨国银行

① 参见廖凡：《国际货币体制的困境与出路》，载《法学研究》2010年第4期，第193页。

风险监管的国际合作实践来看仍有下列不足：

1. 当前东道国和母国合作监管存有弊端

虽然东道国与母国合作监管的理念已为国际接受，但是合作标准和深度仍有欠缺。通常来看，发展中国家和发达国家对跨国银行分支机构的准入限制程度是不同的。发展中国家的金融市场发展相对落后及相关体制措施设置相对不够完善，其金融机构的竞争力较小，难以应对外资银行的冲击，故发展中国家往往对跨国银行的市场准入实行严格的限制规定及繁复的程序要求，以维护本国银行业和国内金融市场的稳定；而发达国家由于金融业发展时间较长，金融市场及相关配套措施都比较成熟，各金融机构之间竞争有序，依靠国内法制就可实现内外资银行的统一管理，故对于跨国银行的市场准入门槛较低，通常采用国民待遇原则。此外，分布各地的跨国银行大多来自实力强劲的发达国家，单从国家利益角度考量，发达国家对跨国银行也会持较为宽容态度，甚至会采取简化审批程序、降低设立标准等相关方式鼓励本国银行的跨国经营。上述原因造成了发达国家和发展中国家对跨国银行实行不同的审批标准和准入差异，如果东道国与母国在此问题上不能协商一致，则它们不但无法达成有效合作以防范跨国银行风险，也会因此遏制银行业的发展，最终阻碍国际金融市场的发展。

2. 母国并表监管自身也存在弊端

近年来，在巴塞尔委员会的不断促进下，对跨国银行实行母国并表监管这一举措在国际社会获得了较普遍的接受。跨国银行总部所在国家的银行监管机构可视为“母国监管当局”，与其相对应的是“东道国监管当局”，即跨国银行的子公司或分支机构所在国的银行监督机构。虽然跨国银行的总部只能在一个国家，但是它可以在若干国家下设分行、子行、合资银行等分支机构，这些分支机构又可以在另一些国家再行设立分支机构，进而构筑起大规模的跨国金融系统。那么相关的问题就会产生，例如，对于这些在其他国家设立的具有独立法人地位的子公司，当它再向外国设立下属公司时，谁应当被视为该具有独立法人地位公司的母国？巴塞尔委员会对此并没有给出明确答案。在实践中，经常会出现众多国家的银行监管机构认为其国家为该跨国银行的母国，并一再主张对该跨国银行的管辖权。此现象产生的原因是国际上对“母国”尚未有明确清晰的界定。因此，由于母行和母国的定位缺乏统一标准,纵使存在母国并表监管这一各国公认的行为,国际监管权力的分配也无法有效进行,其他金融领域的监管更是无法形成统一有效的具体机制。此外,由于各国之间经济发展水平并不平衡,跨国银行的母行多集中于发达国家,母国并表监管实质上变成了发达国家垄断金融监管权的手段,发展中国家在国际金融监管中往往会处于不利地位,发达国家对其利益维护进行行为协助时,也可能因自身监管不力而给发展中国家带来不利后果。

3. 对于各国监管机构是否可与他国展开监管合作以及相应监管合作的质量问题缺少法律上的约束

在法律规制缺位情况下,各国之间的合作主要从自身对合作利益的需求出发。然而,这种以国家合作利益为基础展开的监管合作具有很强的不稳定性。两国的合作之所以能够顺利进行,是因为国家之间存在足够的利益,而当这些利益小于国家合作可能会产生的困难时,国家间的合作便很可能终止,进而引起监管合作关系的破裂。① 跨国银行监管合作框架缺乏法律约束力的情况具体表现在两个方面:其一,监管合作框架内国际组织所发布的监管规则和标准以及相关国家之间的合作协议都不具有法律强制力。尽管各国广泛参与国家之间的双边监管合作,但是它们往往会明确表示该项协议并不具备法律上的约束力,进而导致各国间的监管合作并不构成国际法律意义上的作为义务。而这对于一国的金融监管者而言,由于它没有与他国监管者进行跨国银行风险监管合作的法律义务,各国便可以自行决定是否与对方进行合作以及开展合作的深度和广度。在监管过程中一旦出现本国利益与监管利益相冲突的情形,监管者便往往会把维护本国利益作为中心。而目前国际法上尚未有约束机制来督促国家以银行集团和全球金融安全稳定利益为首要目的进行监管合作。其二,对各国实施的监管合作缺乏专门的国际金融监管组织进行监督和制约。国际跨国银行监管合作体系缺乏正式国际银行监管组织的监管,使得各国在进行监管合作时具有很强的任意性。② 为强调国际合作的重要性,包括巴塞尔委员会在内的众多国际组织都已经发布了大

① 参见陈锋、田娟:《银行跨境监管合作探讨》,载《中国金融》2010 年第 10 期,第 80 页。

② 参见韩龙:《当下国际金融监管法律制度改革的焦点与问题》,载《法学家》2012 年第 5 期,第 124 页。

量政策文件，但当前尚未有与国际合作相配套的有约束力的监督、惩罚和执行机制，国际银行监管组织的缺位正是形成该状况的一个重要因素。在实践中，当一方当事国因为自己的原因而怠于履行或不完全履行自己的国际监管义务时，国际社会往往没有有效可行的方法来规制该行为。

综上，金融业的国际化和跨国银行的发展一方面会推动经济的全球化，促进经济发展，同时也会使金融体系的风险更易于从一国金融市场蔓延至国际金融市场，进而可能会导致世界金融体系的不稳定。因此，加强对跨国银行的风险防范，对于维护国际金融稳定秩序具有着重要意义。2008 年国际金融危机后，国际社会反思经验教训，采取了相应改革措施，开展跨国银行风险监管的国际合作，但这些改革措施并不是完美无缺的，一个更加完善有效的跨国银行风险防范体制亟待建立。

第二节 后危机时代跨国银行风险防范法制的原则

一、后危机时代跨国银行风险防范法制的价值

作为金融法的重要组成部分，跨国银行监管法的价值必须体现在人与金融法律关系的积极法律意义之中。一般的法律价值表现为其追求的目标，但具体到跨国银行监管领域，其特殊性还需突出强调。效率、秩序和公平应该是最能体现跨国银行监管法律本质特征的法律价值。对跨国银行监管法的实质和基本精神理解的前提便是对这些价值的认识，同时，这些价值还对指导国际金融监管实践产生着积极作用。在后危机时代，跨国银行风险防范的相关法律制度更应体现下述价值：

（一）秩序

秩序是法律所具有的重要价值之一，法律秩序就是法律规范的要求在社会生活中得以实现后所形成的稳定的秩序和状态。依法建立和维护跨国银行的监管和交易秩序、确保跨国银行的交易安全、保护社会公共利益、维护社会稳定安全是跨国银行监管相关法律所蕴含的基本秩序价值。衡量金融业健康发展的一个重要指标是金融体系的安全和稳定，跨国银行监管法通过一

系列法律制度设计来维护和加强金融秩序,如严格市场准入、提高业务操作的监管和权力操作等,确保跨国银行的稳定经营及监管权的实时运行。

(二)公平

实现跨国银行的发展离不开公平,这种公平包含实体公平和程序公平两个方面。在实体公平方面,首先在相关的跨国银行风险监管法中应明确各个跨国银行间及银行业间的一律平等。其次在跨国银行进行交易活动时,应保证它与其他交易主体地位和求偿要求的平等。在程序公平方面,应当将跨国银行相关法律制度的建设重点放在其市场准入机制、监管机构的设立以及风险救济等方面,把抽象公平转变为具体公平。

(三)效率

效率作为经济学术语,是指将有限的资源进行合理配置和使用。所有经济活动都以效率为追求目标,银行作为经济人,其本质就是实现利润最大化。跨国银行通过设立分支机构追求跨国经营的高利润,法律应为其合法经营活动提供保障。首先,产权界定在交易前应是明确的。根据产权归属理论,产权归属是企业效率的决定因素。根据这一理论,产权的法律界定也是影响跨国银行效率的决定性因素之一。其次,降低金融交易成本,有利于优化资源配置,提高金融运行效率。跨国银行交易中大量费用的存在,使得完全竞争和自由的市场机制无法实现资源的优化配置和使用。因此,跨国银行相关法制应该体现效率价值,以降低金融交易成本,提高金融运行效率。

二、后危机时代跨国银行风险防范法制改革的目标

学术界对跨国银行的监管目标是什么存在一定分歧。在具体实务中,各国跨国银行的监管目标同样存在着较大差异。发达国家普遍将建立平等的金融管理制度作为自己的目标,而发展中国家的目标则是维护本国金融市场的安全。本书认为,要确立跨国银行风险法律防范的目标主要有以下几点考虑:首先要考虑母国银行设立跨国银行进入东道国的目的;其次要考虑跨国银行经营的特点;再次要考虑东道国对跨国银行的具体政策;最后应考虑东道国国内金融系统以及监管体系的状况。基于以上内容的考虑,跨国银行的监管目标主要有以下三个方面(同时,这些目标也是后危机时代跨国银行风

险防范法制改革的目标)。

（一）维护金融体系的稳定和安全

作为当今经济的核心,金融体系的安全运行对各个国家经济和社会的健康发展起到了至关重要的作用。许多国家的金融立法目的和银行风险监管的立法目标都是保障金融安全,维护金融行业乃至整个国家经济状态的平稳运行。社会对现代金融业的安全稳定提出了更高要求,究其根本,在于它在国民经济中的特殊地位。因为在高度发达的社会分工中,个体金融机构的破产风险极易通过各种渠道影响到整个金融体系,从而使整个金融体系出现紊乱甚至崩溃。我们认为,在后危机时代,维护金融稳定的关键在于防范系统性风险的发生,以使包括跨国银行在内的整个银行体系能够稳健发展。系统性风险的一个重要特征在于它最开始主要由金融领域内的个体引发,通过系统内的扩散和关联性得以传播,进而引发金融领域的整体性风险。在银行业国际化背景下,跨国银行加强了全球各国金融市场的密切性,使得系统性风险波及范围更大、破坏性更强,极易导致全球性的金融危机。20 世纪 90 年代金融恐慌引发的全球性经济危机就是最好例证。为了防止系统性风险对国家间金融市场和实体经济的破坏,现有法制的改革重点应是通过明确立法,确保母国和东道国政府加强对系统性风险的监管和预防。

（二）促进金融体系公平、有效竞争,提高金融体系的效率

从金融监管角度看,随着金融业的国际化,通过监管提高本国银行业的国际竞争力是世界各国的共同选择,这也是国家利益保护和提高国家金融业实力的动力。金融监管不是金融抑制和阻碍金融业发展,而是在保证金融系统安全稳定的基础上促进金融体系公平有效的竞争。国际货币基金组织和世界银行对其成员经济体所开展的金融部门评估规划已经成为国际社会广泛认同的金融稳定评估框架,金融部门评估规划往往会以更新评估核心成果报告的形式对接受评估的经济体给予肯定并指出不足,切实提出较为客观且具有指向性意义的建议。金融监管部门应当依法为金融机构提供公平的竞争环境,确保其平等的法律地位和平等的市场机会,这就要求金融监管部门提高自身的监管水平,优化监管体系,采取最有效率的金融监管措施,选择有利于发挥市场机制作用的监管方法。应该提高对现有跨国银行法制的修改,

明确提出以上要求。

从金融服务业的发展角度而言，根据WTO下金融服务协定的主旨（推动全球金融自由化）成员方需根据其关于金融服务业开放的范围、方式以及待遇标准的相关规定，遵守并履行一般承诺和具体承诺义务。由于发展中国家和发达国家自身金融市场水准的差距，不同的外资银行在进入本国市场时，也会带来各种风险和挑战。但其积极意义是不可否认的，以中国为例，中国当前正处于改革开放的深水区，在金融市场中残留的弊病根深难解，仅靠中国内部改革已难以推动，此时，推动金融业的开放将有助于以外部力量来倒逼国内金融市场的改革，外资金融机构的进入将会丰富国内金融市场，激发国内金融机构的竞争力。所以，在当前跨国银行风险防范的法制改革中，应尽可能减缓全球金融服务业自由化带来的消极影响，增加和充分突出其促进金融体系公平、有效竞争的法律条款，提高金融体系效率等。

（三）保护存款人、投资者和其他社会公众的利益

个人储蓄储户的实力较弱，与大型金融机构相比，其明显处于不利地位。银行相关的信息量以及对银行与存款人的关系产生影响的信息量正随着信息时代的来临呈指数增长，存款人在收集相关信息时，需花费大量精力与时间就真假信息进行甄别。银行信息披露制度的不足即使在最发达的国家依然有所表现。虽然存款人是银行的主要债权人，但银行的资产质量、盈利能力、内部控制能力和风险控制能力等方面的信息是其无法了解和掌握的。同时，监管机构无法进入银行内部掌握其完整真实的信息。所以，如果银行在出现问题后选择隐瞒真相，并通过各种会计手段制造假象，就会使银行业表面看起来健康有序，实则风险重重。在这种情况下，如果存款人缺乏相应的知识和判断就会盲目地到银行存款，最终受损失的就是承险能力最弱的存款人。因此，保护存款人的利益是整个银行风险防范的重要目标。金融监管机构除应采取相应措施确保建立一个健康、安全的金融体系以实现对金融市场弱者的最大保护外，还应依法给存款人以特殊保护，强调不能让其延迟得到自己的本息，即使发生银行危机也要确保能继续为其提供支付服务。在后危机时代跨国银行风险防范的法制改革中，加大对金融消费者权益的保护已经成为金融监管立法改革的重点之一。

三、后危机时代跨国银行风险防范法制改革的原则

金融监管法的基本原则是贯穿金融监管运行全过程的指导思想和原理。金融监管法的基本原则必须同时具备三个要素，首先，效果上具有普遍性。金融监管法的基本原则应贯穿金融监管的整个实践过程，指导金融监管立法、执法、司法等方面。其次，形式上具有抽象性。金融监管法的基本原则和金融监管法律规范不同，它仅需指出法律对金融行为监管的倾向性要求，而不提供具体的行为模式。最后，内容上具有特定性。金融监管法作为法律规范的总称，能够反映金融监管法的基本精神和共同本质。因此，其基本原则必须能够提出一般性的指导方针，以解决金融监管涉及的范围、方法和市场自我监管的问题。为确保跨国银行风险防范法律制度的有效实施，①本书认为，改革后的法制应能体现下列原则：

（一）有效监管原则

在后危机时代背景下，对跨国银行的有效监管应该包含审慎监管、高效监管和协作监管三方面。

首先，审慎监管是金融监管的核心原则，审慎监管包括宏观审慎监管和微观审慎监管。宏观审慎监管是指为维护金融业的整体稳健，以防范系统性风险为目标和出发点，系统、全面地建构涵盖宏观经济环境和政策，防范金融机构和金融市场风险的规制与监管体系。微观审慎监管则把着眼点放在单个金融机构上，建构维护单个金融机构的稳健运行的监管体制。2008 年国际金融危机之前，监管当局监管理念侧重于微观监管，这是诱发金融危机的重要原因之一。后危机时代对跨国银行风险防范监管的法制，必须体现以宏观审慎监管为主、微观审慎监管为辅的监管思路。

其次，高效监管原则。它主要包含两方面的含义：一方面是指监管者应以最小的负担实现金融监管的目标，降低监管成本。另一方面是指金融监管应在稳定安全的基础上为金融机构创造公平竞争的外部环境，规范竞争，促进金融业的高效发展。高效监管原则是金融监管法所追求的利益价值的体

---

① 参见盛学军：《论金融监管法的基本原则》，载《中共四川省委省级机关党校学报》2012 年第 3 期，第 68 页。

现,要求行政效率、经济效率和社会效率的协调统一。行政效率要求监管主体在行使金融监管权时,力求在最短时间内,用最小的资源消耗获得最大收益。经济效率指监管主体应当坚持适度监管,金融机构是以营利为目的的法人,获取最大经济效益是金融机构的根本出发点和最终目标。金融监管的目的是规范和鼓励竞争而非抑制竞争,从而促进金融业安全健康稳定发展。高效监管原则包括对社会效率的追求,从公共利益的角度出发,政府对金融市场实施监管可有效提高金融机构的治理能力,防范金融风险并维护社会的公共利益。

最后,协作监管原则。金融危机之所以能够在各个国家乃至世界范围内迅速蔓延,很大原因在于各金融机构之间有着密切的联系,使得风险相互传导。金融机构之间容易形成信息不对称,造成金融机构决策的失误。再加上金融创新使得银行不再单纯做传统的储蓄业务,投资银行业务增多,金融衍生品大量出现,金融产品跨领域性增强。金融危机一旦形成,单靠某个银行的力量无法抵御金融风暴的侵袭。因此,需要国内金融机构在保证自身正常运转的情况下加强与其他金融机构的合作,建立信息共享平台,提高风险的透明度,更好更及时地预防系统性风险的发生。

(二)谨慎适度原则

跨国银行风险防范作为维护国际金融系统稳定运作的有效措施,其首要目的是防范重大金融风险事件的发生和系统性金融风险的蔓延,而非干预各主权国家或地区的宏观经济政策或者限制竞争等。① 按照这一目标,在跨国银行风险防范法制的制度框架内,有关国家和地区监管当局至少应确保:第一,提供适当的激励措施,促进金融机构更审慎、更合理地进行风险投资行为,引入第三方信用评估系统,如依据国际货币基金组织金融部门评估项目和金融稳定委员会的标准实施评估,改进现有的薪酬制度并实行宏观审慎监管制度。第二,处理好公私部门之间的关系。通过提高民营金融企业的危机管理意识,调动民营金融企业进行自身危机管理的积极性,提高民营金融企业的危机管理水平,使得民营金融企业的危机管理对策与宏观干预政策相辅

① 参见刘真:《国际金融稳定法律机制研究》,武汉大学出版社2013年版,第48页。

相成,互为补充,使得政府宏观干预政策维持在必要的范围内。第三,在金融稳定的情况下处理好金融稳定与金融竞争的关系。根据《巴塞尔协议》的精神,在促进金融业审慎经营和风险管理的基础上,应适当保持国际金融市场竞争的充分性。

(三)全球合作原则

随着经济全球化的不断发展,各国的金融机构以及相关的业务突飞猛进地发展,许多发达国家内部的市场呈现出饱和或渐饱和的状态。由于市场饱和,各金融机构之间的竞争更为激烈。国内的利润空间不断缩小,致使成为主要的跨国银行母国的各发达国家纷纷向外设立跨国银行,以寻找利润空间和投资市场。与发达国家面临的问题不同,发展中国家金融服务发展的短板在于资金、技术以及先进管理经验的不足,因此,它们便成为跨国银行的主要东道国。母国和东道国在跨国银行的发展过程中逐步形成了一种合则两利、分则俱损的微妙关系。[①] 特别是对于那些大型的跨国金融机构,单纯依靠母国的监管是难以做到的,迫切需要与有关国际监管部门进行协调与合作。

综上,必须实现国内监管和国际合作的有机统一,只有这样,才能有效防范跨国银行风险。因此,改革后的法制应能促进各国的银行监管机构深入加强国际合作,消除合作中的障碍并对金融稳定委员会确定的具有系统重要性的金融机构形成有效的联合监管。由于各国在国际合作监管方面存在共同障碍,因此,优先在监管合作领域达成框架协议不失为可取之选。此外,国内的金融监管机构也应制定相应政策,加强金融风险管理,化解可能出现的系统性金融风险,有效应对金融危机。

四、后危机时代跨国银行风险的监管模式及改革选择

(一)宏观审慎监管模式与微观审慎监管模式

从银行监管的政策角度出发,监管模式可分为宏观审慎模式与微观审慎模式。在巴塞尔委员会于 1997 年通过的《银行业有效监管核心原则》中,审慎监管原则是一项核心原则。[②]《银行业有效监管核心原则》在"审慎监管法

---

① 参见刘东平:《外资银行监管的法理基础》,载《东岳论丛》2010 年第 6 期,第 159 页。

② 参见石月龙、周静、周元浩:《外债审慎监管改革探讨》,载《河北金融》2016 年第 5 期,第 61 页。

规和要求”部分共提出了10个监管原则，要求监管当局在资本充足率、内部控制、风险集中、风险管理、损失准备、资产质量、流动性管理等方面制定和实施审慎监管法规。[①] 巴塞尔委员会于2012年对《银行业有效监管核心原则》进行了修订，对“审慎监管和要求”提出了16个原则，[②]并指出，宏观审慎和微观审慎二者应当相辅相成。

审慎监管是相关监管部门对金融机构内部的风险因素进行客观评价，通过制定一系列审慎、周密的操作规则，对银行业的风险进行及时的监督、预警和控制的监督模式。为了防范和化解银行业的风险，必须遵守上述这些规定。国际清算银行（BIS）对宏观审慎政策的定义是：利用潜在方式来确保金融体系的健康稳定而进行的所有政策的制定。G20表明，宏观审慎政策就是利用审慎工具来把控可能出现的系统性风险，以此来限制金融服务过程中给实体经济带来的不利影响。

对于宏观审慎监管模式与微观审慎监管模式，主要以比较两者之间的差异来分析其不同的特点。宏观审慎监管模式和微观审慎监管模式的区别包括：

第一，监管的对象不同。宏观审慎监管模式监管的是金融体系的整体性、系统性风险，关注银行间的关联性。它通常把众多的金融机构当作一个整体进行关注，同时将实际的GDP作为衡量整个金融系统风险的标尺，以此避免各个金融机构间的负面冲击引起整个金融系统的动荡。[③] 微观审慎监管模式监管的是单个金融机构或者单个行业的风险，更多关注的是个体，因为整个金融体系的健康稳定离不开各个银行的健康运行。它重点关注各个机构的尾部损失，但却忽视了个体之间的联系和个体的共同行为对金融体系的影响。[④]

第二，监管目标不同。宏观审慎监管出于对减少市场非正常波动带来的损失的考虑，确保整个体系的稳健运行，保护实体免受金融冲击。微观审慎

---

① 参见黄江东：《〈行政强制法〉与证券监管执法若干问题辨析》，载《国家行政学院学报》2011年第6期，第86页。

② 这16个原则涉及公司治理、风险管理、资本充足性、信用风险、贷款损失准备、集中度风险、关联交易、市场风险、流动性管理、内部控制、财务报告、信息披露等方面。

③ 参见李成、涂永前：《“后金融危机时代”我国金融监管体制的完善》，载《南京审计学院学报》2011年第1期，第23页。

④ 参见胡建生等：《后危机时代构建宏观审慎监管的思考》，载《商业研究》2011年第10期，第112页。

监管的目的是防止个人银行破产，保护利益两端的利益，其主要目的是通过防止个体机构的外部性失效来保护储户和投资者的利益。

第三，监管措施不同。由于宏观审慎监管的目标是避免系统性风险的侵害，制定措施时更关注各个机构之间风险的关联性、系统重要性金融机构对其他金融机构的影响，从宏观上把握金融系统内的整体行为。微观审慎监管侧重个体的运营和风险管理等行为。例如，对银行风险敞口（未加保护的风险）的监管，宏观审慎监管会关注整体的信贷规模和相关资产价格之间的关系，并据此判断银行体系是否正在积累信用风险。① 其监管的侧重点放在该风险是否有足够的预警及防范措施。

第四，在宏观审慎监管模式中，政策工具的重点和具体应用相较于微观审慎监管模式明显加强。微观审慎监管采取的微观措施主要包括会计准则和资本要求，其通过对客户层面和金融机构交易的风险衡量来优化和改进数据计量及风险管理，以提高金融机构的安全稳定性。微观监管指标大致包括资本充足率、不良贷款率、供给覆盖率和大规模风险披露等，借助这些指标的变化，可发现各个银行内部潜在的风险，并通过现场监管和非现场监管等方式，促使商业银行完善其内部控制和公司治理。微观审慎的指标着重于单一金融机构的健康与稳定，但其主要反映的是同期或滞后的信息，缺乏前瞻性。

第五，在流动性管理上，宏观审慎监管的流动性风险指标是以整个系统的流动性为参考，例如净稳定融资比率和银行流动性覆盖率这两个指标，能够解决银行在长期和短期流动性之间监管套利问题。② 而微观审慎监管仅以个体金融机构流动性风险状况为参考来确定监管指标。

第六，在监管资本方面，宏观审慎监管从时间和行业的角度运用了差异监管，加大了经济上行时期监管资本的计提，体现了逆周期监管思路，并提出了额外的资本要求。微观审慎监管是基于固定的监管比率进行资本监管的。

第七，在贷款损失准备方面，宏观审慎监管措施重点强调银行业整体信贷规模的相关性和同质性，并据此判断银行体系信贷风险的累积程度，即共

① 参见胡建生等：《后危机时代构建宏观审慎监管的思考》，载《商业研究》2011 年第 10 期，第 112 页。

② 参见胡建生等：《后危机时代构建宏观审慎监管的思考》，载《商业研究》2011 年第 10 期，第 112 页。

同风险敞口。在金融危机期间大量的金融机构连续破产被认为主要是由此造成的。微观审慎监管只考虑当前的贷款损失，而宏观审慎监管则考虑整个经济周期的损失变化，采取动态准备金形式。对银行信贷风险的监管，微观审慎监管的重点是放在单个银行的信贷资产集中以及相关的贷款政策上。

虽然2008年金融危机的爆发与传统监管模式只注重微观监管、不注重宏观监管有很大关联，但宏观审慎和微观审慎模式的侧重点各有不同，金融监管当局在选择监管模式时，要根据具体的经济运营形式，灵活制定金融方针、策略，使宏观和微观监管能够相得益彰，更好地服务于经济发展。

（二）后危机时代跨国银行风险防范法制改革中监管模式的选择

本书认为，在后危机时代，对跨国银行的监管，应实行以宏观审慎监管为主、微观审慎监管为辅的监管思路。根据IMF专家报告对宏观审慎指标进行的阐述，应关注宏观经济走势对金融体系的影响。报告中指出，宏观审慎的指标可以分为两类：一是微观指标的集合；二是宏观经济因素指标。微观审慎指标主要指单个金融机构的健康稳定指标。影响金融体系的宏观经济因素指标主要是指国际收支、经济增长、汇率、利率以及资产负债状况等。[①] 对审慎监管的界定应从金融监管的目标入手。跨国银行宏观监管的主要目标是防范全球系统性风险，防止系统性风险对经济的侵蚀并保护金融消费者合法权益。在防范系统性风险方面，审慎监管需要更侧重于宏观监管，注重宏观经济与政策，注重金融机构之间的联系，从整体上把握跨国银行存在的系统性风险。同时，对于那些“系统重要性金融机构”，即“太大而不能倒”“太关联而不能倒”的金融机构，鉴于其对整个银行体系的影响，这些机构的破产可能足以引起整个金融领域的系统性风险，应对这些金融机构实施特别的微观监管。在保护金融消费者合法权益的目标上，宏观审慎监管强调整体、全面。只有以宏观审慎的视角监管，才能尽可能地防范系统性风险对金融领域的损害。金融市场健康发展，才能更好地造福于金融消费者。同时，通过宏观审慎监管，才能全面监管影子银行、金融衍生品市场等，减少金融欺诈、不诚信现象发生。

---

① 参见包勇恩、韩龙：《论金融监管中的宏观审慎原则》，载《安徽大学法律评论》2009年第1期，第13页。

第三节 后危机时代跨国银行风险防范应采取的法制改革措施

跨国银行风险来源诸多,汇总起来可分为跨国银行内部层面、国别层面以及全球合作层面,本书以此三个层面为切入点,具体分析跨国银行各环节存在的风险所包含的法律问题,并提出相应改革措施。

一、跨国银行内部的风险防范改革措施

传统的跨国银行监管是运用法律、法规或实践,利用外部监管资源和监管手段,从外到内地控制银行的系统风险。随着国际金融一体化和自由化发展,跨国银行的金融创新层出不穷,其业务呈现出全球化、多元化和外部化特征。传统的外部监管措施表现出明显的滞后性,既不能覆盖和规范跨国银行的金融创新与规避监管行为,也不能促进跨国银行完善自身的风险管理体系,在很多情况下,外部监管甚至成为影响银行发展绩效的“压制性”监管。经过几次严重的银行危机,如英国巴林银行、日本大和银行等危机之后,国际监管机构、国家监管机构和国际银行业开始研究单一外部监管的局限性,并探讨银行内部监管的必要性、可行性及相关规则。

(一)跨国银行内部监管的理论基础

内部监管,又称内部控制,不是跨国银行特有的监管模式,而是为了适应社会经济发展到一定程度时所进行的加强内部管理、抵御外部风险的企业内部管理模式。对于跨国银行业而言,内部控制是跨国银行为实现一定的经营目标、维护资本安全、保证会计核算的准确性和可靠性等而建立的一种自我管理、自我调节、自我约束的内部管理制度,其目的在于确保执行单位的法令和管理政策,确保其经营活动的合法性、效率性和健全性。晚近以来,以法学为视角研究跨国银行内部监管的不多,主要原因在于大多数国家更为重视对跨国银行进行强有力的外部监管,忽略了对它的内部控制。实践中,各大跨国银行的内部监管方式不同,缺乏统一规则,缺乏适当的理论研究切入点。直到20世纪80年代末、90年代初,国际商业银行发生了一系列银行危机事

件(如国际商业信贷银行与巴林银行的破产、大和银行的巨额损失等),人们才意识到内部监管对银行安全稳健的重要性。跨国银行组织机构庞大,业务多元化,分布广泛,导致外部监管难以监控跨国银行的内部问题和危机风险,内部监管机制的缺失将引发风险监测的一系列负面效应,进一步导致风险监测失控。因此,在后危机时代,跨国银行风险防范法律制度改革的关键是从危机源头入手,即完善跨国银行内部监管制度。

(二)跨国银行内部监管的制度设计

1. 跨国银行业的控制失灵问题

自始以来,跨国银行业均被业内业外人士视为高风险、高回报行业。长期以来,跨国银行的许多经理人试图建立"防波堤"来防范银行的金融风险,但并未引起大众的关注。直到20世纪80年代,跨国银行的亏损和破产风暴接连袭来,人们才意识到银行的内部风险控制系统是如此脆弱。通过对近二十年来频繁发生的银行危机的分析,我们发现跨国银行内部监管存在着广泛的控制失灵问题,主要包括:

第一,跨国银行内部缺乏严密的管理监督体制和高效的问责机制,未在银行从业人员中形成警惕心理与风险防控意识。近年来,由银行业引发的大型经济危机都将矛头重点指向这一问题。银行决策管理层对跨国银行内部缺乏积极有效的管理和监督,具体看来,相关人员在对内部监督进行职责划分时未将责任匹配到具体主体,风险隐患难以被发现并及时消除。

第二,对银行的具体业务,尤其是表外业务缺乏足够清醒的认知和评价机制。许多银行对新型金融产品或有关企业业务不甚熟悉,或者在国内营业环境发生变化、政策导向偏移时未能及时升级其风险识别和评估系统,以致蒙受重大损失。因缺乏完整的金融衍生品内部风险预警和控制机制而产生的英国巴林银行和日本大和银行危机均表明,在传统或简单业务中发挥作用的内部监管机制未必能在高级或复杂的金融领域保有旺盛的生命力,[①]这在

① 英国巴林银行和日本大和银行都是因为内部员工刻意隐瞒操作衍生性商品的损失,使亏损额持续扩大,最终导致事态无可挽回。至事发之时,巴林银行因操作股指期货共亏损10亿英镑,资不抵债,被迫清盘;大和银行因操作美国债券交易亏损11亿美元,被美国等国政府勒令关闭其海外分行。其详细经过,可参见郑思微:《衍生性商品对银行业务影响之研究》,载《华银月刊》1996年第6期,第17~20页。

跨国银行领域表现得尤为明显。

第三,跨国银行核心的业务控制机制,如"防火墙"、业务审批、业务审计、业务协调和评估等都存在缺失或失灵,这些机制之所以被称为核心业务控制机制,是因为它们是切断利益冲突、保障银行业务安全的必要控制程序。[①] 任何银行缺乏上述机制都将使银行业面临安全风险。

第四,信息交流和信息披露作用机制的发挥存在很大障碍,在问题的上报方面尤为困难。信息交换可分为两类:下达和上报。下达是指银行的风险管理政策和指导方针必须及时传递给所有业务部门和经理;上报是指业务部门和业务人员必须及时向董事会或高级管理层报告风险因素。一些跨国银行由于相关人员不了解银行的风险管理政策,因而未能实施相应的风险管理措施,结果遭受损失。更多问题出现在上报过程中:或由于各种原因本应向上级报告的风险预兆被搁置,导致受损情况愈演愈烈;或提交给管理层的报告掩盖了问题,对风险隐患轻描淡写;或为追求业绩增长,对可能带来的风险知而不提,导致上层对业务安全的认识有误;或某些银行机构内部上报制度设置不合理,导致报表被逐层搁置,延误了风险控制时机,无法及时反映真实的风险状况;等等。此外,跨国银行的经营和风险信息一般不披露,这使得外部监管机构难以拟定有效的预警和监测方案,因此也就未能贯彻和执行相应的风险管理措施。

第五,缺乏必要的审计监督和纠正程序。审计可分为内部审计和外部审计。在大多数银行危机中,外部和内部审计都没有发挥应有的监督作用。在某些情况下,是由于审计师未能履行监督和告知银行风险脆弱性的职责而导致危机的发生;在另外一些情况下,审计师本身没有问题,但某些跨国银行及其分支机构内部的反应和纠正机制缺乏或不健全,导致审计师即使如实报告了问题,也是石沉大海,没有得到管理层的回应和采取必要的行动。

为了帮助跨国银行建立有效的风险控制预警系统,20 世纪 90 年代以来,国际监管机构协调各主要国家的监管当局颁布了一系列内部控制准则,其中最具影响力的是 1998 年 9 月颁布的《银行组织内部控制体系框架》(以下简称《内部控制框架》)。该文件提出了银行内部控制系统可以由相关监管者来

---

① 参见张昕欣:《银行证券业务监管的必要性分析》,载《现代商贸工业》2010 年第 2 期,第 218 页。

评估风险的原则。文件中规定的标准被巴塞尔委员会12个监管局同意用以衡量在各自管辖范围内银行内部控制机制的健全程度。巴塞尔委员会除了向成员方当局公布该文件以供其参考外,还向各国监管当局分发该文件,为它们提供评估银行内部监管的可行参考标准,从而促进跨国银行内部监管标准的统一。在制定国际银行业监管规则方面,巴塞尔委员会具有无出其右的权威性,《内部控制框架》实际上已经成为衡量银行间监管体系资格的最低标准。任何未能达到文件标准的跨国银行都可能会受到监管者的特别关注,并受到业务限制。巴塞尔委员会的《内部控制框架》借鉴了国际上许多知名银行、非银行金融机构内部监管实践的经验以及一些监管部门的探索性立法成果,其内容对银行内部监管制度的法制改革大有裨益。故我们将在对《内部控制框架》分析的基础上,主要围绕管理层监督和控制文化、风险识别和评估、业务控制和防火墙、信息交流机制、内控监督和纠正措施五项要素进行具体的制度设计与分析。

2. 跨国银行内部监管的制度设计建议

(1)管理层监督和控制文化

主要包含以下方面:

第一,董事会监督。银行内部监管的最终责任由银行的最高决策层董事会承担。董事会在内部控制机制中必须充分履行四项基本职能:①就内部控制机制有效性问题定期与管理层进行讨论;②董事会提交的审计报告要及时审查。审计部门要正确认识对内部控制机制的管理;③确保管理层及时按照审计人员的要求进行外部监督,纠正决策机关的错误意见,完善内部控制机制;④加强对风险控制政策的合理性审查和经营战略的定期性审查。《内部控制框架》也对这四项基本职能进行了充分强调。

为了使董事会的监督职能与一般管理职能分离,并确保董事会成员精通银行业务基本知识和业务风险管理知识,《内部控制框架》鼓励银行设置独立董事制度。独立董事必须满足以下条件:除了董事的报酬之外,与相关利害关系主体之间不存在经济关系;不能从属于股东、咨询公司、大客户、接受银行大量捐赠的机构或协会;必须是拥有银行专长和风险管理知识的专家。在实践中,除了利用独立董事进行日常管理的审慎监管外,跨国银行还可以安排独立董事挑选董事候选人,以确保董事提名的独立性。一些跨国银行,如加拿大蒙特利尔银行，在其章程中规定，设立一个由独立董事组成的董事会提名委员会，选择相应候选人，并将其提交董事会和股东大会做最后决定。董事候选人由独立董事选拔与增设独立董事这两项措施，不仅能使董事会决策的独立性在一定程度上得到保证，还有利于管理层能够以企业利益为中心进行业务经营，确保其做出决策的公正性。与此同时，《内部控制框架》也提醒我们，银行内部监督还应当具有高效稳定的内部交流系统以及完备有效的财务审计系统，唯有如此，其他制度才能最大程度地发挥其作用。

该框架还建议了另一种监督机制：审计委员会制度。本书认为，董事会行使内部控制职能时若有独立审计委员会协助，将具备更多优势：第一，银行董事会不是一个全职的风险管理机构，它还承担着其他复杂的日常事务，要求其对管理操作进行全职监督是不现实和不经济的。它是一个专门的风险审计机构，可对经营风险在不占用所有董事时间的情况下进行监控；第二，审计委员会具备相关专业知识。由于审计工作的专业性，审计委员会成员必须要有在该领域内极为专业的学术储备；第三，审计委员会成员有相当一部分为独立董事，独立董事在监管体系中起着重要作用，他们不仅可以作为内部审计与外部监督的纽带，还可以结合内外部监督。但应注意的是，在内部控制机制中，审计委员会不能完全取代董事会的职能，因为它只是处于辅助地位，如董事会决策权不能由审计委员会行使。

第二，高级管理层监督。内部监督的关键环节在管理高层，其主要表现在三个方面：①高级管理层是企业部门与董事会之间的桥梁和纽带，是上传或发布各种信息的必要渠道；②高级管理层负责银行的日常经营和管理，比董事会更接近业务部门，熟悉企业经营与经营风险，同时又具有企业管理所不具备的决策权；③在经济现实中，高级管理层对企业的影响越来越大，在企业的运行中起着极为重要的作用，甚至能够决定一个企业的未来走向。高级管理人员在内部监督方面的主要职能是：第一，执行董事会的安排，辅助董事会办理对企业内部监管的相关事项；第二，为业务单位制定具体的内控政策和相关监管程序是高级管理层的使命，为了确保相关政策和程序贯彻执行，对业务经理的行动进行监督；第三，对存在的信息交流障碍和业务人员任职资质瑕疵的，高级管理层必须要采取相对应的措施；第四，为了职员的固定性，高级管理层不仅要稳定职员的薪酬待遇，还要定期培训职员和提升职员技能,建立公平稳定的奖惩机制。

加强跨国银行的文化建设,重点在于对文化的控制。文化建设在银行的运营过程中起着极为重要的作用。当银行缺少相关的文化建设时,通常会表现为:①高级管理层没有强调建立和完善银行内部控制机制的重要性,没有建立将内部控制绩效与薪酬和晋升挂钩的机制;②高级管理层未能明确界定银行的组织结构,未能明确各自的监管职责与范围。高级管理层此时便不能有效地监督银行的核心决策者。在这种情况下,许多银行内部管理者为追求短期内的晋升与加薪,将重心只放在业务的开拓与盈利上,而罔顾远期的银行内控工作及潜在风险。如此,只会进一步降低银行内部人员的积极性和警戒性。

因此,除了外部的相关措施,《内部控制框架》还要求银行董事会和高级管理层必须具备基本的职业道德,并应在全企业范围内形成相应的企业精神,与此同时,向全体员工阐释内部风险控制的重要性。内部控制不应当仅仅是企业高管的责任,而应当作为企业所有员工应当予以注意的审慎义务。正常的情况应是,每个人都应当在自己的职责范围内了解并关注相应可能产生的风险。内部控制机制顺利运行的动力不应当来自外部法律的规制,而应当是企业所有员工基于其自己内心的责任感和使命感而做出的主动行为。

根据该框架,修复控制文化的最佳方式是使所有业务人员的操作程序标准化、规范化、制度化。企业不仅应当提倡良好的道德及企业文化,也应当避免消极政策的推行,如过分关注眼前利益而忽视对长远利益的考量,未及时惩处不当经营行为或者惩治力度不够。虽然控制文化只是对银行职业道德的软实力要求,但是良好的文化能够有效地保证银行的平稳高效运行。当银行缺乏积极的控制文化时,往往会存在无法防控的风险。因此,控制文化也是内部监督制度的重要组成部分。

(2)风险识别与评估

跨国银行业是一个风险行业,风险识别与评估机制的不完善是导致银行内部控制失效、造成重大损失的另一重要原因。由于一些跨国银行在信贷、投资和衍生金融工具方面的利润增长,管理层忽视了对上述领域风险的识别和评估,从而未能投入足够的资金,失去对相关业务的持续管控能力。同时,银行的外部环境在飞速变化,而银行的风险识别工具和评估标准没有得到改进和提升,导致风险监控环节十分薄弱。因此,对可能影响银行经营目标的主要风险进行分类和识别是建立有效的内部控制机制的关键。这一过程必须涵盖银行的所有操作风险(包括信用、国家、利率、市场、流动性、操作、法律和名誉风险),并不断更新信息以识别和评估新的及未知的风险。风险识别与评估应考虑到影响银行经营目标的两个因素:①内部因素,具体可以包括银行的内部管理结构、组成部分以及营业人员的业务能力和素质;②外部因素,具体包括政策的变化、国际经济环境的变化以及相关产品的变化等。风险评估不仅应针对每个具体的业务进行评估,而且还要针对完整的银行系统进行评估,对评估结果进行分析后再具体地采取相应的防治措施。2017 年 3 月,为了测试商业银行在极端状态下的风险应对能力,英格兰银行选取了贷款规模占全部贷款规模 80% 的商业银行进行了包括流动性风险及杠杆率等在内的行业压力测试,在重度压力测试的标准下模拟比国际金融危机更加严重的情形,并通过资本充足率等数据对上述银行遭遇不利冲击时的稳健性进行了评估。

根据该风险是否具有可控性,银行可以采取不同的手段:若风险为可控风险,银行可以决定是否需采取内部控制程序来控制风险;若风险为不可控风险,银行可从是否退出该业务角度进行思考。

由于银行外部经营环境的不断变化,高管也应当不断检测和监控银行的风险识别和评估机制。同时,银行应当保持内部控制机制的更新,以应对随时可能面临的风险。例如,当一个金融产品成功衍生时,银行必须仔细预估新型金融工具的产生对市场交易存在的潜在风险。这些风险不仅包括其上市后的正常价值起伏,还应当包括业务人员由于新业务而产生的工作失误进而导致的损失等。

(3)日常业务控制与业务防火墙

在跨国银行日常运作的整个过程中,每个岗位和业务都应有明确具体的操作程序,通过相互制约和监督来实现对业务的全流程控制。根据《内部控制框架》,一个完整的日常业务控制程序必须包括至少如下六个环节:

①高级管理层审查。银行高级管理层等应当全面履行自己的责任,对相关业务进行定期审查。同时,他们也可以通过报告发现内部控制监督漏洞、数据差错以及相关人员违反银行章程等所作出的行为。

②业务控制。业务部门应将具有标准格式的业务单位的业绩和风险定期报告给部门管理层,这种报告应当作为最基础的汇报工作,它应当比高级别审查过程更频繁和更彻底,需要部门管理人员审查和筛选大量资料,在进行分析后交由公司高层。

③实物控制。实物控制是指对银行所有的实体资源的管理。具体措施包括实物定额、双重保管制度和定期盘点清单等。

④风险敞口限制。这是对银行当事人在进行交易时的临界点进行审查和控制,防止金融风险的急剧扩大。例如,限制个别借款人的风险敞口有助于减少银行信贷风险的过度集中,达到分散风险的效果。因此,检验银行是否遵循相应的风险敞口限制是内部监管体系的重要组成部分。

⑤批准与授权。金融机构的大宗交易必须经有关管理部门批准或授权,只有这样,才能保证管理部门及时了解该金融机构的具体运行状况并且对其状态进行准确评估。

⑥稽核。即通过对资金实际流向和银行电子记录的对比,防止业务控制中的遗漏。它由银行内的专职审计部门进行,由于专职审计部门具有的专业性,其他传统的业务控制程序无法替代稽核部门的审慎和专业精神。因此,稽核结果应得到相关部门的充分重视,并应对出现的问题进行详细的审查整改。

在这一系列的程序中,银行高级管理层应当积极行使自己的职责,使业务控制体系与业务流程体系交流互通,使业务控制成为整个银行经营系统的一个有机组成部分。

在业务防火墙方面,它设立的目的是隔离银行内部的各业务部门之间可能出现的业务及利益冲突对银行整体结构的破坏。在近几年由内部控制失灵引发的银行危机中,缺乏有效的业务防火墙正是危机产生的重要原因之一。在实践中,出于业绩考虑,高级管理层经常会任命一个人身兼多个监管职位,这便导致银行的相关经营流程难以受到相应监督,极易造成其利用职权进行欺诈或掩盖商业损失等违法违规活动。因此,从避免潜在利益冲突角度看,跨国银行应尽可能地把人员的职位进行分离,以免权力垄断,造成舞弊经营。在具体操作上,应当建立一个能够识别和监督风险的独立机构,并建立一个业务防火墙,将风险最小化。

除了解决利益风险而建立的壁垒隔离防范机制外,企业管理者还应受到"内部约束"机制的调整。内部约束的本质是组织上的责任划分,其目的是任何个人或部门都不能单独控制业务的全部或部分。各业务部门相互制约可以达到交叉核对和交叉控制的效果,适用于银行的业务部门,就要求银行的每项业务至少有两个部门参与记录、整理和核算,以实现内部控制系统要求的双重控制和交叉核对效果。内部约束机制的设计主要考虑到:①多人或多部门参与有助于提高正确率;②两个以上人员或部门进行串通则存在较大难度。

(4)信息与交流

一个能够有效、充分运行的系统必须以充分的内部财务、业务数据以及其他外部因素为基础。这些信息在性质上应当能够保证安全、及时、准确,在内容上应当能够覆盖银行的所有业务。同时,由于其重要性,必须对这些信息严格保密。银行在保证信息可靠性和真实性的同时,便可进行分析,进而做出正确决策。

信息在银行业务中占有极为重要的地位,这便要求银行应当有效地管理来自信息系统的风险,从而避免对银行业务造成不利影响。由于跨国银行信息系统由主计算机和多个分行系统组成,并且系统与系统之间有技术联系,系统性风险的传导效应可能显著增强,因此,银行必须有效地管理信息系统。这种管理可分为一般控制与应用控制,前者是对计算机硬件的维护与管理;后者是对计算机逻辑运算能力等方面的检测。

由于跨国银行信息的繁多及分布的不统一,尽管形成了相应体系,但仍不能保证风险的避免。银行针对此种情况就应当有相应的备用方案,在出现紧急情况时采用替代系统或及时恢复关键系统功能,进而有效地减少其可能遭受的损失。由于其重要性,在整个替代系统完成时应当对这种替代性的安排措施进行严格检测,评价其能否有效地抗击风险,否则在危机到来时,其仍不能发挥应有的作用。

信息价值的实现在于其流通性得以保证。监管系统若欲得到平稳高效的运行,就应当以高效流通的交流系统为基础,以确保银行组织的所有成员能够清楚依照信息的传导制定自己的相关解决方案。这种信息传输具有丰富的内容,其中信息的上传是最关键所在。根据《内部控制框架》,与银行操作安全有关的信息,应该以及时、安全和审慎的方式进行上传,银行的业务部门认为有必要时,甚至可以直接向董事会及其专门委员会汇报情况,以避免信息因层层上报而导致的延误和失效。根据《内部控制框架》,只有确保所有业务部门和人员自上而下共享银行的内部信息,才能确保银行风险管理的及时准确。

(5)内控监管和纠正机制

许多银行在金融危机中由于缺乏持续的内部控制与纠正机制,或管理层对内部控制的评价不充分、不合理等原因而遭受了重大损失。究其原因,内部控制的失败源于对日常业务信息的审查存在问题。对于不寻常的业务信息,如超出风险敞口的交易、客户账户余额的异常等,管理层和相关业务人员没有予以重视以致错失防范危机的最佳时机。如果银行建立相应的预防机制,能定期向客户通知账户余额或定期向客户开立滚动账户,则对危害银行经营安全的各种侵占、挪用案件,可以尽早发现和防范。在一些跨国银行中,内部审计是孤立的,或局限于某单一业务,或局限于单一地理范围或法律实体,缺乏对银行和业务的整体情况的综合考量。由于跨国银行是在全球范围内从事经营活动,各分支机构之间具有战略的全球性、管理的集中性和相互之间的关联性,是一个具有密切联系的主体,需要母国和东道国对其进行综合审计。然而,跨国银行内部单独的审计制度只能涉及局部范围,难以监控跨国银行的全部业务,容易出现监管漏洞,滋生预想不到的风险。

由于跨国银行业是一个发展迅速的行业,银行管理机构应根据银行内外部环境和条件的变化,不断跟踪和评价其内部控制机制的有效性。内部控制机制的监督可来自多个部门,包括业务、财务和内部市场会计监督等。因此,高级管理层必须明确每个监管部门的职能和职责。银行内部的连续监管有助于查明内部监督制度的隐患。内部控制机制本身就是风险监控和管理,内部控制监督是内部控制机制有效性的根本保障,本质上是风险管理的再监督,如此便形成了银行内部风险管理的“双保险”机制。

内部控制监督还应建立独立行使职权的内部审计机制,并将审计结果及时报告给董事会(或审计委员会)和高级管理层。内部审计是内部控制监督的重要组成部分,因为它可以提供独立的目标评估和评测政策执行情况。内部审计职能在设置时应保证其与银行的日常业务职能相分离。内部审计有权对银行分支机构的业务进行审计监督。

跨国银行内部审计的结果需要直接提交给董事会和高级管理层,不能使用一般信息分层报告制度。这主要考虑到两个方面的因素:一是避免各级管理层出于狭隘的部门利益故意拖延或篡改审计结论;二是帮助董事会和高级管理层尽快了解新形势,及时依据审计结论作出决策判断及应对措施。为保证内部审计结果不受其他部门牵制与左右,董事会必须从福利待遇和财务预算两个方面保证内部审计部门的独立性。一般来说,审计部门隶属于董事会,只负责和报告董事会的工作,以避免行政部门对其职能的过度干扰。

董事会和有关管理部门接到各部门(包括审计部门)的报告后,应当从整体出发宏观考量,不能采用逐一审查的方法,这是因为一些内部控制缺陷看似只是某个小的遗漏,但如果与其他内部控制缺陷相结合,则可能相互作用孕育出更大的风险因素,造成"1 + 1 > 2"的后果。在发现内部控制存在明显缺陷后,董事会应会同相关管理部门尽快改进。《内部控制框架》强调的是"后续"机制,由于董事会和管理层负责的事务范围很广,不能事事经手,所以在实践中,一些跨国银行会将审查纠正权交给审委会或下放到内部审计部门,以使它们在追查出问题后及时进行纠正,避免不必要的延误。

总体上,跨国银行内部对风险的监督管理不是由某一部门、某个人员单独进行,而是由董事会、高级管理层和其他各级银行工作人员组成一个监管整体共同进行。其中,董事会和高级管理层对建立适当的内部控制机制和确保其正常运作负有主要责任,而其他部门和人员则各司其职,协助完成相关工作。在内部控制标准方面,跨国银行采用了《内部控制框架》的"最低标准"。《内部控制框架》只是跨国银行防范操作风险的基本内部控制制度,是保证银行风险管理安全的最低要求。另外,其确立的数据仅为检验银行内部监管健全与否的要素,标准本身并不是不容更改的,其允许和鼓励银行设计得更加严格和完整。银行内部要根据自身的具体情况设计更严格、更完备的内部监管体系。

二、东道国与母国国别监管的完善

在国际金融领域,跨国银行的母国对设立在海外的银行分支机构的监管是对传统国际法管辖优先权的突破。虽然母国并表监管的有效实施在客观上扩大了其对跨国银行海外机构的监管责任，导致跨国银行的监管重点转变为母国国内，形成了以母国并表监管为主的特殊监管模式，但这并不意味着东道国对其境内的外资银行机构监管责任的减弱。① 东道国和母国的国别监管一直在跨国银行监管体系中发挥着基础性的作用，在后危机时代，亦是如此。所以在进行跨国银行风险防范法制改革时，也必须涉及这部分内容。

由于分支机构设立于广阔的海外空间，母国对其进行监测和获取信息的能力将受到影响，对跨国银行开展监管工作所需要的许多信息都必须依靠东道国的协助，母国统一监管的有效性在很大程度上取决于东道国监管的有效性。因此，在母国和东道国之间，需要建立一种持续的信息交流与合作机制。在有关外国银行机构不能获得母国有效的并表监管或母国监管不充分时，东道国通常会限制或禁止该银行分支机构在其领域内设立或继续开设分行。因此，在国际金融领域对跨国银行的监管方面，东道国监管与母国并表监管不是彼此独立，而是相互关联、相互依存的，共同构成了跨国银行监管体系中两个不可或缺的组成部分。通过这两种监管模式的综合适用，可以对跨国银行实现协调有效的国别监管。但是，由于国家主权原则和监督制度本身的缺陷，实践中的国别监管也存在一定问题，需要进行相应的协调和改进。

（一）国别监管的基础作用

目前，国别监管仍是主要的跨国银行监管模式，在跨国银行监管中起主要作用。该作用是由以下因素决定的：（1）国别监管是跨国银行监管中最早和最为成熟的一种方式。经过多年的不断完善，国别监管体制已日趋完善，这与国际监管和内部监管规则的出现和不确定性有关。（2）大多数国家的国内规章制度是由国家立法机关或行政部门制定的强制性规定，在国家管辖范围内具有强制适用的法律效力；相反，国际规章制度则多为“软性规定”，必须通过各国长期不懈的实践与改造，修正其适用范围与裁量尺度，增强其公信力和拘束力。（3）在现行跨国银行监管体制下，国家独立的经济与政治主权为国别监管提供了最为可靠的支撑。通常情况下，所有的跨国银行都设立有专门的监管机构，拥有充足的财政支持，有国家强制性权力作为保障，因此，

---

① 参见李斌：《论对跨国银行海外分支机构的母国监管》，载《南京大学学报（哲学·人文科学·社会科学版）》2004 年第 3 期，第 117 页。

比较容易产生国别监管的明显效果。

国别监管的有益经验对国际监管规则的形成和发展具有重要影响,现有的许多国际监管规则就是对发达国家的国家监管规则的总结。例如,1988 年《巴塞尔资本协议》中的核心资本和附属资本的划分方法直接来源于美国国内银行法中银行资本的划分规定。同时,国别监管是检验国际监管规则有效性的最有效手段。国际组织应通过对各国大规模、持续性国别监管的验证和筛选,总结现有国际监管规则的缺陷,促进国际监管规则的进一步完善。例如,在经过十多年的实践检验后,各国将 1988 年《巴塞尔资本协议》的缺陷反映和汇总至巴塞尔委员会,从而启动了对该资本协议的修订程序,直接促成了新资本协议的出台。

(二)主要监管内容

1. 东道国监管

对跨国银行的东道国监管源于国际法上的属地管辖权原则。东道国监管跨国银行分支机构的主要方式包括:

(1)不同的市场准入制度。首先,各东道国自身经济实力与金融市场的发展状况不同,对欲进入本国市场的外资银行的准入标准也不相同。发达国家、地区由于自身金融市场比较完善,包括银行在内的金融机构的竞争力较强,所以一般多采用互惠待遇、国民待遇的待遇标准或者二者的组合,其典型代表为美国和欧盟。传统上,美国采用的是 1978 年《国际银行法》所确定的国民待遇原则,而欧盟所采用的原则是 1989 年《第二银行指令》中规定的"互惠国民待遇"原则,①二者存在明显不同。互惠国民待遇意味着东道国同母国相互给予银行在对方开展业务的相同待遇。对非发达国家来说,由于发展相对滞后,其既没有实力开展跨境银行业务,也没有能力防范外资银行进入本国。因此,发展中国家很难像发达国家那样采用互惠或国民待遇的市场准入标准,故大多采取保护主义、单方面优惠或二者兼而有之的组合。保护主义是指对跨国银行的进入进行监管时,严格审查和限制准入,重点保护国内银行免受外部控制或干涉。单方优惠待遇是东道国给予其境内的外资银行的

---

① 参见[美]詹妮·考夫曼·温妮、蔡奕:《国际银行业的国民待遇与互惠准则:美国与欧共体的理论与实践》,载《国际金融研究》2001 年第 11 期,第 69 页。

单方面优惠待遇,不以受益国给予对等的优惠为条件。这种待遇是东道国为利用外资、鼓励外资银行入驻和发展本国金融业所采取的优惠措施。其次,东道国会对申请机构的组织形式有所限制,以德国为例,其不允许外国银行在本国设立全资子公司。此外,为了维护本国金融市场的安全与稳定、保护存款人的利益,各国纷纷限制外国金融机构的经营实力和信用状况,即只有被认为具有雄厚实力与良好业绩的外国金融机构,才可被东道国批准进入。最后,东道国也会对申请人母国的监管环境提出一定要求,即以母国将保证为东道国银行提供一个健康、动态、有效的金融监管体系作为对之准入的先决条件。

(2)资本充足率监管。一国的市场毕竟是有限的,外资金融机构进入国内一定会对自身的产业产生冲击,而且外国银行总部同其分支机构具有天然不可割裂的联系,分支机构运行会不可避免地受到总部影响。此时,东道国介入监管十分有必要,尤其是对资本充足率应给予高度关注。为了向国际银行提供资本交流的计量与标准,各国应协力合作,在统一资本充足率的基础上为维护国际金融安全、促进银行业健康发展发挥积极作用。

(3)关于市场退出机制的监管。为保护存款人利益,维护交易安全,稳定金融秩序,在银行机构发生或可能发生信用危机时,依法对其退出市场全过程进行监管。① 市场退出制度侧重于保护存款人的利益,从而保护本国经济不会因为单个银行的倒闭受到影响。市场退出机制包含两种类型的制度设计:第一,存款保险制度。该制度是指具备相应资质的金融机构通过设立保险单位,使投保人将其吸收的存款以一定保险费年率向存款保险机构投保,在其发生经营危机或面临破产倒闭时,由存款保险机构代为支付法定数额保险金的金融保障制度。第二,最后贷款人制度。最后贷款人制度是一国金融机构或政府为了解决金融机构已经出现或者可能出现的信用危机而提供紧急性的、流动性救助的制度安排。

2. 母国监管

除了属人管辖原则外,母国将股权原则纳入自身的法律基础框架。海外

---

① 参见王红伟:《论东道国对跨国银行法律监管制度的完善》,载《湖北第二师范学院学报》2010 年第 11 期,第 68 页。

分支机构因为采取的模式不同，其法律地位也有所差别，母国基于属人原则对具有母国国籍之代表处及分行行使监管权力。若相关金融机构不具有母国之国籍，则可以通过股权原则对其行使监管权，但是在这种情况下，母国也仅应以出资额为限。母国分别对以下内容进行监管：(1)设立监管。在设立过程中由母国审批对本国银行在海外分支机构的设立。以发达国家为代表的监管当局对其审批的本国银行域外分支机构都有最低的资本金要求。① 同样，为了防止少数几家银行利用资金优势在海外重复设立分支机构，监管人就申请者持有的股票作出了专门性限制，其要求申请人持有的相关银行或金融机构的股票不能超过自己所持有的股本，申请者具备相应的经验与资格后，必须及时将设立活动中分支机构的业务和经营状况等详备信息资料提供给本国银行监管当局。(2)业务经营监管。母国银行在海外设立的银行业务的经营状况不仅关系到金融机构自身的业务素质，同时关系到总行的运营安全，甚至同本国经济的健康运行息息相关，因此，业务经营状况也是母国监管的重要内容之一。相应地，母国可以要求总行定期或不定期地报送关于其分支机构在海外的运营情况的各项报表，同时，可以结合母行所提供的合并报表一同审查。银行总部及其海外分支机构的经营会被当作一个整体，母国在对其资本充足率等各项指标进行审查后，可以适当地限制审查对象的营业范围等事项。

作为母国监管基本方式之一，并表监管最开始是由巴塞尔委员会设立的跨国银行监管方法，但目前仍未有任何明确的法律文件对其内涵予以界定。一些学者认为，并表监管是指母国监管当局在合并资产负债表的基础上，对银行或者银行集团在全球范围内面临的所有风险予以监管控制，而不论其注册机构于何地的一种监管方法，但其并表的范围要受到该总行或母行有效持股程度的限制。②

(三)完善国别监管的具体措施

1. 提高东道国和母国自身国内监管水平

(1)推动机构型监管向功能型监管转变

机构型监管是以金融机构的类型为标准进行的专门性监管，例如，证券

① 参见范俊仕：《试论跨国银行的法律监管》，载《广西金融研究》2006年第11期，第55页。

② 参见李仁真：《论国际银行的并表监管》，载《经济评论》2000年第3期，第70页。

公司、基金公司、期货公司、银行等分别设立各自的监管机构,而不考虑这些公司是否从事跨行业的混业经营。机构型专业化监管体现了各监管机构的分工化和专业化的职责划分,是与分业经营相适应和匹配的。分业经营条件下,金融机构之间分类很明确,金融领域内的界限很清晰,实行机构型监管能够有效提高监管效率,发挥专业优势。近年来,银行业混业经营现象日益增加,金融系统内业务交叉大融合现象普遍存在;证券、保险、银行业务之间相互融合和渗透,例如,股票质押贷款、商业银行组建资产管理公司等,业务及机构设置相互交叉,使得传统金融市场的界限被打破,金融风险交叉传递也日益复杂,金融监管容易出现重复监管或者监管空白的情形。机构型监管认为,只要每一类金融机构运行稳健,整个金融体系就不会发生大的金融风险。但是这样简单的一加一等于二的思维逻辑并不适合当下如此复杂的金融业,对个体适用的东西并不适用于整体。同时,分业体制下的机构型监管,由于各个监管机构只对各自监管的领域负责,极易出现信息不对称问题,不利于监管的信息共享。同时,分业体制下容易出现监管机构权责不清,监管推诿现象严重,监管漏洞频出,监管者与被监管者之间也容易形成权力寻租现象,滋生腐败。传统上根据机构设置进行划分的机构型监管方式已经不能适应混业经营和金融创新的大趋势。

功能型监管是根据金融机构提供的产品属性确定监管权力的归属。功能型监管不以监管机构的职能进行分类而是根据金融产品的属性进行分类监管,是对机构型监管的矫正,其更适合混业经营的发展趋势,弥补了机构型监管要么重复监管、要么监管空白的缺陷。功能型监管大致分为统一监管型、牵头监管型、伞形监管三类。统一监管型模式下,无论是金融机构还是金融业务,统一由一个机构管理。其以英国为典型,FIA 即采用了该种模式,相似的还有日本、韩国等。[①] 牵头监管型是在分业监管体制下,通过建立信息交换及协定磋商机制指定一个专门的牵头监管机构。其优势在于能够对分业监管情况下存在的监管真空及业务交叉等问题予以解决,其典型代表是法国。[②]

① 参见刘广:《功能性监管在我国互联网金融领域的探索运用研究》,载《西部金融》2017 年第 11 期,第 81 页。

② 参见齐亚莉、伍军:《功能性金融监管:现代金融业发展的必然选择》,载《天津经济》2005 年第 7 期,第 56 页。

伞型监管是设置一个综合管制的上级机构,进行金融行业的整体监管,另设若干个监管机构对各个金融机构实行分业监管,上级机构领导各个分业监管机构,最典型的代表是美国,其早在《金融服务现代化法案》中便对该类监管方法予以了说明。

1999年11月12日,美国《金融服务现代化法案》的颁布意味着以美国为起源地且实行了近70年的金融分业经营制度走向终结。[①] 从《1933年格拉斯—斯蒂格尔法》到1999年《金融服务现代化法案》,美国经历了从“分业监管”到“功能监管”的革命性模式变化。[②] 2010年7月,美国《多德-弗兰克华尔街改革和消费者保护法》的颁布标志着美国金融监管改革立法的完成。该法的一大特点就是在金融混业经营的背景下突出功能型监管。随着混业经营现象的增多,传统的机构型监管模式已经不能同金融业的发展相适应,机构型监管终将被功能型监管所替代。

功能型监管体现着宏观审慎的监管思路,是对机构型监管的补充和完善。向功能型监管的转变需要做到:①建立科学高效的监管架构,整合上下层,形成统一高效、具体完整的监管。②落实专业责任,加强监管人员的专业培训,开展各种有针对性的培训,提高监管专业水平及整体工作效率。③改进信息传递机制,实现信息交流与互动。建立部门间横向信息交流平台,形成顺畅的信息流动周期。④实施规范有效的人力资源整合,优化监察人力资源配置,强化监察人员专业优势,发挥现场监察参与长处。⑤完善监督问责机制,提高持续监督力,确保依法行政、合法监管。[③]

(2)加强对“系统重要性金融机构”的微观监管

在后危机时代,美国、英国、欧盟等代表性国家或地区相继出台了一系列法案,旨在加强对“系统重要性金融机构”的监管。同时,为了防止“多米诺骨牌”效应的发生,在对“系统重要性金融机构”加强监管的同时,加大了对系统

---

① 参见季斌:《浅谈当前我国商业银行向混业经营的过渡》,载《上海金融》2001年第1期,第38页。

② 参见李仁真、周忆:《金融消费者保护与国际金融监管法制的变革》,载《武汉大学学报(哲学社会科学版)》2013年第6期,第17页。

③ 参见李伟:《功能型监管组织模式对提高银行监管有效性的思考》,载《金融时报》2011年7月18日,第2页。

性风险的监管力度。美国出台了包括《多德－弗兰克华尔街改革和消费者保护法》及《恢复美国金融稳定法案》在内的一系列法案，并成立了金融稳定监管委员会(FSOC)。该委员会的重要职责就是负责对美国系统性金融风险及金融市场等状况进行评估和监管。英国则相继出台和公布了《2009年银行法案》《改革金融市场白皮书》《衍生品交易市场改革方案》《金融监管新举措：判别、焦点和稳定》《金融监管新方案：改革蓝图》等相关法律和政策。[①] 2010年9月，《欧盟金融监管体系改革》的通过，标志着欧盟理事会形成了多层次的监管体系，欧盟系统风险委员会负责欧盟的宏观审慎监管，成立的欧盟金融监管系统负责欧盟的微观审慎监管。同时，欧盟也赋予欧洲中央银行对系统重要性银行的监管权力。2009年10月，国际货币基金组织、金融稳定理事会和国际清算银行达成共识并联合发布了一份题为《系统重要性金融机构评估指南》的文件，其在评估方法等方面阐述了相应的专门机构的作用。

对于微观监管，我们不能一味否定，尤其是对于“系统重要性金融机构”而言，微观监管显得尤为重要。对“系统重要性金融机构”的特别监管和区别监管，不仅是微观监管的重要内容，更是宏观审慎监管的内在要求。某些金融机构一旦出现风险，则会产生广泛性影响，因此，对影响系数大的金融机构应当采取更加严格的监管标准。2018年4月27日，我国发布了《关于规范金融机构资产管理业务的指导意见》，对弥补监管短板、提高监管的有效性具有重要作用。同年7月20日，中国人民银行发布《关于进一步明确规范金融机构资产管理业务指导意见有关事项的通知》，对公募资产管理产品投资范围、相关产品的估值办法等进行了明晰和阐释。目前，中国人民银行正同监管部门一起，研究制定国内系统重要性金融机构(D-SIFIs)评估、监管和处置框架，并建立特别处置机制。这些措施表明，我国正在对系统重要性金融机构进行微观监管，也将进一步提升我国对跨国银行风险的监管效率。

(3)扩大监管范围，加强对影子银行、金融衍生品的监管

金融体系的要素包括金融资产、影子银行、市场等，这些金融要素整体构成了金融体系，金融领域的整体风险也取决于各个要素的风险。将影子银行

① 参见张陆洋、齐想：《国际系统性金融风险防范模式的转变与启示》，载《金融论坛》2018年第7期，第5页。

和信用衍生产品纳入监管的建议分别体现在国际货币基金组织颁布的《金融危机教训：未来对金融机构和市场的监管及流动性管理》和《信用衍生品市场：系统性危机和政策选择》两份报告中。影子银行在推动金融资金流动、促进新型金融产品开发等方面作用重大，但影子银行游离于监管体制之外并且具备高杠杆性将会带来监管套利在内的系统性风险，因此，后危机时代对影子银行予以更多监管意义重大。2011 年 4 月，金融稳定理事会相继发布了《影子银行：范围界定》《影子银行：进展和进一步的监管措施》《影子银行：加强监督和管理》等文件，加强了对影子银行的监管力度。

在后危机时代，金融创新已经成为不可逆转的趋势。在这一背景下，金融衍生品和投行业务不断增多，加强金融衍生品的监管力度，对系统性风险的预防以及保护金融消费者也尤为重要。对于影子银行，应采取定量和定性的方法，从宏观监管和微观监管角度进行综合监管。从宏观调控角度看，应该将影子银行的数据信息进行整合，依此帮助监管部门开展预警工作。从微观监管视角出发，可以通过各种方式获取相关具体信息，对市场金融产品及其规模作出有效评测。通过运用直接监督，强化监督手段，影子银行机构对金融市场的风险可以从根本上减少；通过间接监督和控制手段，规制传统银行和影子银行之间的互动关系；通过业务监管，降低金融工具、金融产品对金融市场的影响；通过宏观审慎模式，识别影子银行引起的系统性风险。对于影子银行、信用评级机构等游离于银行监管体系之外的中介机构，应相应加强监管，以免发生监管空白，从而引发监管套利或者系统性风险。对于金融衍生品，应加强衍生市场监管当局的机构建设、职责划分；加强立法，全面覆盖金融领域的各种业务风险。同时，应完善金融衍生市场的信息披露制度，使监管主体能够及时掌握金融衍生市场的基本信息，更有针对性地进行监管。

（4）维护金融消费者的合法权益

首先，金融交易中的信息不对称和认知偏差的存在使金融消费者难以依靠自己的力量维护自己的合法权益。金融消费者和金融机构在许多利益上相互对立，金融机构自然缺乏披露信息的动力。尤其是对于高风险的金融产品，金融机构往往故意隐瞒重要信息，如产品特点、潜在的风险、后果及责任等。此外，金融机构经常利用金融消费者的认知偏差，销售不合适的产品和服务,从而增大了金融消费者所需承担的风险。在后危机时代,监管部门应加强对金融消费者权益的保护。通过加强立法,建立监管机构和完善制度建设,对消费者和投资者的合法权益进行保护,保障各个国家公共利益的实现。对金融消费者保护力度较大并且制度较完善的代表国家是美国和英国,两国分别成立了消费者金融保护局(CFPA)以及金融行为监管局(FCA),以维护金融消费者和投资者的合法权利。各个国家金融监管当局可以依照各个国家的不同情况,制定相关法律规范,建立保护金融消费者的专门机构,加强保护金融消费者的制度建设,使金融市场更规范、更有序地运行。其次,金融创新使得投资产品纷繁复杂,消费者的选择更加多样。但是,由于消费者的金融知识、专业水平、对风险认知的能力相对较为薄弱,在金融交易中必然会处于劣势地位。消费者金融知识水平的高低决定其能在多大程度上发挥监督作用和维护自身权益,因此,一方面,应当建立消费者金融教育长效机制,加强对消费者在金融知识、金融技巧方面的培训,帮助消费者更好地获取金融信息,巩固消费者再投资信心。另一方面,应加强对金融产品的监督,以减少金融欺诈行为,对金融欺诈行为建立更严格的赔偿机制,切实保障金融消费者的合法权益。同时,应实行完备的信息披露制度,确保金融消费者能够在全面了解信息后选择更适合自身的金融产品。保护金融消费者和投资者的合法权益,对于金融领域的稳健发展和公共利益的维护具有重要意义,也是后危机时代跨国银行监管当局法制改革的主要目标之一。

(5)尽量避免金融危机的顺周期性

由于趋利避害是商业银行的本性,因此,金融危机的顺周期性无法从根本上加以消除,但就弱化金融周期性而言仍具有相应的方法。实现金融体系的稳定,需在现有监管制度中加入逆周期的制度安排。在顺周期的补救措施方面,不仅应遵循基本的原则和方法,而且要注重对准备金及杠杆率等专门性监管政策的运用。

银行的资本会对其风险承受度产生直接影响,因此,资本监管制度意义重大。参照金融稳定委员会的规定,应当采取的具体措施包括:第一,提高跨国银行的最低资本充足率;第二,根据监管部门对经济形势的判断,在经济下行时降低最低资本充足率,相反情况则提高资本充足率;第三,银行可以选择购买保险以弥补资金短缺时的遗憾,或必要时通过筹资或事先承诺保持资本充足率处于一个健康水平。从监管角度看，核心问题是确保银行在经济状况欠佳阶段拥有足够资本以确保整个金融体系的平稳，或提高资本充足率，或采用杠杆手段等，以达到资本监管目的。

对于金融危机顺周期这一问题，应当着重完善资本监管制度，保证跨国银行在危机发生前拥有充足的资本应对金融危机，完善准备金制度、相关保险制度和会计计算方法，对于金融风险能够及时预防，减少顺周期性造成的损害。

2. 加强东道国监管与母国监管的协调与合作

当前，东道国和母国的监管合作是以巴塞尔协议所确定的“以母国并表监管为主、东道国监管为辅”的监管模式为基础的。由于跨国银行不断发力于金融创新，经营战略面向全球，在信息自由化、金融全球化背景下，其自身的优势效应得到持续发挥，因此，跨国银行具有很大的扩张和回避的潜力。在这种情况下，如果仅仅依靠母国或东道国的监管，就难以有效规范跨国银行的非法、高风险操作，也无法有效解决跨国银行的风险控制和监管问题。在东道国与母国之间缺乏有效沟通与配合的前提下，二者极易陷入互损性博弈，要么为排除对方管辖而极力主张，要么消极诱导排除对方的管辖权，以至于跨国银行的监管效果大打折扣。因此，加强母国与东道国的国际监管合作可以解决互损性的矛盾纠缠，最大化地避免监管盲区，使跨国银行的风险得到及时监管与控制。我们认为，可以采取以下具体措施加强东道国监管与母国监管的协调与合作：

（1）增进东道国与母国的相互信任

在跨国银行的国际监管合作中，最大的问题就是信任危机。东道国和母国基于各自主权，容易引起相互的不信任。东道国和母国之间的不信任是引发跨国银行金融监管领域信息不对称的重要原因之一，也是一个亟待解决的问题。信息不对称现象在金融领域普遍存在。信息不对称使得监管当局无法了解到银行运作的真实信息，也不可能做出精准的政策决定，从而容易引发商业银行的各种风险。同时，信任危机也使得巴塞尔协议所规定的双重许可原则无法落实，双重许可原则规定“只有经东道国和母国双重许可才可设立跨境银行机构”。在信任危机情况下，东道国和母国往往认为对方国家没有能力实现对跨国银行的有效监管，容易引起母国的“权力延伸”或者引起东道国和母国的经济发展阻碍。

对于东道国和母国的监管合作,可以借鉴双边监管合作机制,签署双边谅解备忘录,在相互信任的基础上加强合作。同时,考量双方市场的金融监管能力及法律规范等多种因素,应对监管边界及操作标准等问题予以综合性设置。只有相互信任基础上的合作才能真正实现对跨国银行系统性风险的预防和金融消费者合法权益的保护两大目标。

(2)东道国经济主权的适当让渡

据上述分析,并表监管的实施将会带来母国"属人管辖"与东道国"属地管辖"两种管辖权之间的冲突,在冲突之中找到协调的唯一办法,就是各国必须进行彼此沟通,认识到为了达成更为有效的监管,两种管辖权都应当作出适当让步。并表监管是"属人管辖"对"属地管辖"的突破,所以,并表监管的顺畅实施依赖于东道国让渡适当的经济主权。同主权丧失完全不同,经济主权的适当让渡作为行使主权的方式之一,对国家发展展现的是正面积极的作用。随着新一代通信技术的蓬勃发展,国与国之间的经济联系受到地理阻碍的影响逐渐被弱化,全球经济形成了一个不可拆分的整体,某一国或某一区域的金融风险也可能引起全球性金融市场的动荡,造成极具破坏力的损失。因此,国家相互之间尽管要在尊重主权的前提下共同发展,理解经济主权适度让与的正当性,切忌独持大国优先主义观念而舍弃长远的发展。

(3)加强东道国与母国之间的信息沟通

跨国银行不仅是银行海外经营活动的主体,而且在东道国当地金融市场中也是举足轻重的参与者。母国和东道国监管机构之间的定期信息沟通和合作对于有效监管至关重要。一方面,为了确保母国并表监管的落实,东道国政府有义务进行跨境检查或帮助母国监管机构获得海外银行机构的业务信息,当然,以上举措应在保证对等和信息保密的前提下进行。如果东道国的某些法律制度构成了东道国和母国监管机构之间信息共享和合作的障碍,东道国监管机构应对相应法律内容进行修改。另一方面,为了使东道国对外资金融机构实行更有效的地方监管,母国也应该分享其达成并表监管目标的、以监督运作总框架为代表的一般性信息及涉及特别事由或重要事由的其他信息。

在母国对其银行或银行集团进行全球并表监管的情况下,东道国通常只能通过流动性监管等有限方式对外国银行业务的部分内容进行监管,但不能因此忽略东道国所发挥的实质监管作用。为了解决外国银行并表监管的部分失灵问题,东道国监管当局应及时对不受母国当局监管或母国监管不足的银行或银行集团进行评估,必要时应限制或禁止前述银行或银行集团在该境内设立分支机构。与此同时,东道国当局应当就金融机构的状况作出正确评估,确认监管是否存在缺口,充分考虑母国监管与自身监管的互补程度。

(4)相关标准的确立与统一

同发达国家相比,由于发展中国家的金融业发展尚不成熟,跨国银行的风险控制手段和经验尚不充分,其往往对跨国银行采取更加严格的市场准入制度,对国内银行业采取保护主义政策,以便应对更为复杂的跨国银行市场准入程序。而发达国家金融市场相对成熟,应对风险的措施较为完备,它一般会相应放低市场门槛,减少相应的保护性政策。同时,它就金融资本的输出并未采取严格限制,因为本国银行的自主决策性强,跨国银行的总行或母行在就经营事项提请银行监管部门批准前,对经营规模及经营范围等海外机构经营项目具有相当大的自主决定权;国家对在海外设立分支机构申请的审批比较宽松。有效控制跨国银行风险的前提在于东道国与母国在市场准入监管法律制度上达成共识,否则极易对国际金融市场的发展造成不利影响。因此,只有就跨国银行监管的标准、方法以及关于“母国”“母行”的定义达成统一认识,才能促进东道国与本国之间的有效合作。

(5)解决母国并表监管和东道国银行保密法的冲突

银行保密法的最终目的在于通过对银行个人客户的利益及事务的保护以维持自身良好的信任度,而并表监管则不然,其通过对所有储户和投资者的利益的保护以保持整个银行系统的财务健全。故在并表监管情况下,母国监管机构为满足全面监管的需要,有权访问相关银行的海外机构并获取相关商务活动信息。在严格的东道国银行保密规则下,母国并表监管活动的展开同东道国银行保密的要求具有天然的矛盾属性,因此,开展国际银行监管与合作机制建设的首要问题就是处理好信息保密与信息获取之间的关系。

以国际银行业监管信息的类型、特点及所需用途的不同为标准,母国与东道国之间交换的信息分为初步信息、定期信息及非常信息三类,其分别对应批准许可申请、持续监管及危机情况三种情形。为了实施有效的并表监管,母国监管者不仅需要获得包括关于设立在其他国家的银行分支机构业务活动在内的整个银行组织的质量信息,还需要掌握银行资本充足率、大额风险或法定贷款限额,了解整个银行业面临的信用风险、市场风险、经营风险和其他金融风险,以及保持内部控制的有效规范所必需的"数量"数据。在对跨国银行设立许可之时,母国与东道国就应当建立有效的信息交换合作机制,巴塞尔委员会"双许可"制度的实施,就是为以上双边合作机制提供制度上的保障。从英美的实践状况来看,有效的双边合作安排需明确规定各方为执行有效监管而获取信息的权力限度以及期望获得信息的类型、范围和渠道,故最理想的双边合作安排是采取谅解备忘录或相互法律援助协议的形式。

通过对西方国家间现行双边信息安排的研究不难发现,"信息安全条款"的设置能够有效缓解母国的监管信息需要与东道国的银行保密要求之间的矛盾。依此,对于母国监管者获取有关银行存款人或投资者信息的限度可由东道国自由裁量,但受限于下列条件[①]:①寻求信息的目的应出于特定的监管义务;②所获信息的使用权主体应仅限于对银行进行审慎监管的官员,并且未经东道国监管者的事先同意,不得将此类信息传递给任何第三方,但涉及严重刑事犯罪的情况除外;[②]③母国监管者对未经客户明示同意而获得的信息,应保证采取一切可能的措施以保持此类信息的机密性;④东道国与母国监管者之间应存在信息的双向互惠交流;⑤接受信息方承诺基于所获信息而采取重大行动时,应事先与提供信息方协商,并且信息安全条款的设置要求母国监管者对存款人或投资者姓名等信息严加保密。当然,如若东道国监管者有充分理由认为母国监管者不能就所获取的信息采取适当保密措施,或者用于非监管目的,则可提出保留不提供这些信息的权力。

(6)利用国际监管合作对国别监管合作进行补充

就跨国银行监管而言,人们经历了从国别专属管辖到跨国协同监管的过程。伴随着金融自由化浪潮的洗礼以及人们对市场开放认识的不断深入,20

---

① 参见《跨国银行业监管》第8项建议。

② 许多国家的现行立法规定,当执法当局或法院具有初步证据证明一些严重罪行时,如恐怖主义、洗钱或欺诈(不论其为银行内部所犯、外部人对银行所犯,还是银行本身对第三方所犯),银行保密法无效。在这些情况下,通常有明确的法律程序使法院和执法当局能够获取信息,包括国内的信息和跨境信息。

世纪 70 年代之后,人们才逐渐意识到国别监管已经不能同跨国银行的发展与国际金融现状相适应。首先,跨国银行的逐渐壮大意味着国际金融网络体系的组织结构更加错综复杂,成熟的参与主体往往利用认知等优势快速扩张并规避正当监管,单一的国别监管的适用价值变得极为有限。其次,母国在实行并表监管的过程中,若不能得到东道国信息获取等方面的支持,监管也只是无源之水,长此以往,会造成双方经济效益的进一步降低。再次,贸易自由化及金融一体化会进一步放大跨国银行的系统风险,有时无法解决严重的风险问题。只有统一各国监管标准,加强国家间的沟通与协作,才能将风险统一控制在合理区间内。最后,由于各国金融监管标准的差异化,跨国银行因管辖国家不同而最终导致竞争条件上的差异化,形成"制度性竞争扭曲"的困境。除此之外,一些国家为引导国际资金流向甚至推出了"放松管制的竞争"策略,此种做法不仅危及了跨国银行的交易安全,增加了交易风险,亦不利于国际金融体系的安全稳定。正是在上述原因的共同影响下,各国监管主体已经认识到,仅靠一国之力来应对国际金融一体化与自由化带来的冲击无异于蚍蜉撼树,因此,建立一个有效的协调机制进而统一各国间的金融政策显得十分必要,依此才可最终实现对跨国银行的协同监管。

跨国银行国际监管无需在现有监管框架外开辟新的解决机制,而应通过加强各监管当局间的合作并统一国际监管标准实现该目标。故而,国际监管组织对跨国银行和跨国银行业的监管实质上属于间接监管,是通过各国监管当局对国际监管标准的认同和采纳,并在此基础上进行国与国之间的监管合作来实现对跨国银行和跨国银行业的规范和调整。跨国银行国际监管对国别监管具有重要的协调和完善作用,具体体现如下:①由于各国监管尺度不一,方式各异,理念不同,受不同国家管辖的跨国银行可能会在竞争环境上有所区别,这造成跨国银行竞争条件法律上或事实上的不平等。国际监管可通过推进各国监管标准的统一,消除上述"制度性竞争"现象。②国际监管为东道国和母国的监管合作提供了必要场所,制定了可行标准,建立了稳定的组织机构,有助于在国际社会形成监管合力,避免重复监管和监管盲区的产生。③国际监管可以通过国际组织之间、国家之间、国际组织与国家之间的信息交流与监管合作,统一监管标准,达成监管共识,有效弥补单一国家在跨国银行监管上的漏洞,并能在紧急情势下采取协调统一行动,从而扼制金融危机的迅速蔓延。

三、跨国银行风险防范的国际合作

(一)跨国银行风险防范国际合作的发展

在实践中,东道国同母国对跨国银行的监管因采用属地监管、属人监管、保护性监管的不同标准而不可避免地产生管辖权冲突,这可能会致使主管机关因监管不力而发生监管错位。东道国出于经济主权和经济安全的考虑,常常以银行保密法为由拒绝母国对其本国的跨国银行进行统一监管。在此境况下,一味依赖国家监管并不能满足监管实践的需要,故1974年,西方发达国家以德国赫斯塔德银行的破产损失为契机发起成立了巴塞尔委员会。1975年《巴塞尔协议》的颁布标志着跨国银行国际监管新模式的诞生。巴塞尔委员会等金融组织并未对跨国银行本身进行直接的监督管理,而是由来自各个国家的银行监管当局通过各国相关监管部门的协调与合作来实现运行和监督目标。代表东道国利益的发展中国家与代表母国利益的发达国家之间的合作体现了"全球合作"原则,①这是国际经济法的基本原则与理念。全球合作虽泛指全球范围内不同经济发展水平、文化传统的国家间的经济合作,但其重心还是在于开展南北合作的跨国银行监管。处于不同发展阶段的国家可以在银行监管与协调、信息交换与共享等方面寻求共同发展。虽然南北经济的不平衡发展在一定程度上导致了东道国与母国的对立,两国在银行监管水平上也存在较大差距,但在经济发展问题上,二者仍具有根本性的共同利益。在国际经济一体化的时代背景下,金融危机的爆发具有突发性与广泛覆盖性,这使得南北国家的利益休戚相关。以拉美和亚洲的金融危机为例,虽然大多数危机的影响在发展中国家和地区,但是发达国家几乎无法摆脱困境,因为它们很清楚,如果不有效遏制发展中国家的严重危机,其一旦扩散定会最终导致本国的经济利益与安全受到影响。故发达国家会选择通过以国际货币基金组织为代表的国际金融平台向较不发达国家提供一定的金融援助款项,以达到缓解和消除金融危机的目的。

由于全球化背景下国与国之间不可忽视的利害关系,跨国银行的国际监管具备了成长发展的现实基础,以巴塞尔法律文件中确立的监管标准为典

---

① 参见刘东平:《外资银行监管的法理基础》,载《东岳论丛》2010年第6期,第159页。

型，虽然该标准最早是由西方发达国家创制和实践的，但也被许多发展中国家参考和实施。同时，巴塞尔委员会监管部门与其他国际金融组织的合作与交流也日益广泛和深入。跨国银行的跨国经营给母国和东道国带来了丰厚的利益和回报，形成了“互利、互害、分离”的微妙关系，这使得不同经济发展层次的国家在国际金融领域的关系日益密切，成为跨国银行国际监管合作的另一个基础。

国际监管与合作不仅能够推动跨国银行业的稳健运行，有利于双方利益共同体的建设，同时也能增强东道国与母国之间的互信与交流，继而为跨国银行提供更透明、合理、平等的政策与机制保障。跨国银行作为参与全球金融的重要经济实体，深厚的资金、信息优势及金融创新能力使其自身具备了扩张潜力以及风险回避能力。同时，得益于金融一体化与贸易全球化发展，跨国银行的上述能力得到进一步强化。在缺乏有效的合作机制的前提下，无论是母国统一监督管理还是东道国的市场准入，都不能有效地应对跨国银行非法及高风险经营。除此之外，监管的区域性与全球性、国家性与市场性之间的矛盾也被放大，出现了国际管辖权的积极冲突和消极冲突，从而进一步对跨国银行的监管产生消极影响。依靠母国和东道国的自主性很难解决上述问题。只有加强各国对跨国银行监管的标准、方法和手段的国际监督与合作，才能明确跨国银行监管的权利和责任，消除管辖权冲突，填补监管漏洞，实现真正的有效监管。所以，在后危机时代跨国银行风险防范法制的改革中，必须强调国际合作的重要性，在全球范围内形成合理有效的跨国银行风险评估机制、监管合作机制以及危机处置机制等，共同应对风险。

（二）跨国银行风险评估机制

金融在现代经济中占据着核心地位而且金融危机的传染性强，因此，一旦爆发危机，不仅很可能导致全球经济衰退，而且可能诱发各种社会问题。要想消除金融危机所带来的负面效应，全面恢复国际经济金融秩序，需要投入大量的人力、物力和财力。在回顾从危机中吸取的教训时，国际货币基金组织也承认，尽管威胁与日俱增，但基金组织和其他机构不仅未能向政策制定者发出强有力的警醒信号，而且未能促成合作性的政策回应。公平地说，他们也发出了一些警告信号。例如，基金组织和其他机构曾对金融部门的风险集中和全球失衡无序调整的前景发出警告。但是,这些警告并没有被听取,这部分反映出这些警告缺乏紧迫性和具体性。[①] 可见,全球金融体系脆弱性评估机制是防止危机发生的第一道防线,国际社会对此存在迫切需求,它能够对国际金融体系的整体稳定与发展进行定期评估,及早发现风险,及时采取适当的政策措施应对风险。

在二十国集团首脑伦敦金融峰会上,与会的各国领导人要求金融稳定理事会与基金组织协力"识别并报告宏观经济和金融风险以及应对这些风险所需的措施"。基金组织与金融稳定理事会为回应与会各国领导人的要求,联合展开了早期预警演习,希冀能在全球层面上对宏观金融的脆弱性作出识别,同时为政策制定者提供减轻脆弱性的多样选择。[②] 国际货币基金组织对现有做法作了总结,于 2010 年 9 月发布了《早期预警演习的设计》,解释了预警演习的具体情景。[③] 根据该文件内容,二十国集团领导人在应对 2008 年国际金融危机时最先作出的反应是预警演习。当危机处于持续严重的状态时,决策者真切地感到为了能尽早做出政策应对,提高检测可能对系统性造成更大冲击的风险和系统脆弱性的能力迫在眉睫。所以,国际货币基金组织和金融稳定理事会委员短时间内将开展联合预警演习作为紧急任务。一些指导原则和方法随着预警演习的不断发展而发展,但找出容易导致系统性危机的潜在弱点和迫在眉睫的尾部风险是预警演习的主要目的,[④]从而确定可实施的纠正措施或确保应急预案提前到位。为国际货币与金融委员会[⑤]提供一份具有机密性的、与风险和脆弱性有关的说明是早期预警演习的一大重要成果。在国际货币基金组织的年度会议和春季会议期间,早期预警演习将在适当时间提供常规数据,以便国际货币与金融委员会进行审议。通常,预警演

---

① 参见刘真:《国际金融稳定法律机制研究》,载《国际关系与国际法学刊》2014 年第 11 期,第 56 页。

② 参见李仁真、刘真:《全球金融稳定法律机制的理论构想》,载《法学杂志》2011 年第 2 期,第 11 页。

③ See IMF: *The Design of the Early Warning Exercise*, Sept 2010, http://www.imf.org.

④ 尾部风险,指发生的可能性较低但可能存在较大的影响的事件,因此需要予以密切关注。

⑤ 国际货币与金融委员会是国际货币基金组织的理事会的主要咨询机构。它由国际货币基金组织 187 个成员方中央银行行长、部长或其他同等级别的代表中遴选出来的 24 个成员组成。委员会通常每年召开两次会议,讨论其所关注的影响全球经济的事项,并向国际货币基金组织建议工作方向。

习在开会前 3 个月开始，最初几周的工作主要包括审查和继续前一轮的分析。在这一轮分析中，国际货币与金融委员会的工作人员主要采取单独工作形式，对各自专长领域的问题加以确定，一般在获得初步结果后开始紧密合作。预警演习小组协调国际货币基金组织的工作，而脆弱性评估常设委员会和脆弱性分析小组负责金融稳定委员会的工作。预警清单的初步草案是双方对主要风险、脆弱性和观察到的趋势的浓缩。预警清单将于国际货币基金组织年度会议和春季会议前一个月敲定，其并非一份报告，而是一份记载着主要的系统性风险和弱点的清单，并提供了解决上述问题的广泛政策建议。国际货币与金融委员会的秘书处将依据预警清单所标示的每个风险情景确定减轻风险和减少脆弱性的政策行动，以及关于需要在随后的预警活动中进一步分析的问题的建议。在 2018 年 4 月进行的预警实践中，金融稳定理事会与国际货币基金组织已就彼此之间的合作达成了初步合意，其内容包括：金融稳定理事会的脆弱性评估委员将识别应当优先解决的、影响全球金融稳定的各类因素，并提出相应的政策建议以减缓风险；国际货币基金组织则通过其在脆弱性委员会的成员及其工作人员与金融稳定理事会秘书处的日常接触参与此项工作，并通过自己的评估和分析工作推动进程。此外，保密是预警演习的一个重要方面，国际货币基金组织和金融稳定理事会在活动的所有方面密切合作时，应采取极其谨慎措施，确保任何机构在与会员国互动时提供信息的机密性。因为对预警工作的分析很容易受到市场因素的干预，因此，不仅需要对外部通信进行仔细校准，而且关键信息只能让国际货币与金融委员会的成员知悉。此外，审议工作也被要求严格保密，而且不存在有关预警分析结果的单独公开报告，只能通过其他渠道进行传播。预警实践作为全球金融体系脆弱性评估机制不可或缺的构成部分，其目的并非预测危机，而是在多边框架内分析全球体系中的压力。目前，金融稳定理事会与国际货币基金组织之间的预警演习仍处于探索阶段。如何加强两个机构的合作，完善脆弱性评估分析工具，建立最优模型和区间，尽快发现和反映风险信号，仍然是国际社会需要解决的重大问题。①

---

① 参见刘真：《国际金融稳定法律机制研究》，载《国际关系与国际法学刊》2014 年第 00 期，第 69 页。

(三)跨国银行的国际监管合作机制

1. 金融国际标准与准则的协调

国际组织不具有对国家的强制执行权,不同国家根据自身需要决定是否将有关国际组织的规定纳入国内立法,使其具有法律上的约束力。这些国际组织所制定的各项规定被称为“软法”。软法不是对国际条约的补充,而是与“硬法”相对应的一个概念。“软法”一般仅适用于某个群体,是在特定群体中形成的共识。对于不具备法律约束力的软法而言,其代表的广泛性是执行标准的关键。虽然在小型的、高度有组织的群体中很容易达成某些规则,但是,这些规则的适用范围是有限的,并且推广较为困难。

第一,不同国家的法律基础存在差异。以信托为例,信托责任是英美法系的基本概念,在制度和规制结构的建立上有所体现。而且,它还作为许多领域的“隐性前提”,主要涉及资本监管、公司治理、会计准则和普通法证券市场的建立。法律概念的移植本身就面临着很大困难,倘若要将信赖责任移植到罗马的法律体系中,大量的阻碍不可避免地存在。欧洲、西非和南非以及拉丁美洲和亚洲的许多国家是罗马法系的主要沿用国,在这些没有相应法律概念的国家建立与信托责任相关的国际标准,会带来广泛的监管风险。

第二,不同国家的经济基础存在差异。对于发展中国家而言,遵守发达国家既成的国际准则不需花费太多的时间和成本。但是,由于各个国家的经济规模各不相同,发展中国家和转型期国家在实施上述规则后,无法产生预期的效果。同时,新兴经济体国家在推行国际标准时面临诸多阻碍,例如繁杂的标准所带来的无所适从、配套的基础设施缺位导致标准难以施行和缺乏足够的监管人员进行有效监督,很难同时实施所有的标准。由此,结合本国国情,选择相关标准优先实施,对监管部门的监管治理尤其具有现实意义。尽管部分国家在实施国际标准时存在若干困难,但这样的国际协调与合作在监管方面仍然具有吸引力。国际货币基金组织和世界银行的金融部门评估项目启动两年后,60 多个国家参与其中。发达经济体国家首先高度遵守国际标准和规范,其次是新兴市场经济国家,最后是发展中国家。

2011 年,国际货币基金组织对 2008 年国际金融危机期间国际标准和规范的绩效进行了实证研究,其目的在于研究遵守国际标准与减轻危机之间的相互关系。本书只选取了数据发布、银行监管、证券监管、保险监管与公司治理五个国际标准，这五个国际标准与金融稳定存在紧密联系。由于缺乏样本数据，其他的国际标准并未被本书涵盖。本书发现：

在大多数情况下，各国遵守银行监管、证券监管、公司治理国际标准不仅对缓解危机中金融市场压力起不到丝毫作用，而且无法对危机后的经济增长起到实质的推动作用。事实上，由于国际标准并未百分之百囊括参与金融危机管理的国家机构，遵守国际标准与危机容忍之间的关系非常复杂。此外，遵守国际标准与健全的危机管理能力无法画等号，因为二者并无必然联系。国家遵守国际标准可以说是一个不断发现和改进的过程，国际标准的定位应是“诊断工具”而非“治疗手段”。虽然每个健康的人均有患病的概率与风险，但其痊愈的速度比其他久病的人更快，正如即使进行监管也无法杜绝金融危机的发生一样。但是，良好的制度因素可以大大提高国家经济恢复的速度。不过，从另一个角度看，国际组织制定的国际标准和规范不仅为各国金融改革指引了方向，而且是各国金融改革需要重点关注的地方。它概括了经济和金融领域的“最佳做法”或“最低标准”。为及时发现和改善经济及金融领域存在的缺陷，国际组织致力于对各国遵守国际标准和规范情况进行评估。积极实施国际标准对改善金融基础设施具有正面效益，还能提高国际认可度，有利于增强银行体系的灵活性。

因此，要客观看待国际标准的协调作用，这些标准的实施并不能确保实现金融稳定，但国际组织也明确指出，标准可以促进金融体系持续健康的发展。通过执行国际公认的经济、金融和市场活动标准，能够促进国内及国际上金融体系构建的完善。这些标准可以创造公平的竞争环境，促进资本在国际市场上的流动，从而促进全球金融市场格局的形成。

2010 年 1 月，金融稳定理事会发布了《金融稳定理事会增强国际标准实施的框架》，该框架的主要内容包括：第一，监督并督促成员方履行其实施国际标准的承诺；第二，开展审查程序，评估成员方履行承诺的情况；第三，帮助“不合作国家”改进国际标准的实施情况。该框架对国际标准实施协调机制进行了初步构建。在现有机制的基础上，要牢牢把握以下三点，并加以发展和完善：第一，确保机制的灵活性。灵活性主要体现在工作方式上，这将有助于主权国家执行国际标准；第二，确保金融稳定理事会的权威。金融稳定理事会往往通过对其成员进行监管来实现其权威性，推动国际执行标准的实质发展；第三，增强国际标准执行的适应能力。促进标准的执行是其关键部分，同时需要对主权国家的整体经济和金融部门战略深思熟虑，而且应将金融机构的阶段和能力纳入考虑范畴，这将为国际机构的有效性提供有利保证，还将有助于确保国际标准实施效果的积极性。

2. 国际监管合作法律权威的树立

由于当前国际金融监管合作领域法律威信力逐渐丧失，跨国银行监管合作进展缓慢。国家独立主权理念在现代社会已根深蒂固，它虽然保证了本国经济的独立、平等和不可侵犯，但是，随着跨国经济交往的日益频繁与市场的相互开放，主权理念在一定程度上抑制了金融全球化的进程。主权的思想内核与经济的跨国性要求之间产生了一种似乎一时还难以调和的对立与紧张。[①] 现实情况表明，当经济全球化带来的消极影响和维护国家利益之间产生矛盾时，主权国家往往会选择后者。狭隘的主权和国内利益最大化的动机，成为树立国际金融监管合作法律权威的障碍。

国际金融组织颁布了许多有关跨国银行的监管与合作的政策措施。遗憾的是，只有国际货币基金组织、世界银行集团和世界贸易组织框架下的金融服务贸易市场准入制度在当前国际金融领域具有强制拘束力。巴塞尔委员会、金融稳定理事会和其他组织公布的文件中散布着有关跨国银行监管与合作的规定，但是，这些规定往往不具有法律上的约束力，潜在的金融风险依然存在。

正是由于国际强制法的缺失，当国际合作与国家利益发生冲突时，国家往往倾向于保护本国利益而将国际合作抛之脑后。倘若想为国际合作扫清障碍，铺平道路，较为有效的方法是将一定的强制力与约束力赋予这些国际金融规范。国际金融软法的“硬化”主要涉及两个方面，即法律硬化和事实硬化。法律硬化，是指通过特定的司法或立法程序对软法的法律约束力加以认可或者直接将之转化成具有法律约束力的文件。[②] 法律硬化主要有两大实现

---

① 参见黎四奇：《后危机时代金融监管国际合作法治化的难点及对策分析》，载《法学评论》2010年第4期，第67页。

② 参见漆彤：《国际金融软法的效力与发展趋势》，载《环球法律评论》2012年第2期，第157页。

途径:一是在制定国际条约时纳入具有影响力的软法并给予其国际法效力;二是将具体的软法纳入各国国内法的范围,从而使其获得国内法的强制力与执行力。事实硬化是使用事实上的强制性力量或政治和经济影响力来确保国际社会遵守软法。例如,通过特殊奖励或处罚来确保软法的实施。然而,将事实硬化与法律硬化两种途径进行比较后会发现,事实硬化由于缺乏法律强制力,它们实际上并不构成对所有国家的强力约束,实践效果也不理想,因此有必要主要通过法律渠道"硬化"国际金融软法。首先,为了提高国际社会对规范的接受度,"硬化"规范应将大多数国家的利益纳入考虑范围,反映不同国家的综合情况。然而,国际金融软法的"硬化"并非易事,在这过程中面临极大挑战,因为需要在主权相对让与的条件下,对迥异的国别性金融监管规则进行国际法化的"改造"。因此,为确保这些规则能被普遍执行,需要在市场发展、市场结构和金融监管法制化水平不同的国家之间进行充分考虑,并在"转型"的过程中尊重这些差异。其次,监管和惩罚措施不容忽视,应与国际金融软法的"硬化"互相配合。对可能的额外损失的保障是确保法律有效性的必要条件,否则难以发挥法律的应有作用。所以,建立国际金融监管机构势在必行。

3. 国际金融监管机构的建立

扩大国际金融监管的范围,明确监管的责任划分,有必要建立多边监管机构,让其执行金融监管职能。但是,目前还没有国际金融组织发起建立类似制度的倡议。根据《国际货币基金协定》的规定,国际货币基金组织处理国际货币业务主要通过经常账户下的多边支付和汇率的安排,世界银行最近几年重点支持发展中国家的建设,世界贸易组织主要的法律制度是《服务贸易总协定》、金融附件和金融承诺表,这些法律制度主要是为了成员方的金融开放和市场准入。巴塞尔委员会等国际组织主要对国际金融机构市场准入后的风险加以管理并制定相关规范。但是,由于这些规范的软法性质,其并不具备强制约束力。同时,国际货币基金组织防范金融风险的能力不佳,倘若预防和控制国际金融风险和危机的多边监管机构的缺位问题不能得到有效解决,将严重阻碍对重大国际金融危机的防范和应对。

(1)现有监管体系下国际金融监管机构设立的可能性

2008 年国际金融危机后,G20 集团改组金融稳定理事会,扩大其成员范围，赋予其更多使命。金融稳定理事会能够评估整个金融体系的脆弱性，加强国家间的沟通协调，制定跨境危机的处理原则和应急计划，保持与国际货币基金组织的紧密合作，提供早期预警和采取必要行动应对宏观经济及金融危机风险。但是，金融稳定理事会并非国际条约框架下的产物，即使存在道德异议和同行审查，这些对金融稳定理事会成员的影响也微乎其微，因为遵守金融稳定理事会的标准或接受外部评价并非金融稳定理事会成员方的法律约束义务。除此之外，金融稳定理事会还有一定的缺陷，即在面临跨境大型金融机构等问题的解决时，缺乏对成员进行有效监管的强制力。若国际社会对金融稳定理事会提出要求，希望其肩负起重大的责任，则应当事先扫清上述法律障碍。当然，国际社会的共识和努力是解决上述法律问题的关键因素。国际货币基金组织出于巩固国际金融体系、防范亚洲金融危机后的金融风险的目的，根据金融稳定理事会的指导，颁布了一套涵盖 12 个领域的标准。

为了使这些标准尽可能有效，从 20 世纪末开始，国际货币基金组织应每个国家的要求，评估和发布了关于标准实施情况的报告。国际货币基金组织可以利用其在汇率监管和技术援助方面的便利条件，充分发挥多边监管机构的作用。但是，由于有待解决的法律问题还很多，若想扮演好这一角色，国际货币基金组织任重而道远。例如，国际货币基金组织对标准执行情况的评估，超出了《国际货币基金协定》赋予它的法定职权，这种行为仅仅是自愿的。除此之外，这种评估不属于协定中的四条法定强制措施，而应属于国际货币基金组织的技术支持或援助范畴。倘若国际货币基金组织想要成为一个多边金融调控和监管机构，则需要对《国际货币基金协定》提出适当建议和恰当修改，从而赋予其从事国际金融规制与监管的职能。否则，国际货币基金组织将缺乏执行多边金融调控和监管的法律基础，而这也是为国际社会成员的共同意愿所决定的。

(2)建立国际金融监管组织的构想

无论是改革国际货币基金组织，还是对金融稳定理事会改革，都应以维护国际金融安全稳定、缓解金融全球化发展和监管国别差异之间的矛盾为宗旨。这一宗旨都应当不做改变。本书认为，要切实加快推进金融监管国际合作，新的国际金融组织应该具有以下三个特点：

第一,新的国际金融监管组织应该是一个全球性的、专业化的政府间金融监管组织。维护全球金融安全与稳定,国际金融管理组织责无旁贷,因此,新的国际金融监管组织必须是一个面向所有国家的组织,而不能局限于某个特定区域或者国家。同时,其专业程度对于维护全球金融安全与稳定也至关重要。金融监管权属于国家主权的重要部分。国际金融监管组织应当要求主权国家将部分权力转移给该组织,国家权力的转移涉及主权,只可依靠国家自愿实行。所以,国际金融监管组织决不可采取跨政府金融监管网络的模式,以国家次级行为的子单元为构成单位,必须是一个有实权的政府间组织。

第二,新的国际金融监管机构应当是一个能反映国际关系民主化的国际金融组织。通过对国际货币基金组织和世界银行进行分析不难发现,当前国际金融组织仍处于欧美和其他大国的支配之下,发展中国家的影响力微乎其微。这种以"霸权主义"为代表的国际合作机制是不平等的,更不能有效地防范国际金融危机。近年来,以金砖国家为代表的新兴经济体国家在国际政治经济领域的影响力越来越大,这些新兴的发展中国家将肩负更为艰巨的国际责任。由此可见,新的国际金融监管机构应当平衡发达国家和发展中国家间的利益。在这一过程中,要完善表决投票程序的设置,这一程序需要兼顾国家主权平等、效率性和有效性原则。在成员方表决程序中应当摒弃"加权投票制",采取能平等反映各国利益、尊重各国国家主权的新原则。

第三,新的国际金融监管组织不仅应充当金融监管标准的制定者,更应当成为国际金融监管的权力享有者,这体现了国际金融监管机构的根本目的,巴塞尔委员会等诸多国际组织都承担着制定和发布国际金融监管标准的重任。随着国际监管标准越来越国际化,这些标准和规则也被一些国家同时国际化。因此,新的国际金融监管组织应该建立一个统一的监管机制,监督各国监管标准的实施。

(四)跨国银行的风险处置机制

在国际金融监管合作缺乏法律强制规定的情况下,监管与合作的动机决定着监管合作的质量。跨国银行风险监管国际合作的最根本动因在于监管失败后风险的承担。现阶段,跨国银行存在不注重日常监管、缺乏跨境风险处置的问题。各国普遍将本国利益置于国际金融安全之上,导致国际金融监管合作连连受挫。想要进一步推进跨国银行风险防范的国际合作,构建跨国银行母国和东道国间的风险防范合作机制是重要途径。

参考巴塞尔委员会对金融机构在风险管理中的"处置"或"处置机制"所作的解读,"处置"或"处置机制"是指国家机构(包括或排除私人部门)为维持金融稳定而采取的措施,这些措施是机构赖以生存与恢复合理期望的必备条件。跨国银行风险管理机制的构建涵盖诸多问题,主要涉及处置机构的设置、处置程序的设计、处置措施的安排。[①] 本书仅从维护跨国银行风险监管合作关系的稳定性角度出发,探讨风险管理机制的基础建设,而不是建构完整的机制。

1. 跨国银行风险处置合作的不利因素

由于国家体制上的差异和现实环境的影响,东道国和母国很难在国际层面上形成一套跨国银行风险管理的具体方案,其具体难点在于:

(1)母国与东道国监管当局监管权协调上的困难

金融主权是国家主权的重要内容之一,所有国家都有权对本国境内的金融机构进行监督,不受其他国家干涉。由于金融在各个国家所处的重要地位,出于对金融资源的保护和各国金融安全的需要,各个国家不愿也不能充分进行银行间的国际合作,尤其在跨国银行处于高危风险管理阶段时,国与国之间的利益冲突更为明显,几乎没有哪个国家愿意为其让步。

(2)不同国家的处置程序和规则存在差异

防范跨国银行风险的法律规范主要包括《民法典》物权编、债权编等一般民商事法律制度以及调整国家公共利益、金融关系的行政法等公法规范。这些法律制度与各个国家的经济发展、文化传统、政治信仰密不可分。经济、政治的不平衡发展使得各国防范银行风险的法律制度产生了巨大差异。各国破产法律制度的差异使防范跨国银行风险的合作困难重重。

(3)成本和损失分担规定上存在差异

由于各个国家监管目标的不同,各国家对风险防范的成本和风险损失分担的规定有所差别。此外,由于各个国家金融主权的原因,成本与损失分担

---

① See Richard J. Herring, *The Central Role of Resolution Policy in Dealing with Systemically Important Financial Institutions*, IADI Research Conference (May 29, 2011).

产生的差异化规制成为阻碍协作应对风险的一大重要原因。[①] 如今,在协调国内处置政策和跨国处置政策这一方面,国际金融机构或主要金融市场国家尚未取得显著进展。[②] 各个国家在成本和损失分担方面的差异性必然会成为风险防范合作的阻碍。

2. 跨国银行应对风险时的处置合作方式

从理论上讲,要从根本上解决跨国银行风险防范问题,制定相关国际条约是必要的。通过在条约中对相关国家间的权力进行明确分配,避免争议,同时制定统一的程序与规则,保证风险防范和化解的正当性;妥善安排风险损失和成本的分担,确保风险化解的合理性。这样的国际条约在短期甚至在相当长一段时间内都是很难形成的。2011 年,应 G20 组织的要求,金融稳定理事会发布了《金融机构有效处置的核心要素》方案(以下简称《核心要素》)[③],《核心要素》作为处置金融危机的政策回应,在较短时间内为危机处置提供了可行的机制。2014 年,为推动成员金融机构风险处置机制全覆盖,金融稳定理事会对《核心要素》进行了修订与完善。《核心要素》提出了有效处置机制的具体措施,其中包括建立危机管理组。危机管理组(CMGs)是金融稳定理事会处置框架下的"协调观察机构"。危机管理组的成员包括母国和对金融机构危机处置有重要利益的东道国的管理机构、处置机构、金融机构和负责管辖担保机制的机构,其目标是为跨境金融危机的管理和处置做好准备并提供便利。CMGs 的建立需要母国和相关东道国共同签订单家机构合作协议,从而确保整个银行集团在处理危机时采用相对统一的标准。单一机构合作协议的可行性较强这一特点,使得预期结果在短时间内即可实现。实践状况表明,G20 国家都建立了金融风险处置机制的履行机构,2014 年欧盟亦设立了专一性委员会,负责处置其境内具备系统重要性因素的金融机构。

---

① See Alessandri, Piergiorgio & A. G. Haldane, *Banking on the State*, Cahiers Détudes Africaines 15 (2009): 448.

② 参见杨松、郭金良:《系统重要性金融机构跨境处置合作法律框架研究》,载《交大法学》2013 年第 3 期,第 36 页。

③ See FSB, *Recovery and Resolution Planning: Making the Key Attributes Requirements Operational* (November 2012), p. 29 – 30.

3. 跨国银行风险防范合作的核心内容

从加强跨国银行监管国际合作的角度出发,为相关国家和市场提供明确的制度预期是跨国银行风险防范安排中必须包含的核心内容,其有助于缓解国际矛盾。因此,跨国银行风险防范合作的关键内容至少应包括以下两个方面:

第一,应当明确母国和东道国跨国银行风险防范权力的分配,这是实现母国和东道国之间有效合作应对金融危机的关键要素。《核心要素》中提到,明确各方在危机前后的角色是跨国银行风险防范合作协议中不可或缺的内容。风险防范权力的确定关系诸多当事人的利益,如何处理好相关利益,实现利益平衡,明确风险防范管辖权,是跨国银行有效防范风险的前提条件。风险防范权力分配的详细方案要求相关国家在监管目标、处置政策上协调和沟通。目前不存在能够适用于所有银行和国家的风险防范权力分配规则,因此,在明确对跨国银行海外分支机构的管辖权时,应考虑跨国银行海外分支机构不同的组织形式。每一种组织形式都有其各自不同的特点,母国应考虑不同组织形式的特点。母国对分行、办事处等分支机构享有主要管辖权;具有独立法人资格的子公司,则应由东道国行使主要的处置管辖权。不论行使处置管辖权的主体是东道国还是母国,相关国家都应该对对方国家的法律制度和处置结果予以认可,以保证其处置的效力。在此需要强调的是,无论上述主体为哪方,都必须完善与风险防范有关的信息共享制度。首先,要明确共担风险的义务主体,不论此义务主体为母行还是跨国银行的分支机构,东道国和母国都应当全面提供相关的处置信息,加强信息之间的共享。其次,在实施风险处置措施之前,要履行必要的通知义务。母国和东道国要将处置计划的细节告知与之相对应的东道国和母国。

第二,母国和东道国对跨国银行风险防范的成本与损失分担也是风险防范合作的核心内容。在风险防范中分担成本与损失符合各国的切身利益,缺乏分担安排将使各国的风险防范合作举步维艰。对于上述问题,最主要的解决办法在于建立风险防范法律制度,这一法律制度必须以市场为导向,在潜在的风险实际发生之前,建立事前预防和事后处理机制。以市场为导向的风险防范机制主要体现在市场主体承担和公共资金救助两个方面。前者主要是股东、债权人对成本和损失分担的责任承担;后者主要是对政府所利用的公用救助资金的限制。对于上述风险防范机制的建立,各国应当明确责任分担,协调一致,以免跨国银行风险防范机制的合作受到限制。关于处置资金,首先,金融机构应尽可能地实施“自救”,因此,失败的成本先由股东及高级无担保债权人承担。其次,包括存款保险基金在内的由行业收费形成的基金可作为救助资金来源。最后,公共资金可作为兜底性资金使用,由央行及财政资金在相应的资金保全机制下对金融机构实施担保或注资。在跨境合作问题上,国际应加强相互的信息沟通与政策协调机制,推动司法行动及司法效力在破产程序中的相互承认。

由上可知,构建有效的跨国银行风险防范合作机制是促进跨国银行监管合作一种重要的途径。① 相关国际条约的出台需要相当长的一段时间,短期内无法达成。根据《核心要素》的建议,以单家机构为基础的合作协议具有可行性。该合作协议的内容应当包括相关防范机构的管辖权分配及成本和损失的分担。

① See IAIS, *Guidance Paper on the Use of Supervisory Colleges in Group-wide Supervision*, Guidance Paper No. 3. 8 (October 2009), Article 7, at 6.

第六章　后危机时代我国关于跨国银行风险防范法制改革的思考

金融发展总是伴随着一定风险,2008年美国次贷危机爆发,随后迅速蔓延至其他国家,导致各国经济严重衰退。时隔多年,金融危机的余波仍久久不能平息,全球各国经济虽渐入复苏状态,但惧于金融危机的影响,对金融风险的把控力度不断加大。

当前,各国之间经济交流程度日益加深,范围更加广泛,金融领域也逐渐呈现出良好势头,其中,跨国银行就是国际金融发展链条中至关重要的一环。2013年我国提出"一带一路"倡议,受到越来越多国家的认可和青睐,我国与沿线国家在金融上的互动交流逐渐加深,更多国家选择在我国开设跨国银行。后危机时代,面对这样的发展前景,我们既满怀期待又心存担忧。跨国银行的增多为我国带来的不仅仅是机遇,更是对其风险进行防范的巨大挑战。因此,我国必须对当前风险防范的相关法制进行改革,以求让法律更好地服务于跨国银行的发展。

第一节 后危机时代我国跨国银行风险防范的法制现状

一、我国跨国银行风险防范的相关立法梳理

(一)跨国银行风险防范的法律规制

跨国银行在我国主要是指在我国境内设立的外资银行及在我国境外设立的具有我国国籍的商业银行。相应地,对跨国银行风险防范的规制也主要从这两个方面进行,目前我国并没有专门针对这两种跨国银行的统一的法律规定。关于我国境内的外资银行和在我国境外设立的中资银行的有关规定,主要见于《中国人民银行法》、《商业银行法》以及《银行业监督管理法》这3部法律文件中。其中《中国人民银行法》及《商业银行法》主要对跨国银行的业务进行了规定,如《中国人民银行法》第4条第12项规定,作为我国中央银行,中国人民银行可以从事相关的国际金融活动。《商业银行法》第3条第3项规定,商业银行可以办理国内外结算业务,表明我国商业银行可以从事跨国结算活动。而《银行业监督管理法》则主要是对银行的相关经营活动进行监督,其中包括跨国银行。《银行业监督管理法》第2条第2款规定,该法中规定的所有银行业金融机构,指的是在我国境内依法设立的、具有吸收公众存款职能的各类金融机构和政策性银行,包括商业银行、城市及农村信用合作社等。第2条第4款规定,国务院银行业监督管理机构依照规定对我国金融机构的境外设立进行批准,并监督该类金融机构及其相关业务活动。第51条规定,对国外的金融机构如外资银行、中外合资银行和外国银行分支机构的监督管理,我国法律、行政法规另有规定的,依其规定。所以,我国对跨国银行的管理主要依据的是专门性法制规定。

(二)跨国银行风险防范的行政法规规制

1996年6月20日国务院颁布的《外资金融机构管理条例》对包括跨国银行在内的外资金融机构的准入、经营及监管进行了规定,但由于其存在一定的局限性和落后性,现已废止。

国务院于2006年颁布《外资银行管理条例》,同年颁布了《外资银行管理

条例实施细则》,2019 年对《外资银行管理条例》进行修订。这两部法律文件是中国对外资银行监管的特别立法,其中在外资准入条件、外资银行经营范围、监督管理、责任划分等方面都有具体规定。

(三)跨国银行风险防范的部门规章规制

《中国人民银行突发事件应急预案管理办法》对银行业突发事件的相关应急方案从制定、内容、管理等几个方面进行了详细规定。为贯彻党的十九大关于“推动形成全面开放新格局”的精神,2018 年 2 月 13 日,原银监会对《中国银监会外资银行行政许可事项实施办法》(已失效)进行修改,同时发布了《中国银监会关于修改〈中国银监会外资银行行政许可事项实施办法〉的决定》。该决定主要进行了以下几方面的修改:第一,对外资银行在我国设立及经营的相关程序进行规定,让外资银行在我国境内的运行有法可依。第二,对外资银行四项业务的审批制改革为报告制。第三,统一银行业市场准入:将开业审批程序合并到支行筹建程序中;优化外资银行募集发行债务、资本补充工具的条件;简化高管资格审核程序,对于外资银行机构间高管的平级调动或改任较低职务的情形,要求进行备案。该决定是我国进一步扩大对外开放、深化简政放权以及加强审慎监管理念的全面体现。[①] 为外资银行积极参与我国经济市场、为我国提供金融服务、促进银行业机构稳健发展提供了强大的法律支撑。

二、我国关于跨国银行风险防范的立法内容

(一)市场准入限制上对跨国银行风险的防范

第一,注册资本。我国《外资银行管理条例》第 8 条要求,外资银行的最低注册资本不低于人民币 10 亿元,或者是与该 10 亿元人民币等值的可自由兑换货币。在我国境内设立的外资银行的分行,其运营资金由其总行无偿拨付。外资银行分配给各分行的营运资金总和不得超过其本身资本总额的 60% 。外国银行分行的运营资金由其总行分配 2 亿元以上,国务院银行业监

---

① 中国银监会发布《关于修改〈中国银监会外资银行行政许可事项实施办法〉的决定》,http://www.cbrc.gov.cn/chinese/home/docView/2D06B6B5270047F1AA08543657265435.html,2018 年 9 月 25 日最后访问。

督管理机构可以根据需要,规定人民币应占份额。

第二,经营管理水平。我国《外资银行管理条例》第 9 条明确规定,在我国拟设立外资银行、中外合资银行或分行、代表处,其股东、外国股东及外国银行,要具有从事国际金融活动的经验。第 10 条规定,只有金融机构具备作为外商独资银行股东的资格,除具备第 9 条规定的从事国际金融活动的经验外,独资或者控股股东还应当满足下列要求:(1)为商业银行;(2)资本充足率应当达到双重要求,即符合其母国以及我国的双重规定。第 12 条规定,外国银行拟设立分行,除具备本条例第 9 条规定的条件外,还应当满足下列要求:(1)申请设立分支机构前一年总资产不少于 200 亿美元;(2)资本充足率应当符合母国和我国的规定。

第三,设置形式。外资银行是经批准在我国境内、依照我国有关法律法规设立的:(1)外商独资银行;(2)中外合资银行;(3)外国银行的分行;(4)外国银行代表处。

第四,母国监管。《外资银行管理条例》第 9 条第 4 款规定了母国的有效监管要求:外资银行所在国或者地区的金融监督管理机构对拟设立的外资银行及其股东应当进行有效监管,外资银行的设立申请应当经所在国或者地区的金融监督管理机构同意。第 5 款规定,母国应当有完善的金融监管体系,其金融监督管理机构与我国国务院银行业监督管理机构应当建立良好的监督管理合作机制。

(二)进入市场后的管理上对跨国银行风险的防范

我国当前关于跨国银行经营中产生的风险及其防范的法制主要有:

第一,信用风险。它是指在银行货币或者证券业务中,债务人因各种外在原因不能及时、足额偿还所欠债务所引起的风险。信用风险是国际金融业务中一种主要的风险,当市场上金融交易的资金流量比较大时,更容易发生信用风险。一旦发生信用风险,将会对整个金融市场带来严重冲击。以信用风险为表征的各种金融风险在国际金融市场极为普遍,即使在金融体制完善的发达国家,一旦监管出现松懈,风险就会在积累到一定点时爆发出来。因此,金融市场的东道国必须高度重视对信用风险的监管及相应法律制度的建设和实施。[1] 为了防范和规避信用风险,中国要求外商独资银行和中外合资银行的贷款和存款比例不应超过 75%,对同一借款人的贷款和银行资本余额不应超过 10%。

第二,流动性风险。所谓流动性风险,是指存款人要求立即变现而银行无法满足的风险。为防范此类风险的发生,我国规定了流动性资产余额与流动性负债的比例要求,即外资银行不低于 25%,外资银行分行不低于 25%。

第三,市场风险。为防范和规避市场风险,中国规定以分行形式存在的外资银行的营运资金的30%应当采用法律规定的有息资产形式,并且其境内外币资产余额应不低于境内外币债务余额。

第四,其他风险。《银行业监督管理法》第 17 条规定,申请设立银行业金融机构,或者银行业金融机构变更持有资本总额或股份总额达到规定比例以上的股东的,由国务院银行业监督管理机构对股东的相关信息,如提供资金来源、财务状况和资本补充能力及其诚信状况等进行审查。同时,中国规定外资银行应建立和完善风险管控体系,其中,外商独资银行和中外合资银行应建立独立的风险管控体系,而在中国设有两个或两个以上分行的外国银行应授权其中一家分行对其他分行实行统一管理。《银行业监督管理法》第 21 条要求银行业审慎经营,规定审慎的经营规则"包括风险管理、内部控制、资本充足率、资产质量、损失准备金、风险集中、关联交易、资产流动性等内容"。

由此可见,我国现行的跨国银行风险防范法律制度更加关注信用风险、流动性风险和市场风险的防范和规避,相关规定更加详细和全面;而对跨国银行可能发生的其他风险,如合规风险、操作风险、网络安全性风险等,则关注度有待提高,相关立法所涵盖的内容较少,且大多规定过于笼统,仅着重强调风险管控系统的独立性或统一性问题,却没有专门就相关风险监管与防范作出具体规定。

(三)跨国银行的并表监管上对跨国银行风险的防范

并表监管,是对一银行或银行集团所面临的所有风险从整体予以考量,进行监管。巴塞尔委员会在其文件中规定对银行实行并表监管。我国《外资

---

① 参见罗国强:《离岸金融的内控机制与监管措施》,载《武汉理工大学学报(社会科学版)》2010 年第 2 期,第 214 页。

银行管理条例》第48条规定，国务院银行业监督管理机构对外国银行在我国设立的分行实行并表监管，这有效贯彻了巴塞尔协议中的监管方式。

（四）跨国银行内部监管问题上对跨国银行风险的防范

内部监管，又称内部控制，是金融机构遵循法律规定，制定并实施的一整套规定其内部各组成部分的职能、控制整个业务流程、并对其进行有效的检查和监督的内部管理制度。内部控制机制的存在与建设质量直接影响离岸金融机构控制和防范风险的能力，内部控制机制的不完善很容易导致各种金融风险，尤其是极其严重的违法风险。[①]《中国人民银行法》第37条规定，中国人民银行应当建立、健全稽核、检查制度，加强内部监督管理。第59条规定，商业银行应当依法制定业务规则，建立健全本行的风险管控机制与内控机制。《外资银行管理条例》第35条规定，外资银行应依法制定本机构的业务规则，建立健全风险管控机制和内控机制。《外资银行管理条例实施细则》第51条规定，外资银行营业性机构应当建立与其业务发展相适应的内部控制制度和业务操作规程，并于每年3月末前将内部控制制度和业务操作规程的修订内容报送银保监会或所在地银保监会派出机构。第56条规定，外商独资银行、中外合资银行应当建立关联交易管理制度、关联交易必须符合商业原则，交易条件不得优于与非关联方进行交易的条件。可以看出，在内部控制机制方面，中国要求外资银行建立和完善内部控制制度，其中，外商独资银行和中外合资银行还需要有独立的内控机制，并遵守法律法规。

第二节　后危机时代我国跨国银行风险防范法制存在的问题

一、跨国银行市场准入风险防范法制存在的问题

（一）对内外资银行实行“双轨制”管理存在的问题

我国对国内银行监管依据的是《商业银行法》《中国人民银行法》，而对外

---

① 参见罗国强：《跨国银行风险监管中的法律问题——评“法国兴业银行交易员违规交易案”》，载《法学》2008年第3期，第71页。

资银行的监管依据的是《外资银行管理条例》及《实施细则》，外资银行的监管问题并没有在《中国人民银行法》《商业银行法》等基本监管法律中得以体现，这种立法模式对国内实行统一、协调的银行规制产生了严重阻碍。尽管"双轨制"只是针对不同主体适用的法律规范，但由于监管法制的不同，对国内银行进行监管的《商业银行法》及其相关立法规定就无法适用于外资银行，很容易造成内外有别的现象，造成对外资银行的歧视性待遇或者超国民待遇。再者，对外资银行的另行监管所导致的不统一还有可能导致行贿、监管腐败等问题。

（二）对外资银行的业务准入规定存在的问题

把我国《外资银行管理条例》第 29 条和第 31 条关于外资银行业务范围的规定和《商业银行法》第 3 条关于中资银行业务范围的规定相比较，可以发现，除不能发行金融债权，不能代理发行、兑付和承销政府债券外，外资银行在业务准入方面似乎与国内银行没有什么不同。但是，这些规定并不能很好地在实践中得以落实，实践中外资银行的业务发展存在很多限制。《外资银行管理条例》给予外资银行的"国民待遇"在实践中被称作"非国民待遇"。

（三）对外资银行的形式准入规定存在的问题

《外资银行管理条例》规定的外资银行形式包括分行及代表处，以分行为主，这种准入的形式有很大风险。首先，分行是跨国银行在东道国的分支机构，它不具有东道国的法律人格。一旦出现问题，相关责任完全由其在母国的总行承担。也正因为它不具有东道国的法人资格，我国关于法人的相关法律规定对其不能产生规制作用，这在一定程度上给了外资银行分行规避我国法律管制的可能性。其次，分行的生存能力和经营安全性受制于其总行的经营状况及母国的有效监管，在经营上与母行存在密切联系。若其总行经营状况不佳，母国监管不力，风险分散难度大，此时分行便难以为继，这将给中国经济带来巨大的负面影响。最后，分行准入形式的采用不利于我国接触和掌握跨国银行的核心经营技术。总之，我国在准入外资银行时规定的形式过于单一，不利于我国经济的发展。

（四）对外资银行的母国监管规定存在的问题

《外资银行管理条例》第 9 条第 4 款规定，拟设立外资银行的外国银行应当由所在国家或者地区的金融监管机构监督管理，其申请应当由所在国家或者地区的金融监管部门批准。这些规定对于外资银行母行监管的要求过于笼统，仅规定了母国的“有效监管”，但是并无切实可行的具体标准，并且这种静态的监管制度考察有可能具有滞后性，现实中可能存在脱节，所以，这种规定存在一定缺陷，需要进一步加以明确。

二、跨国银行进入市场后风险监管法制存在的问题

（一）对跨国银行的风险防范无统一的法律规制

自引入跨国银行以来，我国一直致力于跨国银行法律制度的完善，但是，由于我国银行业在跨国经营方面只是刚刚起步，与国际上发展良好的跨国银行相比差距较大，在跨国经营的许多方面还存在一定问题，在立法上较为松散，没有专门的跨国银行立法供以遵循。特别是关于跨国银行的风险防范，没有专门的立法予以规制，在法律文件中更没有专章规制。例如，在银行业监督委员会制定的《中国进出口银行监督管理办法》中，只是在第 23 条规定，进出口银行应当构建与本行相匹配的全面风险管理体系，加强对各类风险的识别、计量、监测、控制和处置，此后再无专章对风险的划分和详细防范进行规定，法律规范的缺失情况较为明显。

（二）对跨国银行风险监管的范围较窄

我国目前的立法多强调市场准入环节的风险监管，对跨国银行在经营方面的风险防范规定相对较少。在跨国银行经营风险方面，我国重视防范和规避信用风险、流动性风险和市场风险，规定也相对详细。但在当前金融风险剧增的情况下，对跨国银行经营风险的关注显然是不够的。《外资银行管理条例》从经营成本和市场份额两方面限制了跨国银行的监管，但其规定范围较广，不涉及具体方面。所以，我国对跨国银行的相关规定在有效防范风险方面相对较少，无法完全适应现实需要，还需要进一步扩大和完善对相关风险的监管。

（三）对跨国银行风险的监管力度不够

《外资银行管理条例》及其《实施细则》中对风险监管及事后处罚措施的规定多以“可以”的措辞表述，这导致在实际操作中监管者的自由裁量权过

大,从而使监管力度松软。例如,《外资银行管理条例》第45条规定,国务院银行业监督管理机构对风险较高、风险管理能力较弱的外资银行分支机构在营运资本加准备金总额与风险资产中的人民币风险资产比例的增加是可以要求的,而不是其他的硬性规定。一些风险高、管理能力弱的跨国银行的风险巨大,在实际运营过程中很可能会因为其自身资金问题影响到我国的整体经济运行情况,但是这里只规定了“可以”,这表明监管部门可以视情况决定是否对该类跨国银行资产比例进行提高,而不是必须严格按照相关标准直接进行。这种规定的模糊性很容易导致一些风险大的跨国银行在我国泛滥,从而给我国经济带来极大风险隐患。

(四)对跨国银行风险集中度过高问题未明确规定

风险集中度问题是银行向单一借款人发放大量贷款,如贷款人的财务状况恶化,出现无法及时、足额偿还贷款情况,将给银行带来巨大风险的问题。我国现行法规未就单一借款人概念作出界定,使得实践中在判断风险集中度时存在任意性,因此,跨国银行风险过于集中导致不能在风险发生前分散风险源,风险发生后也不能全面控制。

三、我国跨国银行内部风险监管法制存在的问题

金融机构内部控制机制是防范金融风险的基础,是金融机构稳健运行的前提。从相关规定看,我国针对跨国银行内部监管的制度有所缺失,关于内部监管仅仅是一笔带过,并没有对其进行详细规定,跨国银行内控制度几乎属于空白。这就有可能出现跨国银行内部治理结构不完善、风险防范内部治理机制不健全的结果,不仅会导致跨国银行经营风险剧增,而且在风险到来时没有足够的应对能力。此外,《外资银行管理条例》第54条规定,外商独资银行和中外合资银行应建立独立的内部控制制度、风险管理制度、财务会计制度和计算机信息管理制度。由此可见,我国强调跨国银行内部控制制度的独立性,而较为具体的规定主要侧重于防范和控制关联交易,但这与巴塞尔协议规定的较为全面和完善的内部控制机制还有一定距离。

第三节 后危机时代我国跨国银行风险防范法制所面临的机遇和挑战

一、后危机时代我国跨国银行风险防范法制所面临的机遇

法制与实践发展与时俱进，才能对风险进行及时规范，同时促进自身的不断发展和完善。后危机时代，整个国际金融形势在努力好转，给跨国银行业务创新及其法制改革带来了许多机遇：

第一，给我国国际金融业务的快速发展带来了先机。金融危机发生之前，国际金融业务被主要发达国家占据，我国的国际金融业务很难开展。后金融危机时代，各主要发达国家经济受损严重，其对国际金融业扩展的信心受挫，对自身金融体制进行了深刻反思，这为我国国际金融业的拓展创造了一定的发展机遇。

第二，可以加快推动我国跨国银行专门立法的出台。金融危机后，发达国家银行业陷入了严重危机之中，随后进入了一段时期的休整。我国经济在金融危机中所受的损失较小，因此，银行业取得了一些可观成绩：资本充足率较高、资产规模和利润规模不断扩大，不良贷款率持续下降，我国银行业在全球银行业的发展中迅速崛起，地位显著提高。银行业务量的增加和业务范围的扩展，提高了我国对风险防范的警惕性，有利于推动专门针对跨国银行的法律出台。

第三，促进国内与国际在金融风险防范法制方面的接轨。金融危机带来了国际性的金融灾难，让我国在经济受损的同时，也刺激我国更加清醒地应对危机。特别是在风险的防范方面，助推国内监管机构注重从国外吸取经验，弥补国内风险防范法制的不足和缺陷，这为我国国内风险防范法制与国际接轨客观上创造了有利的外部环境。

第四，促进区域性风险防范机制的建立。金融危机波及全球，导致各国金融业严重受损，目前各国经济仍旧复苏乏力。这种经济状态有利于促使各国通过条约、合作安排、签署谅解备忘录等形式寻求合作，建立风险防范机

制,共同应对金融风险。

第五,为我国银行业“走出去”提供了机遇。金融危机时及之后的欧债危机的发生让各国陷入不安,对国际金融体制产生了不信任。在此背景下,国家之间积极谋求合作,形成了双边、多边以及区域性的合作机制,共同抵御金融风险。

我国发挥古代丝绸之路的优势,于 2013 年开始推行“一带一路”倡议。近几年来,“一带一路”倡议不断推进,沿线国家交流合作不断深化,许多沿线国家积极响应并加入到“一带一路”倡议中来,取得了许多不菲的成绩。近几年来,政策性银行、国有商业银行和中小商业银行在国家的推动和政策保障下,于沿线国家落户,在为我国“一带一路”倡议提供金融支撑和国际化服务的同时,也为银行自身的国际化经营创造了条件。

国际金融危机让我国有机会向国际社会展示经济实力。金融危机发生后,发达国家的银行普遍陷入资本不足和流动性短缺窘境,竞争力普遍下降。由于受到金融危机的冲击较小,我国银行业的竞争力优势明显,异军突起,与发达国家银行业形成明显对比。同时,发达国家需要借助我国的经济发展走出危机,对中资银行的进入态度趋缓,使中资银行进入发达国家的阻力变小。

国际金融危机改变了全球经济格局,助力发展中国家银行业的发展,改变了发达国家主流银行在客户心中安全的形象,使全球认识到中国银行业的实力和可靠性,使中资银行在全球金融领域的发展中迎来了春天。

二、后危机时代我国跨国银行风险防范法制所面临的挑战

挑战往往与机遇并存,2008 年国际金融危机给我国跨国银行风险防范法制提供了机遇,但同时也带来巨大挑战:

(一)后危机时代跨国银行风险防范对我国分业监管提出挑战

2018 年,银行业监督管理机构与保险业监督管理机构合并成为银行保险监督管理委员会,这是中国金融监管的重大突破。但我们能看到的是,这次的改革并不全面。从大的方面看,我国实行的仍旧是分业监管模式。

当前系统性金融风险频发,且一旦发生,牵连广泛,容易传染到其他领域和行业。因此,单个领域监管不能完全预防和降低该类风险。例如,近几年

快速发展的万能险涉及银行、证券、保险等多个行业,单从各个监管部门的角度看,监管合规,风险可控;但从全局上,可能已经存在威胁金融系统稳定的风险。在目前金融业综合经营趋势明显的背景下,银监会与保监会的合并虽有利于防范、化解系统性金融风险,但是并不全面。在后危机时代,金融风险发生的交叉性与综合性给我国目前的分业监管模式带来了一定挑战。

(二)后危机时代跨国银行风险防范难度加大对我国立法提出挑战

随着全球经济一体化进程的加快,金融风险的诱导因素不断增多,各种金融风险的发生错综复杂,这导致跨国银行风险类型进一步扩展。尤其是随着互联网金融的快速发展,现行法律出现了严重的真空化和滞后化,传统的风险防范方法已经不能抵御新型金融风险,这在客观上加大了我国立法的难度以及对跨国银行风险防范的难度。

(三)后危机时代境外监管趋严对我国银行跨国经营带来挑战

2008 年国际金融危机发生后,发达国家出台了一系列加强银行监管的法规。美国政府颁布了最全面、最严格的金融改革法案《多德 - 弗兰克华尔街改革和消费者保护法》,加强对金融消费者合法权益的保护。[①] 2013 年,美国根据《多德 - 弗兰克华尔街改革和消费者保护法》,颁布了《沃尔克规则》,以限制金融机构的自营交易和高风险衍生品交易,目前,美国众议院正在提议对该规则进行修正。[②] 2014 年,美联储和美国货币管理局建议加强审慎监管,对大型银行的风险管理框架和能力提出了更高要求。同年,欧盟成员国对清算机制、回收计划和存款担保实施了统一管理法。这种严格的监督、处罚和其他制裁与推进银行跨国经营初期相比较,境外监管趋严的形势给我国商业银行"走出去"带来了巨大挑战。

---

① See 111th *Congress public law* 203: *Dodd-Frank Wall Street Reform and Consumer Protection Act*, (07/21/2010).

② 该法案修改了 1956 年的《银行控股公司法》,要求适用"沃尔克规则"的银行必须满足:(1)总资产价值不到 100 亿美元;(2)交易资产和负债不超过总资产的 5%("沃尔克规则"禁止银行机构从事自营交易或与对冲基金和私募股权基金建立某些联系)。2017 年 6 月,共和党占绝对多数的众议院表决通过了包括撤销"沃尔克规则"等多项修改内容的"CHOICE 法案",然而,由于该法案过于激进,受到了小部分共和党和所有民主党议员的反对,至今未在参议院进行表决。

（四）后危机时代其他主要发达经济体货币政策正常化带来的挑战

随着发达经济体持续复苏，美联储及其他主要发达经济体央行逐渐开始走向货币政策正常化。例如，欧洲央行从 2018 年起进一步降低购债规模；英格兰银行于 2017 年 11 月启动了 10 年来的首次加息。本轮货币政策正常化与紧缩周期相比，存在一些新特点，如全球范围内杠杆率相对较高，长期通胀率和生产率结构性改变，政治不确定性升高等。一旦货币政策收紧过快，导致长期利率抬升，可能对宏观经济和资产价格产生较大影响，阻碍复苏进程并引发金融风险。

（五）后危机时代通胀前景存在不确定性带来的挑战

目前，全球通胀水平仍较为温和，部分发达国家通胀率持续低于目标水平，通胀表现与经济复苏态势出现背离的“通胀之谜”预示着经济复苏态势可能仍不稳固，引发广泛关注，对于通胀低迷是暂时性的还是趋势性的，仍存在争议。有观点认为，受全球价值链分工、人工智能蓬勃发展、全球性产能过剩等因素影响，低通胀可能成为趋势。如果通胀水平长期低迷，有可能降低市场通胀预期，增加央行货币政策调控难度。

第四节　后危机时代我国跨国银行风险防范法制应采取的具体改革路径

后危机时代，我国跨国银行风险防范法制的改革，必须在充分借鉴作为国际金融“软法”的巴塞尔协议经验的基础上，合理考虑我国国情进行。

一、后危机时代我国跨国银行的准入法制改革

（一）应对跨国银行实行“统一制”监管模式

国内银行与外资银行在准入与业务限制上由于风险的不同，可以对之做出相应不同的规定，但是在监管与责任承担上，二者所受的法律约束应当等同。对国内银行与外资银行的监管实行内外无差别的“统一制”立法模式，使国内的银行业监管法律与责任承担可以适用于外资银行，消除外资银行的歧

视性待遇,有利于更好地引进外资银行,带动我国经济发展。同时,外资银行的先进管理及运行经验也有利于我国金融的国际化运行。消除外资银行的超国民待遇,有利于维护我国法律的统一与稳定。此外,一视同仁的态度可以避免银行监管部门与外资银行之间形成相互交错、盘根错节的局面,有效防止监管腐败的发生,从源头上减少风险,稳定我国金融市场,防止造成不必要的金融动荡。

(二)应优化跨国银行在我国境内的准入门槛

1. 适度提高跨国银行的资本准入门槛

我国现有规定中对外资资本的要求已被证明是完全不够的,因此,我国应当适度提高外资银行的资本总额,尤其是提高交易账户的额外资本需求,以增强外资银行对交易风险的抵御能力。此外,建立逆周期的资本充足率体系,要求外资银行在繁荣时期增加资本。一方面可以限制新兴经济体的过度增长,另一方面当经济下滑时提供资本缓冲。但是,外资银行资本的提高应当是适度的,因为过度的资本限制会严重影响外资银行进入我国金融市场的积极性,对我国经济的发展和金融的国际化产生负面影响。

2. 优化跨国银行在我国境内的准入形式

分行作为外国银行的分支机构,在东道国经营的风险较大。相比之下,子行具有东道国的法律人格,并且在东道国具有独立的民事权利和义务能力,东道国不必担心母行影响子行的经营状况,因此,子行是较为稳妥的准入形式。有些国家对子行规定了较为宽松的准入门槛,有些国家虽然允许分行与子行准入,但对子行的待遇却明显优于对分行的待遇。[①] 我国应加大对跨国银行子行的准入力度,提高外资银行分行的准入门槛,减少分行带来的风险。与此同时,可以适当对我国分行形式的外资银行在数量上进行限制,因为分行经营的特点,很容易影响我国金融秩序和金融安全的稳定。我国法律对外资银行分行的数量没有明确规定,对此,应借鉴国际上的通行做法,对外资银行分行在我国开设的总数进行控制,避免分行大量涌入带来负面影响。

---

① See Edward L. Symons, *The United States Context*, in Chia-jui Cheng, J. J. Norton & I. Fletcher eds., *International Banking Regulation and Supervision: Change and Transformation in 1990s*, Graham & Trotman/Martinus Nijhoff, 13(1994).

3. 加强跨国银行母国对风险的有效监管

应强化双重许可和母国监管原则。在外资银行的准入问题上，不仅应依我国法律对外资银行进行审查，还必须要求外资银行母国对其进行审查，确保双方对外资银行进行共同许可审查。通过与跨国银行母国的合作，协调双方在跨国银行风险监控上的立法，对跨国银行风险进行全面监控。① 我国应制定专门法律对母国的有效监管主体、内容、方式等进行规定和细化，明确具体的量化标准。同时，还应对母国的监管能力进行审查，查明母国监管当局是否具有实行综合并表监管的能力，做到在准入问题上全面彻查，确保准入后的银行在经营、信誉、违法记录等方面的合规性，从静态监管向动态监管转移，并以立法形式统一评审标准。

二、对跨国银行一般经营风险防范法制的改革

（一）对跨国银行风险监管的法制进行改革

1. 建立跨国银行风险预警机制

我国应建立宏观的风险预警机制，在微观上详尽地规定跨国银行稳健经营法规，划定若干能提前反映银行风险迹象的监测指标，对跨国银行经营状况进行事前监测，提前注意经营过程中出现的危机信号。对经营业务进行风险评估的同时，应当设计出预防和排除风险的预案安排，把危机预警机制以法规形式规定下来，包括风险预警系统的目的、形式、领导、组织、信息管理、报告制度和监督机制等，确保机制的严肃性、有效性和可操作性。

2. 完善跨国银行的存款保险制度

2015 年 5 月 1 日，我国的《存款保险条例》施行，标志着存款保险体系正式建立。我国应完善跨国银行存款保险制度，即由跨国银行按吸收存款的一定比例缴纳保险费，以便在危机出现时获得流动性资助和一定限度存款偿付的制度安排，从而避免风险的扩大化。对此，应当建立相应的存款保险机构，对银行的存款保险进行监管。存款保险机构应当与银保监会进行信息共享，从而形成互相监督模式，银保监会对存款保险机构有建议权。

---

① See Alain Hirsch, *Supervising Multinational Banking Organizations*: *Responsibilities of the Home Country*, Journal of Comparative Corporate Law and Securities Regulations 3, 240(1981).

3. 对跨国银行现有风险监管体制进行改革

第一，应对流动性监管进行改革，改革引起危机产生的到期转换模式。到期转换不仅体现于银行资产负债表，还体现于非银行和表外金融工具，如投资银行、互助基金等。当前各大银行的流动性几乎全部依赖可出售性，认为只要通过回购就可以得到长期资产，就是安全的。目前，英国金融服务管理局对流动性监管采取新的措施，要求银行更加注重对负债结构的管理，而不是过度依赖短期融资批发市场，从而减少到期转换，降低系统流动性风险。我国监管部门过于关注《巴塞尔协议Ⅱ》规定的银行资本改革，忽视了对流动性的监管，因此，我国必须重视流动性监管。

第二，应根据巴塞尔协议的规定，借鉴其对跨国银行内部控制机制的要求。我国法律仅仅要求内控机制的独立性、仅仅关注关联交易的控制问题是远远不够的，应加强对以下内控机制的建设：明确授权和责任划分、银行承诺、付款和资产与负债处理相分离，以及上述程序的交叉检查、保护资产、完善独立的内外部审计制度、检查上述控制职能和有关法律法规的遵守情况等。

4. 加强对跨国银行风险的监管力度

在风险的监管及事后惩罚措施的规定上，应严格把控，维护法律的权威性和不可僭越性。对跨国银行在经营中出现的违法行为要及时予以制止，并切实按照法律的规定予以惩治。一方面，这可以避免监管部门过于松散，腐败现象频生；另一方面，可以有效阻止一些风险性高、安全性低的跨国银行入驻我国，维护我国经济的稳健运行。

5. 拓宽对跨国银行风险的监管范围

针对我国对跨国银行风险防范的范围较窄的情况，应进一步完善和扩大应重点防范的风险领域，增加如操作风险、法律风险、合规风险、声誉风险、支付风险、系统性风险、网络安全性风险等几个方面的监管。

第一，应增加对操作风险的监管。操作风险是由内部的程序、人员、制度和外部事件两个方面造成的，但最主要是由银行内部操作引起的。应当扩大监管范围，对银行内部的操作进行监督管理，要求跨国银行在人员配置、程序运行以及制度安排上做出一定的部署，并上报银行业监督管理机构，特别是在发生重大人员调整及制度变更方面，更应及时上报并备案。此外，还要加强跨国银行与母行的联系，在经营方式、程序、制度等必要方面进行统一，在利益分配上进行协调，避免产生一连串的失误，从而降低风险的发生率。

第二，应增加对违法风险的监管。跨国银行对自身客户的不了解会导致不法客户利用银行从事犯罪活动，从而影响东道国的金融秩序，因此，在违法风险的防范方面要高度重视。《外资银行管理条例》第 9 条第 3 项规定，外资银行应当具备有效的反洗钱制度，但在监管一节并没有对外资银行对违法风险的防范进行规定。为此，法律应当规定受监管的跨国银行应具备完善的审查程序，对交易客户进行全面了解，对存在违法记录、资金来源与流向模糊的客户进行严格审查，防止客户利用银行从事违法犯罪活动。同时，为了防止银行涉嫌欺诈或被卷入欺诈行为，银行管理层和内部安全或保安部门应设置专门的电话线来通报情况，要求工作人员向上级或内部安全部门报告可疑或有问题的行为。

第三，应加大对合规风险的监管力度。根据巴塞尔委员会发布的相关文件，合规风险是银行未能遵守法律、法规、监管要求、规则、自律组织制定的有关准则和银行自身的行为准则，从而遭受的法律制裁风险、财务损失风险或声誉损失风险等。合规风险更严重，成本更高。针对目前我国外资银行在合规风险处理上存在的理念偏差严重、管理架构不完善、惩罚机制落后等缺点，需要参考国外对合规风险的防范处理经验，引进先进的评估和识别合规风险的方法，同时结合我国国情，构建适合自身的监管模型。为此，首先，应加强商业银行合规文化的培养，树立商业银行的合规理念，强化合规意识。其次，应提高合规工作开展的信息化水平，以更好地开展这一工作，同时还能降低合规成本，提升开展该项工作的效率。最后，应配备足够的开展合规工作的资源，构建健全的合规风险管理体系，确保合规工作的有效开展。

第四，应加大对声誉风险的监管力度。银行声誉风险是由经营管理等活动或外部事件引起的利益相关者对银行进行负面评价的风险。跨国银行在其业务流程中有可能面临一定的声誉风险，重大的声誉风险会造成银行的损失、市场大幅度波动，甚至引发系统性风险以及破坏经济的平稳运行。因此，应当要求跨国银行坚持动态预防、及时报告原则。银行还必须建立全面的风险管理程序（包括由董事和高级管理层进行适当的监督），以识别、测量、监测和控制主要风险，并在准确时机为它们建立资本金。监管者还可以通过执行健全的政策来确保在风险监控过程中获得必要的信息,避免一些事件导致跨国银行的声誉下降,引发公众对国家经济运行的怀疑和负面情绪。

第五,应增加对支付风险的监管。随着电子支付方式的出现,交易支付结算方式和结算工具发生了前所未有的创新,结算渠道日益扩展,传统的支付结算方式发生了巨大变化,支付结算业务正朝着自动化、信息化、电子化的方向发展。与此同时,支付结算的风险也明显增加了,出现新的形式、新的特点,直接威胁着跨国银行的资金安全。因此,银行有责任也有义务通过多种有效方式避免出现资金支付风险。防范支付结算中产生的风险,这成为银行经营的重要内容。针对账户管理风险、信用卡犯罪风险、电子支付风险、系统漏洞风险、内外勾结作案风险等相关风险,应当严格要求跨国银行建立全面的支付结算网络,保持良好的客户开户关口。具体而言,银行应仔细核对申请人的身份信息,核实申请人身份证件的真实性、有效性和一致性,并核实申请人开立账户的意愿。如有疑问,需要通过进一步谈判或提供证明文件进行正式核实,以严把开户关,有效控制账户风险。

第六,应增加对系统性风险的监管。系统性风险主要是由某一事件导致的一系列损失及风险。在当前国际金融高度一体化的大环境下,任何一个事件都有可能导致一系列风险的产生,这对跨国银行的发展极为不利。针对系统性风险的监管,应当纵观全局,不仅要对东道国的利益因素予以考虑,还要对整体的国际环境及各国的政策等进行综合分析和评价,提前做出预判,在蝴蝶效应产生时尽可能地减少损失。

第七,应增加对网络风险的监管。当前网络快速发展,为全球客户带来了极大便捷,使不同客户都有机会根据自己的需要接触某一特定的银行,而且无需面对面洽谈,也极大地便利了银行工作,因此,吸引着更多行业在网络上扩展业务。跨国银行也不例外,但网络具有虚拟性和不可控性,这种特性必然使跨国银行面临新的风险。网络风险不仅会给当时的银行机构造成经济利益的下降,而且可能导致后期的银行信誉度下降以及业务受到严重影响。

针对网络对银行与客户之间的关系属性进行影响的问题,我们建议,首先,应该建设全面的网络管理工程,跨国银行内部也应该及时针对新形势,设立新的管理部门,对银行的网络活动进行全方位的监管。其次,针对网络攻击现象，银行内部应当及时更新信息，培养高技术人才，对网络犯罪攻击行为进行有效防御。最后，应当引导银行进行网络犯罪的实时监控，对网络交易中的可疑行为进行甄别，及时对网络犯罪作出判断，有效避免网络风险的发生。

6. 强化政府对跨国银行风险的审慎监管

审慎监管应该从宏观监管、转变监管模式、加强监管能力等方面入手。宏观审慎监管方法应该关注整个跨国银行系统的风险，全球银行业监管目前存在的主要问题是无法对复杂的信贷证券化体系、到期转换模式、跨经济信贷的增长以及因此带来的系统性风险进行监控。今后，我国要着重对全球信贷增长趋势进行分析，尤其是系统整体的到期转换，机构和产品杠杆率，不同的金融系统之间、银行之间的内部关联等情况。

目前，银行业混业经营趋势明显，根据这种变化，对外资银行的监管模式也应相应改变。但目前我国在混业监管上刚刚起步，因此，可以通过相关法律规定，协调国务院对两大监管机构的责任划分。应认真制定规章制度，防止重复监管或监管真空，提高监管效率。应针对外资银行全球化经营的特点，构建符合其特点的风险监管框架。应加强本国管制，防止与外资银行母国出现利益冲突及不平衡。应建立相应的控制体系，构建全面风险评估系统、法人银行 CAMELs（骆驼信用评级指标体系）评级、外国银行分行 ROCA 评级①和母行支持评估（SOSA）核心的监管评价体系，根据评级对外资银行实施分类监管，确保对高风险机构和领域的监管。

应尽快提升监管能力，优化对外资银行的联动监管程序，重视与外资银行母国在监管环节的配合。应协调我国中央和地方外资银行监管机构的行动，加大凝聚力。在监管标准和执法力度上应贯彻一致性原则，对中外资本一视同仁。应要求外资银行根据监管机构安排，落实新监管标准，从资本充足率、流动性覆盖率、净稳定融资率、贷款损失准备和杠杆率等方面加强对外资银行的风险监管。

---

① ROCA 是国际通用的评级系统，从风险管理（risk management）、营运控制（operational control）、合规性（compliance）和资产质量（asset quality）四个方面分别评估银行分行经营管理状况，并结合总行支持度评级（SOSA）进行适当调整后，确定对银行分行的综合风险评估等级。

应深入研究国际、国内经济形势，审慎处理突发事件，加强合作，从监测到对跨境危机的应对，形成一套动态监管机制。应进一步丰富危机防范和应对工具，监测跨国资本流出的动向，控制异常流出，对跨境风险进行有效防范和隔离，加强对风险的应对能力。应尽量降低外资银行整体受到的实质性影响，应对更多潜在风险。

应在保证外资银行健康、稳定发展的同时，通过情况通报等多种渠道，向外资银行介绍中国的经济金融情况，宣传国家宏观调控政策，解释监管政策和实施条例的意图，帮助外资银行更快更好地融入我国经济。

应鼓励外资银行为中国的经济发展服务，引导其在布局上对区域进行平衡，开拓新的发展空间，提高发展质量。同时，引导外资银行充分发挥其自身优势，服务于我国实体经济发展。鼓励其积极转移金融知识和技能，将良好做法和金融人才吸收在本地。

7.降低跨国银行风险集中度

在风险集中度问题上，我国可借鉴欧盟关于单一借款人的规定，从立法上对单一借款人进行定义，即两个或两个以上的借款人如果构成单一风险，应视为单一借款人，这样可以使我国金融监管机构在处理风险集中度问题时，对单一借款人有一个相对明确的界定，从而降低因借款人风险带来的银行风险。

（二）对跨国银行风险识别的法制进行改革

目前我国没有关于跨国银行风险的专门立法，关于跨国银行的风险类别划分仅停留于理论层面，在实践中很难准确区分风险。因此，需要对跨国银行的风险进行专章规定，在尽可能明确风险类型的同时，要求跨国银行风险防范部门根据相关风险产生的特征、源头进行识别，及时、准确地判断风险发生的时间和程度。

（三）对跨国银行风险处置的法制进行改革

在对风险进行识别、监管之后，恰当的风险处置办法也是风险防范的重要内容。银行在处置风险上存在多种方式，如风险预防、风险规避、风险分散、风险转嫁、风险抑制和风险补偿等。具体而言，应当从法律角度对跨国银行的风险处理能力进行规定。例如，规定各跨国银行建立紧急应险机制并提升跨国银行总损失吸收能力,加快制定银行处置风险法律框架,从资金储备和人员安排上做出一定要求,以便在风险发生后,有专门的资金供流转,有专业的人员去应对,避免在遭遇经营困难时首先动用纳税人的资金抵冲风险,并达到维持银行核心服务功能正常运转的目的。同时,搭建稳定的风险应急平台,对全国金融流向进行监控,以便在跨国银行风险发生时可以保护国内的金融体系。

(四)对跨国银行内部监管的法制进行改革

在跨国银行内部监管上,我国规定有所缺失,跨国银行内控制度存在空白。因此,需要对跨国银行内部治理结构进行完善,健全风险防范的内部治理机制,提高风险到来时的应对能力。银行内部决策机制决定着银行对重大经营活动的判断能力和风险的预估能力,所以,首先需要对跨国银行内部决策机制进行改革。跨国银行内部决策是银行内部治理的核心,主要包括决策机构成员比例、表决规则以及决策的透明度。决策机制是否科学合理决定着银行的治理是否良好,决定着银行的运营和发展以及银行即将面临的风险大小。在决策机制改革的过程中,首先,要兼顾东道国和母国的国家地位平等和出资比例因素,合理设计投票权、股份投票权的构成。其次,应当体现跨国银行的独立性,防止其成为东道国或母国谋取本国利益、推行政策的工具。最后,应建立高效、公平、透明的决策机制。银行内部执行机制决定着银行对重大风险的处理能力,因此,还需要对跨国银行内部的执行机制进行改革,加强执行机制的效力,提高执行能力,以便在风险发生时可以及时有效地处理,防止风险的进一步扩大。

三、对跨国银行国家风险防范问题进行法制补充

近年来,中东地区一些国家战乱严重、政局动荡,欧洲国家难民危机、次贷危机、欧债危机、较大自然灾害等问题较多,我国跨国银行在该类地区的建立将面临较大的国家风险。因此,我国应当审慎推动银行机构在该类地区的建立,提前规避相关国家风险。

对国家风险的防范主要是指对具有我国国籍的商业银行在其他国家跨国经营过程中有可能面临的风险所进行的防范,主要包括因东道国政治、经

济、社会、文化、自然环境等复杂因素引起的国别风险。我国法律没有对此进行规定，在这种风险的防范上，首先，应当要求银行在走出国门、进行跨国经营前对相关国家的政治、经济、社会状况以及自然环境等有可能带来的风险进行评估与预测，把政治不稳定、经济发展不乐观、社会动乱或自然环境恶劣等对银行发展具有不利影响的国家予以排除，同时加强对涉外分支机构工作人员在国别风险识别上的业务指导。其次，借助当前发达的互联网信息，利用大数据构建可视化动态数据采集、整理分析、模型计算和风险预警平台。最后，可以要求该类跨国银行在存款保险项下交足存款，以便在东道国遇到国家风险时可以及时进行补亏，避免风险的扩大。

四、加强跨国银行国际风险法制防范交流合作

外资银行作为跨国银行集团的一部分，集团整体的不利情形，对外资银行持续经营有可能产生不利影响。因此，对外资银行的监管离不开母国和东道国的合作。在风险防范过程中，应注意加强彼此之间主要监管部门的监督与合作，与国家或地区监管部门签订双边监督与合作条约，并对信息披露作出详细规定。双边条约和安排可以对正常和危机条件下的信息交流、市场准入、现场检查合作、监督和咨询等事项作出规定。然而，跨国银行监管的国际合作不仅需要建立有关国家或地区之间的交流平台，还需要其他方面的合作交流，如国家质检合作、法制合作交流。我国目前对危机管理没有达成国际层面的协议，面对银行危机，有时会监管无力，这将给我国经济带来严重后果。在解决这一问题上，要注重日常监管与合作的同时，更要注重建立危机管理合作机制，尤其注重国际层面监管协议的达成。

不断加强和巩固与外资银行母国监管当局的联系。第一，在高级管理人员方面，应注意咨询国内监管机构，以确保引入受到严格监管的高质量银行，同时对外资银行高级管理人员的资格进行审查。第二，充分利用联席国际监管会议这个平台，把握跨国银行的总体风险及其对我国机构运行的影响，建立与发达国家的定期磋商机制，比如，加强同美国和英国等典型国家之间的跨国交流。第三，在跨界检查安排上进行协调，就相关监管问题进行充分沟通。第四，在风险发生期间，我国监管当局要对事态发展进行全程跟踪，并主动致函母国监管当局，建议进行电话会议，在监管策略上进行协调和处理，确

保在我国的外资银行运行平稳。建立信息披露和风险预警制度,要求东道国与母国共享监管信息,对重要信息公开和披露。这样一来,一国的风险发生原因及现象可以及时传导到另一国,可以有效避免可能发生的风险,降低风险发生率。在一定程度上,为了减少不必要的道德风险,有必要对跨国银行的风险状况进行评估。外资银行作为投资者,其自身具有掩盖风险的本能,很可能轻视风险的危害程度,从而不能把握防范风险的时机。此时,从政府层面建立健全两国投资合作信息共享体系就变得尤为必要。

跨国银行经营战略是全球性的,但对其监管的责任则分散于东道国和母国。因此,当出现风险时,从某种程度上来说,跨国银行母国监管当局对跨国银行的救助存在仅关注本国利益的情况,而非从全球视野考虑。但实际上跨国银行一旦出现问题,其影响范围将会是全球性的。在跨国银行倒闭的情况下,其他国家债权人的利益得不到有效保障,更甚者,东道国的经济也会受到很大影响。对于这类情况,我国在引进外资银行时,应审查其母国监管力度和监管责任。引入外资银行后,应通过全球协作解决问题,建立全球监管者合作的相应机制。

五、建立跨国银行国内信息公开机制

信息公开机制是跨国银行透明度的体现,在风险防范上,信息公开机制的作用体现在其是银行与公众之间对金融活动交流的桥梁。

信息不对称往往造成跨国银行在经营过程中不能及时、全面地了解风险相关信息,过于乐观,结果风险出现并扩大。信息不对称是指人们在交易中所拥有和知晓的信息存在差异性。在错综复杂的社会活动中,由于分工的差异,对特殊领域信息的掌握也存在差异,掌握信息比较充分的人员相比于信息掌握贫乏的人员,往往比较有优势。对跨国银行的风险进行事中控制需要建立有效的信息交流和共享机制,把信息公开的原则、范围和例外、信息公开的实施等内容向公众公布。就原则而言,应当坚持加强透明度、提高问责性、保护隐私等原则,跨国银行承诺除保护隐私的理由外,其他的银行信息都向公众予以公开,促进银行与利益相关方之间的沟通,加强银行风险的防范与控制。其次,采用“肯定列表 + 负面清单”有机结合模式,明确信息披露的范围。引导公众合理监督,防范风险。最后,建立有效的信息公开实施机制。

制定合理的信息公开汇报与实行机制,及时有效地对相关信息予以公开。

在全球化背景下,跨国银行风险传播的速度和广度显著加快,种类也不断更新。但是,无论是国内还是国际,对跨国银行风险都没有足够的重视,对其的防范机制也没有十分健全。就国内情况而言,我国当前在对跨国银行风险的防控立法上尚存有不足,在中央立法和地方法规的统一性上、风险防控的范围和程度上都有所欠缺,这些都需要在综合考虑各种因素、对跨国银行风险管理和危机管理的经验积累的基础上进一步完善和加强,从系统上对风险源头、风险范围、风险发生进行监管、控制以及有效的处理,形成对跨国银行风险防范的一整套长远机制。就国际总体情况而言,虽然国际社会在金融危机和风险的监督管理方面,尤其是跨国银行的风险防控上进行了大量改革,取得了不错的成绩,但跨国银行所呈现出的"大而不倒"的问题依然存在,针对部分大型跨国银行所面临的该类问题,各国应进一步畅通对跨国银行风险的监管信息交流与共享机制,允许运行困难的跨国银行在不影响整体金融体系的情况下破产,防止全球性的金融危机再次发生。

结　语

后危机时代背景下，信息技术的进步促使了数字金融的变化，国际银行业在金融创新领域的工作卓有成效，但由于金融监管改革的不同步性、跨国银行非统一监管下的主动规避性等原因，其在为全球带来资金便利的同时也埋下了包括虚假金融信息及内部不当管理等隐疾。

国与国之间紧密的经济联系意味着风险的不可躲避性，跨国银行作为全球市场参与的经济体，它的健康运行甚至会对各国经济状况产生实质性影响。就我国而言，伴随着深入开放政策的向前推进，自身在全球市场的货币参与份额将进一步提高，以中资银行为代表的市场参与者将会迎来新的机遇和挑战，因此跨国银行的风险防范法制改革的重要性不言而喻。

本书从跨国银行风险防范的法制现状与金融风险防范的实践出发，剖析了后危机时代跨国银行发展的状况，结合母国与东道国的利益诉求，深入探讨和分析跨国银行风险防范法制改革的一系列问题。从准入法制改革入手，一方面，对国家风险防范法制进行补充；另一方面对加强国际风险防范合作提出建议。聚焦我国内在改革要求，首先，从监管原则入手，在开展全球合作的同时对跨国银行进行审慎且有效的监管。其次，从法制改革具体操作出发，在提升母国与东道国自身监管水平的同时加强双方的协调与合作。同时，充分的跨国银行监管依赖有效的信息交换平台，提高国内外信息交流安全系数亦是风险防范法制改革的重要考量。最终，借综合性防范手段获得稳定金融秩序、促进公平有效竞争及维护我国根本经济利益等目标价值。

需要关注的是：我国2017年金融工作会议顺利确定了未来一段时期内金融改革发展和维护金融稳定的大政方针和顶层架构。同年年底，国务院金融稳定发展委员会成立。2018年两会后，又对上述内容做了进一步的强化和完善，同时也调整了监管体制。在新的架构下，金融监管协调机制得到发展，货币政策、财政政策、监管政策、产业政策之间的协调机制更加有效，以中央银行为核心的宏观审慎监督与管理理念和框架逐步确立，系统性风险防范机制朝着有效性的方向稳步前行，金融机构合规意识、投资者风险意识显著提升。总体看来，我国金融风险可控，发生系统性风险的概率极低。

我国商业银行在“走出去”的过程中机遇与挑战并存，“一带一路”建设在推动贸易发展的同时也为建立公平的全球金融秩序贡献了不可忽视的力量。在后危机时代，跨国银行风险防范的法制改革将会为我国国民经济健康发展保驾护航。

参 考 文 献

一、著作类

1. 杜明明:《跨国银行与全球环境治理》,中国社会科学出版社2020年版。

2. 韩龙:《国际金融法》,高等教育出版社2018年版。

3. 韩龙:《金融法与国际金融法前沿问题》,清华大学出版社2018年版。

4. [英]罗斯·玛利亚·拉斯特拉主编:《跨国银行破产》,苏洁澈、彭丽姗、吴桐等译,中国社会科学出版社2017年版。

5. 刘华春:《互联网金融监管法律规制研究》,法律出版社2018年版。

6. 贲圣林等:《百舸争流——驰骋国际市场的中外资银行》,浙江大学出版社2018年版。

7. 漆彤:《"一带一路"国际经贸法律问题研究》,高等教育出版社2018年版。

8. 张月:《中国跨国银行发展对国家竞争力影响研究》,世界图书出版公司2017年版。

9. 解正山:《系统重要性金融机构监管法律问题研究》,中国政法大学出版社2017年版。

10.《国际经济法学》编写组:《国际经济法学》,高等教育出版社2016年版。

11. 李国安主编:《国际金融法制现代化研究》,法律出版社 2016 年版。

12. [比]马赛厄斯·德瓦特里庞、[法]让·夏尔·罗歇、[法]让·梯若尔:《制衡银行:金融监管平衡术》,欧明刚、张昕译,中信出版集团股份有限公司 2016 年版。

13. 刘庆飞:《多重背景下金融监管立法的反思与改革》,上海人民出版社 2015 年版。

14. 刘志云等:《后危机时代的全球治理与国际经济法的转型》,法律出版社 2015 年版。

15. 杨松等:《国际金融新秩序的法律问题》,法律出版社 2014 年版。

16. 张庆麟主编:《国际经济法》,武汉大学出版社 2014 年版。

17. 巴曙松、金玲玲等:《巴塞尔资本协议Ⅲ的实施:基于金融结构的视角》,中国人民大学出版社 2014 年版。

18. 刘真:《国际金融稳定法律机制研究》,武汉大学出版社 2013 年版。

19. 李仁真主编:《国际金融法新视野》,武汉大学出版社 2013 年版。

20. 美国金融危机调查委员会:《美国金融危机调查报告》,俞利军、丁志杰、刘宝成译,中信出版社 2012 年版。

21. 李国安主编:《金融服务国际化法律研究》,北京大学出版社 2011 年版。

22. 李仁真主编:《后危机时代国际金融法》,武汉大学出版社 2010 年版。

23. 唐旭主主编:《金融理论前沿课题》(第 3 辑),中国金融出版社 2009 年版。

24. 王胜邦:《资本约束与信贷扩张:兼论资本充足率监管的宏观经济效应》,中国金融出版社 2008 年版。

25. 雷曜:《次贷危机》,机械工业出版社 2008 年版。

26. 辛子波:《银行监管体系的国际比较》,中国财政经济出版社 2008 年版。

27. 曾文革:《外资银行风险控制法律问题研究》,北京大学出版社 2007 年版。

28. 王贵国:《国际货币金融法》,法律出版社 2007 年版。

29. [法]弗朗索瓦·沙奈:《金融全球化》,齐建华、胡振良译,中央编译出版社 2006 年版。

30. 朱榄叶主编:《国际经济法学》,北京大学出版社 2005 年版。

31. 李仁真主编:《国际金融法》,武汉大学出版社 2005 年版。

32. 汤凌霄:《跨国银行系统性风险监管论》,经济科学出版社 2004 年版。

33. 姜波:《商业银行资本充足率管理》,中国金融出版社 2004 年版。

34. 杨松:《国际法与国际货币新秩序研究》,北京大学出版社 2002 年版。

35. 李伟民主编:《金融大辞典》,黑龙江人民出版社 2002 年版。

36. 庄乾志:《银行发展:市场化与国际化》,北京大学出版社 2001 年版。

37. 蔡奕:《跨国银行监管的主要法律问题研究》,厦门大学出版社 2004 年版。

38. 刘逖:《中国银行业:外资的冲击》,上海远东出版社 2000 年版。

二、中文论文及报纸类

1. 刘淇:《影子银行监管的国际金融法制变革》,载《产业创新研究》2021 年第 11 期。

2. 邹伟康、于海纯:《后危机时代大型金融机构"生前遗嘱"问题研究》,载《金融论坛》2020 年第 9 期。

3. 敖希颖:《金融机构强制性自救的中国价值及法律因应》,载《现代法学》2020 年第 4 期。

4. 崔健、孙碧涵:《次贷危机后美国投资银行业务调整研究》,载《当代经济研究》2019 年第 6 期。

5. 徐忆斌、马小晴:《"一带一路"国家间金融监管合作法律问题研究》,载《中国海洋大学学报(社会科学版)》2019 年第 3 期。

6. 郭德香、李璐玮:《"一带一路"倡议下中资银行"走出去"风险防范问题研究》,载《郑州大学学报(哲学社会科学版)》2018 年第 5 期。

7. 谢杰斌:《中资银行国际化发展的全景多维分析及管控模式思考》,载《中国银行业》2018 年第 1 期。

8. 唐建伟:《新时代银行国际化风险》,载《中国金融》2018 年第 5 期。

9. 张陆洋、齐想:《国际系统性金融风险防范模式的转变与启示》,载《金融论坛》2018 年第 7 期。

10. 杨爱民:《提高商业银行国际竞争力》,载《中国金融》2018 年第 5 期。

11. 李宵阳:《我国商业银行国际化与风险管理》,载《现代管理科学》2018 年第 5 期。

12. 蔡宁伟:《国际金融危机后美国外资银行监管变革研究》,载《金融监管研究》2018 年第 6 期。

13. 王胜邦:《后危机时期国际金融监管改革》,载《中国金融》2018 年第 9 期。

14. 施丹蓉:《浅谈我国商业银行合规风险管理体系的构建》,载《财经界》2018 年第 21 期。

15. 徐洪才:《我国金融业对外开放:回顾及展望》,载《金融发展研究》2018 年第 9 期。

16. 常青:《后危机时代金融监管国际合作的新动向、思考》,载《商场现代化》2017 年第 17 期。

17. 赖远明、李叶乔、王彦彬:《近年来美欧国家主要反洗钱处罚和调查案例及对我国的启示》,载《区域金融研究》2017 年第 1 期。

18. 刘广:《功能性监管在我国互联网金融领域的探索运用研究》,载《西部金融》2017 年第 11 期。

19. 原雪梅、曹琳:《后危机时代银行业国际监管合作博弈分析》,载《济南大学学报(社会科学版)》2016 年第 3 期。

20. 徐扬:《试析跨国银行破产存款保险制度》,载《湖南科技学院学报》2016 年第 3 期。

21. 石月龙、周静、周元浩:《外债审慎监管改革探讨》,载《河北金融》2016 年第 5 期。

22. 司丝:《后危机时代国际银行监管法制改革研究》,载《法制与社会》2016 年第 8 期。

23. 王亚菊:《后危机时代跨国银行风险防范法制改革研究》,载《法制与社会》2016 年第 24 期。

24. 张林郁:《经济全球化背景下中国外资银行风险防范法制改革研究》,载《法制博览》2016 年第 1 期。

25. 谷雪:《外资银行市场经营监管的国际比较及借鉴》,载《现代经济信息》2016 年第 11 期。

26. 仙慧:《后危机时代的国际金融监管协调》,载《国际金融》2015 年第 11 期。

27. 何青青:《浅议国际最后贷款人法律制度》,载《经济研究导刊》2015 年第 7 期。

28. 陈治澎、徐爽:《跨国银行监管制度研究》,载《法制与经济》2015 年第 7 期。

29. 巴曙松、朱元倩、金玲玲:《巴塞尔Ⅲ与金融监管大变革》,载《金融纵横》2015 年第 10 期。

30. 刘铎、裴志文、翟元栋:《中国外资银行市场准入监管法律问题研究》,载《全国商情(经济理论研究)》2015 年第 23 期。

31. 段京城:《跟进巴塞尔协议Ⅲ,全面提升风险管理水平》,载《经营管理者》2015 年第 5 期。

32. 万泰雷、李松梁、黄鑫:《国际金融监管合作及中国参与路径》,载《国际经济评论》2014 年第 3 期。

33. 方芳、辛向媛:《后危机时代金融监管国际合作的新动向和思考》,载《教学与研究》2014 年第 6 期。

34. 刘真:《国际金融稳定法律机制研究》,载《国际关系与国际法学刊》2014 年第 00 期。

35. 李麟、冯军政、薛求知:《商业银行国际化的市场拉动与监管助推》,载《金融论坛》2014 年第 5 期。

36. 韩洋:《危机以来国际金融监管制度的法律问题研究》,华东政法大学 2014 年博士学位论文。

37. 向雅萍:《人民币国际化的法律路径探析》,载《河北法学》2013 年第 5 期。

38. 齐萌:《后危机时代影子银行监管的国际金融法制变革》,载《财经科学》2013 年第 4 期。

39. 李仁真、周忆:《金融消费者保护与国际金融监管法制的变革》,载《武汉大学学报(哲学社会科学版)》2013 年第 6 期。

40. 张善云:《有效银行监管的利剑或金融市场准入的障碍——浅论跨国

银行监管中东道国和母国的评判权》,载《市场周刊(理论研究)》2012 年第 7 期。

41. 郭华春:《论国际金融监管领域的软法功能定位》,载《上海金融》2012 年第 5 期。

42. 漆彤:《国际金融软法的效力与发展趋势》,载《环球法律评论》2012 年第 2 期。

43. 李仁真、周忆:《监管联席会议:跨境银行集团监管的一项制度创新》,载《河南财经政法大学学报》2012 年第 4 期。

44. 洪武林:《我国对跨国银行监管的实践及问题思考》,载《西南民族大学学报(人文社会科学版)》2012 年第 5 期。

45. 金华:《跨国银行母国监管制度的缺陷及改革方向——东欧金融危机的启示》,载《湘潭大学学报(哲学社会科学版)》2012 年第 3 期。

46. 王飞、何泫妮:《银行跨境风险监管改革的国际趋向及对策建议》,载《金融监管》2012 年第 2 期。

47. 盛学军:《论金融监管法的基本原则》,载《中共四川省委省级机关党校学报》2012 年第 3 期。

48. 廖凡:《国际金融监管的新发展——以 G20 和 FSB 为视角》,载《武大国际法评论》2012 年第 1 期。

49. 郭婷婷、尚金峰:《中国商业银行国别风险与管理研究》,载《金融论坛》2011 年第 8 期。

50. 郭德香:《后危机时代跨国银行监管制度改革之思考》,载《河南省政法管理干部学院学报》2011 年第 1 期。

51. 黄江东:《〈行政强制法〉与证券监管执法若干问题辨析》,载《国家行政学院学报》2011 年第 6 期。

52. 李成、涂永前:《"后金融危机时代"我国金融监管体制的完善》,载《南京审计学院学报》2011 年第 1 期。

53. 胡建生等:《后危机时代构建宏观审慎监管的思考》,载《商业研究》2011 年第 10 期。

54. 李伟:《功能型监管组织模式对提高银行监管有效性的思考》,载《金融时报》2011 年 7 月 18 日。

55. 巴曙松:《中国银行业实施巴塞尔Ⅲ:进展与趋势》,载《湖北经济学院学报》2011 年第 6 期。

56. 李仁真、刘真:《全球金融稳定法律机制的理论构想》,载《法学杂志》2011 年第 2 期。

57. 李仁真:《金融稳定论坛机制及其重构的法律透视》,载《法学评论》2010 年第 2 期。

58. 王红伟:《论东道国对跨国银行法律监管制度的完善》,载《湖北第二师范学院学报》2010 年第 11 期。

59. 廖凡:《国际货币体制的困境与出路》,载《法学研究》2010 年第 4 期。

60. 陈锋、田娟:《银行跨境监管合作探讨》,载《中国金融》2010 年第 10 期。

61. 刘东平:《外资银行监管的法理基础》,载《东岳论丛》2010 年第 6 期。

62. 黎四奇:《后危机时代金融监管国际合作法治化的难点及对策分析》,载《法学评论》2010 年第 4 期。

63. 韩龙:《当下国际金融监管法律制度改革的焦点与问题》,载《法学家》2010 年第 5 期。

64. 范小云、肖立晟、王博:《银行监管对银行业结构演进的影响——基于市场准入与经营范围监管视角的研究》,载《财经研究》2010 年第 4 期。

65. 罗国强:《离岸金融内控机制与监管措施研究》,载《武汉理工大学学报(社会科学版)》2010 年第 2 期。

66. 杨方:《银行系统风险监管的法律问题研究》,武汉大学 2010 年博士学位论文。

67. 张艺:《金融机构如何规避市场风险》,载《现代经济(现代物业下半月刊)》2009 年第 9 期。

68. 张婧婧:《金融危机下银行业风险的法律防范》,载《中外企业家》2009 年第 22 期。

69. 徐奕:《论巴塞尔协议下对跨国银行海外分支机构的监管》,载《法制与社会》2009 年第 1 期。

70. 包勇恩、韩龙:《论金融监管中的宏观审慎原则》,载《安徽大学法律评论》2009 年第 1 期。

71. 韩龙、彭秀坤、包勇恩:《金融规制改革新基石:重构金融监管与规制》,载《河北法学》2009 年第 10 期。

72. 扈照轼、白金梅:《国际金融危机中银行业的机遇和挑战》,载《山西财政税务专科学校学报》2009 年第 4 期。

73. 杨松:《跨国银行境外机构的母国监管责任》,载《法学家》2009 年第 6 期。

74. 崔瑛:《浅析加拿大金融监管体制及对我国的启示》,载《金卡工程·经济与法》2009 年第 1 期。

75. 董京波:《次贷危机背景下国际金融监管制度的新发展及启示》,载《经济问题》2009 年第 11 期。

76. 罗国强:《跨国银行风险监管中的法律问题——评“法国兴业银行交易员违规交易案”》,载《法学》2008 年第 3 期。

77. 钱飞:《试论我国跨国银行监管体制的完善》,载《商情(教育经济研究)》2008 年第 1 期。

78. 刘考场、舒杨:《银行业并表监管问题研究》,载《中央财经大学学报》2008 年第 5 期。

79. 陈璐:《银行集团的并表监管:国际经验与中国实践》,载《财经科学》2008 年第 1 期。

80. 朱志权、李国献:《论金融监管法的基本原则》,载《东华理工学院学报(社会科学版)》2007 年第 3 期。

81. 王丹:《发达国家银行监管体制研究及借鉴》,载《金融经济》2007 年第 18 期。

82. 邹薇:《跨国银行操作风险成因的博弈分析》,载《生产力研究》2007 年第 11 期。

83. 蔡惠燕:《论中国跨国银行监管法制的完善——新修订之〈外资银行管理条例〉评析》,载《广东商学院学报》2007 年第 3 期。

84. 范俊仕:《试论跨国银行的法律监管》,载《广西金融研究》2006 年第 11 期。

85. 齐亚莉、伍军:《功能性金融监管:现代金融业发展的必然选择》,载《天津经济》2005 年第 7 期。

86. 李斌:《论对跨国银行海外分支机构的母国监管》,载《南京大学学报(哲学·人文科学·社会科学版)》2004 年第 3 期。

87. 杨力:《试论银行国际化的适应性货币供给效应》,载《世界经济研究》2004 年第 8 期。

88. 李国安:《跨国银行风险的管理与规制》,载《国际经济法论丛》2002 年第 1 期。

89. 蔡奕:《论跨国银行并表监管的基本理论问题》,载《国际经贸探索》2002 年第 2 期。

90. 季斌:《浅谈当前我国商业银行向混业经营的过渡》,载《上海金融》2001 年第 1 期。

91. 郝飚:《西方银行业的国际化对我国的启示》,载《武汉金融》2000 年第 8 期。

92. 李仁真:《论国际银行的并表监管》,载《经济评论》2000 年第 3 期。

93. 魏健馨:《中日跨国银行立法体系的比较》,载《南开大学法政学院学术论丛》1999 年第 00 期。

94. 魏健馨:《论中国对跨国银行的法律管制》,载《国际经济合作》1997 年第 7 期。

95. 曹清秀:《巴塞尔新资本协议对商业银行风险监管的影响》,复旦大学 2011 年硕士学位论文。

96. 王林:《巴塞尔协议Ⅲ新内容及对我国商业银行的影响》,载《西南金融》2011 年第 1 期。

三、英文资料类

1. Eleanor Lumsden, *The Future is Mobil: Financial Inclusion and Technological Innovation in the Emerging World*, Stanford Journal of Law, Business & Finance, 2018.

2. Nicola Tan, *Foreign Banks and Trade-Bridging the Information Gap*, World Bank Working Paper, 2017.

3. Federico Lupo-Pasini, *Financial Stability in International Law*, Melbourne Journal of International Law, 2017.

4. Iris H-Y Chiu, *Fintech and Disruptive Business Models in Financial Products, Intermediation and Markets-Policy Implications for Financial Regulators*, Journal of Technology Law & Policy, 2016.

5. Claessens, Stijn, Omar Hassib & Neeltje Van Horen, *The Role of Foreign Banks in Trade*, Discussion paper, 2015.

6. Wei Liu, *Basel III and Bank Regulation in China*, Journal of Legal Technology Risk Management, 2014.

7. Walter Stuber, *An update on Recent Developments in the Brazilian Financial and Capital Markets*, International Company and Commercial Law Review, 2013.

8. Peter Snowdon, Peter Snowdon, *The New European Supervisory Structure*, Compliance Officer Bulletin, 2011.

9. Lin, H. D., *Foreign Bank Entry and Firms' Access to Bank Credit: Evidence from China*, Journal of Banking and Finance, 2011.

10. Francesco Cannata, Mario Quagliariello, *The Role of Basel II in the Subprime Financial Crisis: Guilty or Not Guilty?* Social Science Electronic Publishing, 2009.

11. Financial Stability Forum, *Report of the Financial Stability Forum on Enhancing Market and Institutional Resilience*, 2008.

12. Rosa María Lastra & Clas Wihlborg, *Resolving Cross-border Banking Crises*, London, United Kingdom Duration, 2006.

13. Lawrence G. Goldberg, Richard J. Sweeney & Clas Wihlborg, From Subsidiary to Branch Organization of International Banks, New Challenges and Opportunities for Regulators, Preliminary version, 2005.

14. Gkoutzinis, *Cross-border Electronic Banking Activities in the Single European Market and the Normative Value of Home Country Supervision*, Journal of International Banking Regulation, 2003.

15. Joseph J. Norton & Christopher D. Oliver, *A By-product of the Globalization Process: The Rise of Cross-Border Bank Mergers and Acquisition-The U · S Regulation on Framenwork*, The Busines- s Lawyer, 2001.

16. Hellman, T. K. Murdock & J. Stiglitz, *Deposit Mobilization through Financial Restriction, in Herms and Lensink ed. Financial Development and Economic Growth: Theory and Experience from Developing Countries*, London and New York Roultedge, 1996.

17. J. J. Norton, Chia-Jui Cheng & I. Fletcher, *International Banking Operations and Practices: Current Developments*, Graham & Trotman/Martinus Nijhoff, 1994.

18. J. J. Norton, Chia-Jui Cheng & I. Fletcher, *International Banking Regulation and Supervision: Change and Transformation in* 1990*s*, Graham & Trotma/Martinus Nijhoff, 1994.

19. Cosset J. C., Siskos Y., & Zopounidis. C, *Evaluating Country Risk: A Decision Support Approach*, Global Finance Journal, 1992.

20. *U. S. C. Sec.* 3102 (*b*), as amended through 1991.

21. D. Gruson & C. Feuring, *The New Banking Law of the European Community*, International Law, 1991.

22. Catherine England, *Governing Banking Future: Markets vs Regulation*, Kluwer Academic Publishers, 1991.

23. Hultman, Charles. w & Mc Gee, *Factors Affecting the Foreign Banking Presence in the U. S*, Journal of Banking and Finance, 1989.

24. Basel Committee on Banking Supervision, *Internat ional Convergence of Capital Measurement and Capital Standards*, 1988.

25. Mondt K. & Despontin M., *Evaluation of Country Risk Using Multicriteria Analysis: Technical Report*, Vrije Universities Brussels, 1986.

26. Nagy P., *Quantifying Country Risk: A System Developed by Economists at the Bank of Montreal: Columbia*, Journal of World Business, 1984.

27. Stephen Breyer, *Regulating Mismatch and Its Cure Regulation and Its Reform*, Harvard University Press, 1982.

四、国际规则文献类

1. 2010 年巴塞尔银行监管委员会《巴塞尔协议Ⅲ》。

2. 1992 年国际商会第 458 号出版物《见索即付保函统一规则》。

3. 2010 年国际商会第 758 号出版物《见索即付保函统一规则》。

五、网络资源类

1. 中国金融新闻网，http://www.financialnews.com.cn/yh/shd/201809/t20180919_146400.html。

2. 中国银行保险监督管理委员会官网，http://www.cbrc.gov.cn/chinese/home/docView/2D06B6B5270047F1AA08543657265435.html。

3. 中国人民银行官网，http://www.pbc.gov.cn/jinrongwendingju/146766/146772/3350823/index.html。

4. 中国纸金网，http://www.zhijinwang.com/huilv/?from=USD&to=CNY&num=100，2018 年 8 月 22 日。

5. 新浪财经网，https://finance.sina.com.cn/money/forex/hq/USDTRY.shtml。

6. 中国金融信息网，http://bank.xinhua08.com/a/20170818/1721575.shtm。

7. 中国金融新闻网，http://www.financialnews.com.cn/ft/zj/201808/t20180816_144216.html。

8. 中国经济网，http://finance.ce.cn/bank12/scroll/201809/17/t20180917_30315531.shtml。

9. Silvia Iranzo，https://www.bde.es/f/webbde/SES/Secciones/Publicaciones/PublicacionesSeriadas/Documentos Ocasionales/08/Fic/do0802e.

10. 金融稳定理事会，http://www.financialstabilityboard.org/publications/r_100109a。

11. 国际货币基金组织网，IMF — International Monetary Fund Home Page，https://www.imf.org/external/index.htm。

12. 搜狐财经网，http://business.sohu.com/20180822/n547121460.shtml。

13. 中国网，http://www.china.com.cn/chinese/2002/Feb/107627.htm。

14. 百科网，https://baike.baidu.com/item。

15. 360 百科网，https://baike.so.com/doc/5420489-5658662.html。

16. 中国经济时报网，http://www.baidu.com/s?wd = http://finance.sina.com.cn + &s2bd = t&tn = 84053098_dg&ie = utf-8。